# Desenvolvimentismo e construção de hegemonia:

## crescimento econômico e reprodução da desigualdade

**Dados Internacionais de Catalogação na Publicação (CIP)**
**(Câmara Brasileira do Livro, SP, Brasil)**

Desenvolvimentismo e construção de hegemonia : crescimento econômico e reprodução da desigualdade / Ana Elizabete Mota (org.). – São Paulo : Cortez, 2012.

Bibliografia.
ISBN 978-85-249-1982-4

1. Brasil – Condições econômicas 2. Brasil – Condições sociais 3. Planejamento urbano – Brasil 4. Planejamento regional – Brasil I. Mota, Ana Elizabete.

12-11259 CDD-330.981

**Índices para catálogo sistemático:**

1. Brasil : Desenvolvimento econômico e reprodução da desigualdade : Economia 330.981

Ana Elizabete Mota (Org.)

# Desenvolvimentismo e construção de hegemonia:

## crescimento econômico e reprodução da desigualdade

CORTEZ EDITORA

DESENVOLVIMENTISMO E CONSTRUÇÃO DE HEGEMONIA: crescimento econômico e reprodução da desigualdade
Ana Elizabete Mota

*Capa*: Cia. de Desenho
*Preparação de texto*: Jaci Dantas
*Revisão*: Maria de Lourdes de Almeida
*Composição*: Linea Editora Ltda.
*Assessoria editorial*: Elisabete Borgianni
*Secretaria editorial*: Priscila F. Augusto
*Coordenação editorial*: Danilo A. Q. Morales



Direitos para esta edição
CORTEZ EDITORA
Rua Monte Alegre, 1074 – Perdizes
05014-001 – São Paulo – SP
Tel.: (11) 3864-0111 Fax: (11) 3864-4290
e-mail: cortez@cortezeditora.com.br
www.cortezeditora.com.br

Impresso no Brasil – novembro de 2012

# SUMÁRIO

## PARTE II

# IDEOLOGIA DO DESENVOLVIMENTO, POBREZA E HEGEMONIA

*Roberto Leher**

No período da Guerra Fria, os dispositivos ideológicos tornaram-se ainda mais sofisticados. Nos anos 1950 e 1960, jovens ideólogos provenientes de universidades de prestígio, como Robert McNamara, Henry Kissinger e Walt W. Rostow, se destacaram por defender, respectivamente, a necessidade de articulação entre a tecnociência e a cultura clássica do poder, a junção da tecnociência com o conhecimento gerencial e os nexos entre a tecnociência e o arranque econômico rumo ao desenvolvimento. O destaque conferido aos novos enfoques não decorre do mérito intrínseco dessas abordagens, mas, antes, de seu caráter operatório para o capital. O Departamento de Estado dos Estados Unidos apoiou decididamente tais estudos por meio da Usaid, criando espaços próprios, dentro e fora do país, para sua produção e difusão. Grandes corporações, por sua vez, lograram consolidar centros de pensamento, como a Sociedade *Mont Pelerin* e o *Institute of Economic Affairs*, de enorme influência na difusão neoliberal. O Banco Mundial

* Professor da Faculdade de Educação da UFRJ e de seu programa de pós-graduação. Pesquisador do CNPq e bolsista sênior das Cátedras para o Desenvolvimento, IPEA/CAPES (2011-2012) (Florestan Fernandes).

tornou-se o principal centro mundial de estudos sobre a problemática do desenvolvimento, após os anos 1950.

Passados 50 anos, é possível constatar que tais aparelhos de hegemonia não estão restritos aos sofisticados *thinktanks* auspiciados pelas fundações vinculadas às grandes corporações, nem, tampouco, pertencem a uma única linhagem teórica, pois o seu compromisso mais sólido é com a ordem do capital. De fato, examinando a experiência brasileira, é possível constatar que as grandes fundações privadas corporativas, como as fundações Ford, John M. Olin, Rockefeller, W. K. Kellogg, entre outras, influenciaram a agenda e os métodos das ciências no país. Junto com estas agências governamentais, como Usaid, Fullbright etc., e organismos internacionais, como o Banco Mundial, contribuíram decisivamente para a consolidação de determinadas linhas de pesquisa no Brasil, entre as quais: nos anos 1960 e 1970, os estudos sobre o desenvolvimento, como se estes constituíssem uma disciplina autônoma; nos anos 1990, os estudos sobre as virtudes do mercado e da globalização e, na presente década, a reinvenção do novo desenvolvimento e da problemática da pobreza.

Por outras vias, as centrais sindicais pró-sistêmicas (AFL-CIO) e as fundações vinculadas aos partidos social-democratas, liberais e democrata-cristãos (com destaque para as europeias Konrad-Adenauer, Friedrich Erbert etc.), também repassaram recursos, realizaram formação de dirigentes e colocaram em circulação publicações que influenciaram os sindicatos, partidos socialistas e, mais amplamente, os movimentos sociais, sem perder os vasos comunicantes com as universidades, fundações corporativas e organismos internacionais.

Seria uma pobre simplificação sustentar que a perda de vigor do pensamento crítico nas universidades deve-se apenas a tais ações ideológicas. O problema é muito mais complexo, pois tem raízes no modo de produção material e simbólico realmente existente: o capitalismo monopolista. Há de se considerar ainda, por relevância, as mudanças nas instituições universitárias, em especial pelos interesses diretos do capital nos espaços acadêmicos e nas áreas de conhecimento. Entretanto, seria igualmente injustificável negligenciar o efeito dessas fundações e organismos internacionais nos campos científicos, conforme se depreende, por exemplo, da influência da *Fundação Ford* nas ciências sociais brasileiras.[1]

A despeito de ser um processo a contrapelo, a produção teórica brasileira tem contribuído com muitos estudos de enorme relevância sobre as políticas sociais que permitem compreender o sentido destas para a luta de classes. Em que pese a existência de intentos dentro e fora da universidade para silenciar o pensamento social brasileiro, situação óbvia na ditadura, mas também no período dito democrático, o legado dos autores que forjaram os fundamentos do pensamento crítico segue vivo nos dias de hoje. Intelectuais como Florestan Fernandes, Octavio Ianni e Ruy Marini, infelizmente já falecidos, são crescentemente reconhecidos e estudados. Intelectuais seniores de enorme importância seguem engajados na batalha das ideias, como Francisco de Oliveira, José Paulo Netto, Carlos Nelson Coutinho, Dermeval Saviani e Miriam Limoeiro Cardoso. Professores que consolidaram vigorosas trajetórias acadêmicas a partir das trilhas abertas pelas gerações precedentes, a exemplo de Virginia Fontes, Paulo Eduardo Arantes, Gaudêncio Frigotto, Ricardo Antunes, entre outros, seguiram mantendo vivo o pensamento crítico brasileiro, orientando professores que lastrearam novos grupos de pesquisa com profícua produção teórica na perspectiva dos trabalhadores em todo território nacional.

Seria arriscado elencar os intelectuais mais proeminentes dessas gerações, pois a lista inevitavelmente seria incompleta, em virtude das particularidades das áreas e, felizmente, de sua extensão. Contudo, um balanço, ainda que superficial, sobre a produção universitária brasileira não poderia deixar de conferir lugar proeminente para a área de Serviço Social. Nesta, além dos autores já mencionados, como Netto e Coutinho, destacam-se não apenas intelectuais isolados como, o que é ainda mais notável, a formação de verdadeiras escolas do pensamento crítico, a exemplo, entre outras, da UFRJ, UERJ, UnB, PUC-SP e UFPE, referências obrigatórias nesse campo.

---

1. Miceli, S. A Fundação Ford e os cientistas sociais no Brasil. *História das ciências sociais no Brasil*. São Paulo: Sumaré, 1995. v. 2.

A presente obra coordenada por Ana Elizabete Mota — professora titular do Departamento de Serviço Social da UFPE e uma das mais importantes pesquisadoras do Serviço Social brasileiro — *Desenvolvimentismo e construção de hegemonia* é exemplar. O livro resulta, em grande parte, das pesquisas realizadas no escopo do Grupo de Estudos e Pesquisas sobre o Trabalho (GET), acrescido de convidados, também do campo de Serviço Social. Em meio a tantos estudos específicos sobre as políticas de seguridade social e, mais amplamente, sobre as políticas sociais, o livro se destaca por ser uma obra que organiza o debate das políticas sociais em seus nexos com a ideologia do desenvolvimento concebida, na obra, como eixo estruturador da hegemonia dos setores dominantes. Com efeito, a obra permite a compreensão dos nexos entre a retomada da ideologia do desenvolvimento, a ressignificação das políticas sociais focadas na pobreza, a crise do capitalismo e as estratégias de governabilidade do capital. Compreendendo que a produção de conhecimento crítico é parte da pedagogia socialista, o livro possui luminosa exposição dos temas, possibilitando sua apropriação por estudantes da graduação e da pós-graduação das áreas sociais, pelos protagonistas de movimentos sociais e por todos os que produzem conhecimento com o propósito de fortalecer os trabalhadores em suas lutas sociais.

Nessa perspectiva, o livro segue a trilha aberta pelo seminal estudo de Miriam Limoeiro Cardoso sobre a ideologia do desenvolvimento,[2] atualizando a problemática da ideologia do chamado neodesenvolvimentismo. Cardoso investigou o período correspondente aos governos Juscelino Kubitschek e Jânio Quadros, concluindo que a centralidade conferida ao desenvolvimento estava indissociavelmente vinculada à ordem capitalista, justo em um contexto, como assinalou Florestan Fernandes[3], de profundas contradições, conflitos e embates advindos do ajuste das frações burguesas locais ao capitalismo monopolista. A defesa do desenvolvimento, inclusive pela esquerda, como parte da

2. Cardoso, Miriam Limoeiro. *Ideologia do desenvolvimento, Brasil*: JK-JQ. Rio de Janeiro: Paz e Terra, 1978.

3. Fernandes, F. *Sociedade de classes e subdesenvolvimento*. 4. ed. Rio de Janeiro: Zahar, 1981.

estratégia *etapista* preconizada pelos setores mais influentes da esquerda, organizados pelo PCB, resultou, conforme Fernandes, em amarga derrota para os trabalhadores. De fato, a ideia de uma aliança dos trabalhadores com os setores burgueses adeptos do desenvolvimento, supostamente nacional e anti-imperialista, como etapa necessária da luta pelo socialismo se revelou tragicamente incorreta, pois os setores burgueses, adeptos do desenvolvimento, já eram parte de um sistema de classes hegemonizado pelo imperialismo. A ditadura operada pela aliança dirigida por destacadas frações burguesas locais com a tecnocracia militar destruiu essas ilusões.

A interpretação mais densa e refinada desse processo foi realizada por Florestan em *Sociedade de classes e subdesenvolvimento*, obra concluída em 1968. A teorização do desenvolvimento como ideologia, como assinalado, foi realizada por Limoeiro Cardoso, a partir da obra já citada, mas também em estudos posteriores. Com efeito, a autora nos mostra que a incorporação do desenvolvimento como conceito (e não como ideologia) funcionou como um obstáculo à crítica do capitalismo monopolista. A difusão da ideologia do desenvolvimento, por conseguinte, expressava os interesses imperialistas dirigidos pelos Estados Unidos, entre os quais a contenção do (suposto) comunismo das lutas anticoloniais e anti-imperialistas.

Em nome do desenvolvimento, os setores financeiros operaram vultosos e lucrativos empréstimos que aprofundaram a condição capitalista dependente do país *vis-à-vis* ao núcleo hegemônico do capitalismo. Por meio dos referidos *thinktanks* e do Banco Mundial o desenvolvimento tornou-se um domínio disciplinar que rapidamente se difundiu para as universidades como um novo campo de estudos econômicos e sociais. Os estudos sobre o desenvolvimento estavam guiados por uma perspectiva evolucionista. Os países passam inevitavelmente por etapas do desenvolvimento, conforme a definição de W. W. Rostow: subdesenvolvidos, em desenvolvimento, desenvolvidos. A ideologia do progresso, nesse sentido, foi crucial para fortalecer a ideia do *continuum* do tempo e a teleologia de que todos os países que optarem pelas políticas pró-imperialistas chegarão ao desenvolvimento.

Com os trabalhos de Florestan Fernandes e Miriam Limoeiro Cardoso as críticas ao desenvolvimento ganharam consistência. Contudo, tal crítica colidia diretamente com as ideologias operadas pela ditadura. Para silenciá-la a ditadura cassou ambos os professores, bem como outros que trabalhavam na perspectiva crítica ao desenvolvimento, como Ruy Mauro Marini. Desse modo, a crítica ao desenvolvimento permaneceu em estado de latência nos subterrâneos do pensamento social brasileiro, inclusive após a dita redemocratização. Seriam necessários estudos sistemáticos sobre os motivos que reduziram a influência desses estudos no pensamento social universitário, nos anos 1980 e 1990. A maior influência das ciências sociais estadunidenses certamente foi relevante nesse silenciamento, cabendo destaque ao protagonismo da Fundação Ford no apagamento dessa tradição crítica.

Possivelmente o silenciamento da crítica ao desenvolvimentismo pode ser explicado, também, pelo impacto da ideologia neoliberal. Como se sabe, os ideólogos mais ortodoxos do neoliberalismo, como os da Escola Austríaca e da Universidade de Chicago, são francamente hostis ao desenvolvimento, motivado pela recusa em admitir a ingerência do Estado na regulação do trabalho e em sua atuação direta como agente econômico. Como a crítica à ideologia do desenvolvimento estava afundada nos subterrâneos do pensamento crítico, paulatinamente, a defesa do desenvolvimento foi se firmando como um contraponto ao neoliberalismo, assumindo, na aparência, feição progressista: como os neoliberais eram avessos ao protagonismo do Estado em certos domínios, os críticos do neoliberalismo se apegaram à *estadolatria*, negligenciando toda uma tradição crítica sobre o Estado capitalista. O mesmo pode ser dito sobre o desenvolvimento: como é criticado pelos neoliberais, logo o desenvolvimento é sinônimo de pós-neoliberalismo. Assim, ao longo dos anos 1990, em especial no final dessa década, muitos economistas neokeynesianos estão sustentando a opção desenvolvimentista, assim como parcelas relevantes da esquerda, entre as quais as tendências majoritárias do PT e lideranças destacadas de movimentos sociais.

Com efeito, as primeiras experiências neoliberais foram hostis ao desenvolvimento em prol do (inexistente) livre mercado. Pinochet (Chile), Collor (Brasil), Sanchez de Losada (Bolívia), De la Madrid e Salinas de Gortari (México), Carlos Menem (Argentina), Fujimori (Peru), Febres Cordero (Equador), entre outros, possibilitaram extraordinária transferência de ativos para as corporações, em particular pelo assustador saqueio das privatizações e das concessões de prospecção de recursos naturais. Tais medidas vieram acompanhadas de aberta repressão e de inaudita violência pelos operadores do capital contra os direitos sociais. Entretanto, as novas manifestações da crise estrutural, a partir de meados dos anos 1990, cujo marco simbólico mais visível ocorreu no México, eclipsaram as redentoras promessas da globalização neoliberal e, em virtude da crise, o antagonismo popular com o neoliberalismo assume extraordinárias proporções.

As lutas foram retomadas, ainda que na forma de explosões sociais, de levantes camponeses e de povos indígenas, de manifestações estudantis, de greves de professores, abrangendo um largo espectro de lutas que logram avanços no enfrentamento aos tratados de livre-comércio e aos governos neoliberais. A América Latina é transtornada pelo formidável processo de destituição de quinze presidentes neoliberais.[4] Tais crises assumiram proporções preocupantes para o capital com a *débâcle* argentina em 2001-2002. Diante da evidente crise do que o capital concebe como governabilidade, as proposições bancomundialistas de que a pobreza pode ser uma bomba relógio no rosto dos ricos, tese abraçada pela gestão de James Wolfensohn no Banco Mundial, passa a ter maior auditório e, aos poucos, centros de pensamento importantes passam a conferir maior importância ao problema da governabilidade. A elaboração da "Terceira Via (Anthony Giddens), da Via 2½ (Alan Touraine), do pós-

4. Collor de Mello, Brasil (1992); Jorge Serrano Elías, Guatemala (1993); Carlos Andrés Pérez, Venezuela (1993); Abdalá Bucaram, Equador (1997); Raúl Cubas, Paraguai (1999); Jamil Mahuad, Equador (2000); Alberto Fujimori, Peru (2000); Fernando de la Rúa, Ramón Puerta, Adolfo Rodríguez Saá, Eduardo Camaño, Argentina (2001); Gonzalo Sánchez de Lozada, Bolívia (2003); Carlos Mesa, Bolívia (2005); Lucio Gutiérrez, Equador (2005).

-Consenso de Washington (John Williamson), da 'nova questão social' (Pierre Rosanvallon), do desenvolvimento humano (Amartya Sen) e das informações assimétricas e falhas de mercado (Joseph Stiglitz)" são expressões dessa preocupação com a governabilidade, como aponta, no presente livro, Rodrigo Castelo.[5] Fazendo jus ao espaço no livro, o pensamento de Amartya Sen é crucial para o equacionamento da expansão econômica, do livre mercado e da gestão da pobreza, conforme é possível acompanhar no capítulo elaborado por Cezar Henrique Maranhão.[6]

A arte do Banco Mundial e dos teóricos que propugnaram um novo desenvolvimento foi retomar essa ideologia de modo que todo o substrato neoliberal permanecesse inalterado. Ana Elizabete Mota[7] oferece preciosos subsídios para compreender o movimento de reconstrução da hegemonia dos setores dominantes em um contexto de crise estrutural que não se esgota na esfera da especulação. A mesma autora, em conjunto com Ângela Amaral e Juliana Peruzzo,[8] considerando o caso latino-americano, examina as ressignificações das políticas sociais por meio do apagamento de seus nexos com o mundo do trabalho e com os trabalhadores como classe social. A leitura do capítulo contribui para compreender o fenômeno do novo progressismo inspirado na Terceira Via teorizada por Giddens, difundido como "pós-neoliberal" e que pretensamente estaria conformando um campo político na América Latina antineoliberal.

Premidos pela crise das políticas neoliberais de primeira geração que reacenderam as lutas sociais antissistêmicas, os setores dominantes, abertos à revisão do Consenso de Washington, lograram atrair para o seu bloco de poder setores importantes de seus antagonistas, conformando um processo transformista que levará o PT à presidência da

5. O social-liberalismo brasileiro e a miséria ideológica da economia do bem-estar.

6. Desenvolvimento social como liberdade de mercado: Amartya Sen e a renovação das promessas liberais.

7. Redução da pobreza e aumento da desigualdade: um desafio teórico-político ao Serviço Social brasileiro.

8. O novo desenvolvimentismo e as tendências das políticas sociais na América Latina.

República em 2003.[9] Nesse solo movediço, em que tudo parece estar invertido, um novo léxico foi se difundindo nos discursos e nas práticas de importantes círculos outrora críticos nas universidades e movimentos sociais, incluindo, nestes, os sindicatos e partidos socialistas.

Com efeito, um dos maiores desafios das ciências sociais contemporâneas — e do marxismo em particular — é tornar pensável, por meio da teoria, as profundas e desconcertantes transformações nas referências conceituais, nas noções, nos implícitos e nos pressupostos, em resumo, nas ideologias das políticas sociais empreendidas pelo Estado, por meio de políticas de governo e de uma miríade de parcerias público-privadas. Mais do que querelas conceituais, esse novo léxico expressa uma recomposição da hegemonia dos setores dominantes em tempos de inegável agravamento da crise estrutural do capitalismo, tratando-se, por conseguinte, das iniciativas do capital para desarticular as lutas antissistêmicas dos trabalhadores.

A complexidade desses desafios teóricos e estratégicos deve-se tanto ao fato de que as referidas transformações são empreendidas por governos gerenciados por forças políticas provenientes das esquerdas, como pela manutenção dos determinantes que provocaram a ruína do trabalho, conforme aponta Cleusa Santos,[10] a degradação dos direitos sociais e a precarização do serviço público.

No caso brasileiro, é desconcertante que tamanho giro ideológico do Partido dos Trabalhadores tenha ocorrido em pouco mais de duas décadas. Cabe lembrar que, no caso da social-democracia europeia, tal reorientação levou várias décadas para acontecer na mesma proporção. Com efeito, as relexicalizações e as ressignificações nas políticas sociais empreendidas pelos governos do PT obedecem à gramática básica que estrutura as proposições dos organismos internacionais e dos principais centros de pensamento da ordem liberal-burguesa. Eis parte do ardil dos setores dominantes: lograram manter inalterados a regressão dos direitos do trabalho e o padrão de concentração de renda, mas, com as

---

9. Eurelino Coelho. *Uma esquerda para o capital*: crise do marxismo e mudanças nos projetos políticos dos grupos dirigentes do PT (1979-1998). Tese (Doutorado em História), UFF, 2005.

10. Crise do capitalismo e pilhagem do trabalho.

políticas focalizadas, puderam avançar na "redução da pobreza".[11] O que parecia impossível — enfrentar a pobreza sem transformar a base econômica — tornou-se uma ideologia com forte poder hegemônico.

Tal reconfiguração das políticas sociais objetiva que os setores dominantes possam manejar uma ordem social em que a concentração de renda é, necessariamente, avassaladora; os lucros dos bancos são astronômicos; o agronegócio conta com gordos subsídios públicos e com ativa proteção governamental, inclusive pelo empenho do Estado em estagnar a reforma agrária, sendo parte crucial do celebrado PIB de países como o Brasil, e os saqueadores dos recursos naturais contam com subsídios e infraestrutura pública[12] no escopo do Plano de Infraestrutura Regional da América do Sul e do Programa de Aceleração do Crescimento.[13]

As mudanças nas políticas sociais, nesse sentido, respondem aos interesses das frações burguesas dominantes locais e internacionais de consolidar uma ordem econômica em que a remuneração do trabalho possui patamar aviltante, em que um grande número de trabalhadores (algo em torno de 12,4 milhões de famílias, correspondente a aproximadamente 59 milhões de pessoas, direta ou indiretamente) necessita de transferência direta de renda ou, no caso dos trabalhadores muito precarizados, complementação do Estado para a sua simples existência biológica, conforme pode ser visto no capítulo de Marcelo Sitcovsky[14] e em Maria Augusta Tavares e Marcelo Sitcovsky.[15] Justo por isso, como propugna Mauriel no capítulo mencionado, a Lei n. 12.435, de 6 de julho de 2011, que ao dispor sobre a organização do Sistema Único de Assistência Social (Suas) altera a Lei Orgânica de Assistência Social

---

11. Ver artigos de Mota, já citado, e de Ana Paula Mauriel. *Pobreza, seguridade e assistência social*: desafios da política social brasileira.

12. A ideologia do desenvolvimento sustentável é analisada no presente livro por Maria das Graças e Silva, Sustentabilidade Ambiental e (in)sustentabilidade social.

13. Leher, Roberto. Crise capitalista, neodesenvolvimentismo e problemática ambiental. In: Menezes, Ana Maria Dorta et al. *Trabalho, educação, Estado e a crítica marxista*. Fortaleza: Edições UFC, 2011.

14. *Conciliações e contradições entre assistência social e trabalho*: o impacto do Bolsa Família.

15. O caráter provisório dos mecanismos de reprodução da força de trabalho.

(Loas) justamente em aspectos conceituais fundamentais no sentido de que, com a nova lei, as políticas de assistência social se dissociam do conceito de seguridade social, tornando-se parte das medidas focalizadas contra a pobreza extrema.

Como os diversos autores sustentam ao longo do livro, é importante não perder de vista que as mudanças conceituais nas políticas de seguridade social não são um fato particular da área abarcada pelo Serviço Social. Longe disso. Diz respeito ao trabalho, ao modo de operar a governabilidade do capital sobre a massa de trabalhadores expropriada, hiperexplorada e precarizada, bem como aos novos conteúdos assumidos pelo Estado que, por meio de um longo encadeamento de contrarreformas, vai sendo calibrado pelos setores dominantes para operar seus interesses, em especial de suas frações financeiras. Não é demais lembrar que até mesmo os magros recursos repassados às famílias pelo programa Bolsa Família são distribuídos por meio do sistema bancário, através de cartões bancários que movimentam, no conjunto, somas nada desprezíveis que totalizam mais de R$ 15 bilhões anuais.

Ao buscar compreender as mediações entre a crise estrutural, as políticas sociais e as ideologias dominantes, o livro oferece alentados subsídios teóricos que permitem postular que está em curso a construção da hegemonia das frações que se consolidaram como dominantes no bloco de poder. Por isso, não é secundário que o processo conte com relevante participação das principais organizações políticas e sindicais da classe trabalhadora construídas no período após a ditadura empresarial-militar. Certamente, a colaboração de classes não é nova na esquerda. Contudo, a saturação das formulações dominantes em todos os domínios da política empreendida pelo PT em contraste com a agenda (proclamada) universalista da social-democracia é, possivelmente, algo inédito, considerando a trajetória da agremiação que chegou a ser inspiração para parcela relevante da esquerda mundial.

Contra os ideólogos revisionistas da social-democracia alemã do início do século XX, no contexto da II Internacional, Lenin utilizou palavras ásperas para designar os marxistas renegados. Não deixa de ser interessante imaginar o que diria o líder revolucionário sobre as esquerdas que sustentam o fim da centralidade do trabalho, das classes, da luta de classes e mesmo dos princípios universalistas amparados no conceito universal de homem, ser genérico dotado de igual humanidade.

De fato, uma particularidade do atual contexto é o aparente consenso diante de um novo léxico — nova língua, no dizer de Pierre Bourdieu e LoicWacquant[16] — por sujeitos com origem, posição social e trajetória distintas, compreendendo: banqueiros e operadores dos mercados financeiros; dirigentes de corporações; acadêmicos de centros de prestígio, inclusive laureados com o Nobel; sindicalistas de organizações com origem classista; líderes de partidos denominados de trabalhadores; organizadores de ONG que possuem irradiação internacional; lideranças de movimentos sociais e editores dos grandes meios de comunicação, apagando, na aparência, diferenças de classes e geopolíticas. Na América Latina, essas palavras gravitam em torno de uma expressão chave — o desenvolvimento — que é carregada de significado, como já apontado.

Com efeito, o desenvolvimentismo, com ou sem o prefixo "neo", vem assumindo uma extraordinária centralidade nas narrativas de todos os domínios: econômicos, como se uma alternativa ao Estado mínimo neoliberal; político, pois associado ao novo progressismo dito de cariz pós-neoliberal, e social, no sentido de que o seu compromisso mais profundo é com os chamados pobres, assegurando a estes renda mínima e certa socialização que os levam a serem "pessoas com capacidade para fazer acontecer" alternativas econômicas.

A supremacia do "novo desenvolvimento" não foi abrupta e uníssona, longe disso, muitos centros de pensamento localizados nos países centrais e forças partidárias liberais ortodoxas insistiram na defesa do neoliberalismo. Entretanto, como assinalado, desde a gestão de James Wolfensohn no Banco Mundial é possível encontrar a defesa

---

16. P. Bourdieu; L. Wacquant. NewLiberalSpeak: notes on the new planetary vulgate. *Radical Philosophy*, n. 105, 2001.

da retomada de maior protagonismo do Estado (a despeito de que o Estado nunca esteve ausente da economia capitalista, como argumentou de modo magistral Karl Polanyi), particularmente no contexto das crises políticas e dos conflitos militares na África subsaariana, sustentando que a pobreza desprovida de mecanismos de alívio poderia comprometer a governabilidade. O Banco não estava só. O assessor econômico de Clinton, J. Stiglitz (e, também, em certo período, economista chefe do Banco Mundial), não apenas defendeu a retomada do Estado na economia para corrigir falhas do mercado, objetivando o desenvolvimento, como produziu estudos sistemáticos sobre o tema.

A conformação de uma determinada hegemonia nunca é um fenômeno que se encerra no terreno das ideias, envolvendo, sempre, uma dimensão de supremacia econômica na sociedade civil. A hegemonia, nesse sentido, é um fato estrutural-econômico e indissociável de uma certa correlação de força. A afirmação da hegemonia confirma que um determinado bloco de poder logrou êxito em seus arranjos intra e interclassistas e é capaz de garantir uma direção política, moral e cultural sobre o conjunto da sociedade. Por isso, compreender e criticar a ideologia do novo desenvolvimentismo, tal como fizeram, outrora, Florestan Fernandes, Ruy Marini e Limoeiro Cardoso com o desenvolvimento, é uma tarefa inadiável. O leitor tem em mãos um livro que será referência para o debate sobre o sentido das profundas mudanças nas políticas sociais na construção da hegemonia dos setores dominantes. Sem compreender "o que fazem os dominantes quando dominam" dificilmente as resistências e a edificação da hegemonia dos subalternos podem ser objetivas e capazes de alterar a correlação de forças.

Rio de Janeiro, 20 de agosto de 2012.

# APRESENTAÇÃO

A oportunidade dada pela Cortez Editora, com a publicação de mais um livro por mim organizado, ocorre num período particular da minha trajetória acadêmica, o da realização de um estágio pós-doutoral em Lisboa. Ao tempo em que se trata neste volume da questão do neodesenvolvimentismo no Brasil, analisando criticamente a emergência do social-liberalismo, pautado no ideário do crescimento econômico e combate à pobreza *sem ruptura da ordem,* assiste-se na Europa, e especialmente em Portugal, a um movimento inverso: supressão de direitos, desemprego e austeridade. Esse paradoxo, associado ao marketing político do Brasil-potência, se espraia pela grande imprensa internacional e vem sendo responsável pela construção de uma imagem do Brasil como país do futuro, adiante da crise dos países do euro.

Essa emblemática situação é responsável pela instituição de um cenário ideopolítico, cujo suporte é a equação: *austeridade versus crescimento,* transformada em parâmetro analítico e propositivo de enfrentamento da crise do capital, apresentando-se, mesmo, como uma ideia-chave que subtrai qualquer possibilidade de pensar a sociedade contemporânea para além do capital.

Se no *além-mar* se desenvolve uma verdadeira "cultura da crise"[1] na tentativa de obter o consenso das classes trabalhadoras às medidas de "austeridade" impostas pela *troika* (que submete os trabalhadores ao desemprego e faz loas à emigração dos jovens com a mesma des-

1. Mota, Ana Elizabete. *Cultura da crise e seguridade social.* São Paulo: Cortez, 1995.

façatez com que protege a banca financeira internacional), no Brasil, por caminho inverso, também a classe dominante alimenta e robustece sua cultura de classe, espraiando, dessa feita, práticas e ideologias que devem tornar consensual a ideia de superação da crise pelo crescimento da economia e pelo combate à pobreza.

Evidente que são ideologias e práticas com propósitos imediatos distintos, demarcados por particularidades e singularidades históricas, porém não revelam nenhum antagonismo, posto que possuem uma unidade subjacente: a manutenção da ordem capitalista. Por isso mesmo, as vias da austeridade e do crescimento econômico não se apresentam com alternativas antitéticas, posto que tão somente materializam "modelos" desenvolvidos em conjunturas específicas, porém ambos determinados pela hegemonia das finanças e pelas estratégias de restauração da ordem, sob os imperativos da acumulação capitalista.

Enquanto na Europa grassa a austeridade neoliberal, com supressão de direitos sociais e trabalhistas, reforma da seguridade social, mercantilização de serviços públicos e privatizações de empresas estatais, no outro lado do Atlântico, o Brasil, herdeiro dos ajustes ditados pelo FMI, (agora alardeado como seu atual credor), sob o impulso do crescimento econômico, abraça o neodesenvolvimentismo e a ideologia do social-liberalismo como fundamentos e meios de superação da crise do capital. Contudo, ambos os processos se inserem num movimento universal, qual seja, a reestruturação (aqui usada por falta de um conceito mais preciso) das relações entre Estado, mercado e classes sociais, sob os ditames do capital financeiro internacional.

Não há dúvidas de que a estratégia neodesenvolvimentista, adotada pelo governo brasileiro, é sustentada pela combinação de financeirização, crescimento econômico e políticas sociais compensatórias, como já anuncia nosso apresentador Ruy Braga na orelha deste livro. Ainda que sejam inegáveis os indicadores de crescimento, também o são os da "estrangeirização" do território, da dilapidação ambiental, acompanhados pela desindustrialização e pela vulnerabilidade da inserção do Brasil na economia internacional via *commodities,* ademais do favorecimento da financeirização à base de altas taxas de juros e da desregulamentação da entrada de capitais internacionais e das remessas de lucros e dividendos para o exterior.[2]

Nesse contexto, como lucidamente alerta Virgínia Fontes[3] "a megaconcentração de capitais parece cavar continuamente o solo da crise social, para, em seguida, transformar a tragédia humana em base para sua lucratividade, convertendo a penúria que provoca em mercado para os bens que produz" (e acrescentamos nós), sob os auspícios das políticas de transferência de renda e da *bancarização* dos benefícios monetários dessas transferências, como informa nosso prefaciador Roberto Leher.

A trajetória do processo histórico mais recente – marcado não somente, mas especialmente pelos dois governos de Lula da Silva – revela o ambiente no qual a dominação burguesa opera uma "renovação"[4] da sua estratégia de *passivização* da ordem, dessa feita incorporando, via mecanismos políticos "transformistas",[5] parte das reivindicações e lutas populares através dos seus aparelhos privados de hegemonia. Estes mantêm uma ampla rede de socialização de ideias, práticas e "teorias" no âmbito da sociedade civil, dando andamento ao que Neves[6] denominou de pedagogia da hegemonia, ao estabelecer uma suposta articulação entre crescimento econômico e combate à pobreza, numa nítida estratégia de conservação e modernização da ordem capitalista. Ao tempo em que cria mecanismos de intervenção sobre as situações emergenciais de pobreza, sem configurar direitos universais nem instituí-las como política pública, promove espaços de mercantilização dos serviços sociais na esfera da saúde e da previdência, além de pro-

---

2. Souza Silva, Sheyla Suely de. *Entre a expansão do capital e a proteção ao trabalho*: contradições da assistência social brasileira no governo neodesenvolvimentista. Tese (Doutorado em Serviço Social) — UFPE, Recife, abr. 2012.

3. Fontes, Virginia. *O Brasil e o capital imperialismo*: teoria e história. Rio de Janeiro, EPSJV / Editora da UFRJ, 2010. p. 304.

4. Coutinho, Carlos Nelson. A hegemonia da pequena política. In: Oliveira, F.; Braga, R.; Rizek, C. (Orgs.). *Hegemonia às avessas*. São Paulo: Boitempo, 2010. p. 33.

5. Ibidem.

6. Neves, Maria Lucia Wanderley (Org.). *A nova pedagogia da hegemonia*: estratégias do capital para educar o consenso. São Paulo: Xamã, 2005.

duzir *verdadeiras usinas* de trabalho precário, de que são exemplares as obras da Copa, do Complexo Portuário de Suape, em Pernambuco, e das hidroelétricas na região Norte. Estariam, assim, dadas as condições necessárias para o capital internacional investir, crescer e se reproduzir.

Esse ambiente – marcado pela inegável complexificação da sociedade brasileira – fortalece a hegemonia da pequena política,[7] cujo principal argumento foi traduzido pelo Professor André Singer[8] numa entrevista após a eleição de Dilma Roussef, em novembro de 2011: a estratégia do crescimento econômico e do combate à pobreza consolida uma posição antineoliberal e substitui o embate e a luta de classe *strictu sensu* por um projeto nacional-popular que concilia os seus interesses com os do capital.

Se tal afirmação não surpreende a quem acompanhou a conjuntura brasileira nos últimos dez anos, é mister perguntar sob quais condições é possível combater a pobreza sem alterar os interesses do capital. E mais: quais ideologias e práticas vêm sendo tecidas a fim de transformar a pobreza num fenômeno objeto de combate, sem afetar os seus determinantes e os meios de reprodução da desigualdade social? Essa é a questão central deste livro, que reúne nove ensaios sobre o tema do neodesenvolvimentismo associado à expansão de políticas sociais compensatórias no Brasil.

Na condição de organizadora do volume, cabe uma nota explicativa aos leitores. Alguns dos textos que compõem esta coletânea foram publicados no livro *As ideologias da contrarreforma e o Serviço Social*, por mim organizado, em 2010, pela Editora da UFPE, com uma tiragem de 500 exemplares, com recursos do Programa de Pós-graduação em Serviço Social da UFPE e como parte das atividades do Programa CAPES/PROCAD 2007 entre a UFPE/UFRJ/UFAL/UFJF. Esgotada essa edição que continha doze capítulos, distribuídos em três seções temáticas, apresentamos um projeto à Cortez, propondo um novo livro, cujos capítulos incorporariam sete textos do livro anterior, sendo todos

---

7. Coutinho, Carlos Nelson. Op. cit.

8. Disponível em: <http://www.adusp.org.br/files/revistas/49/r49a01.pdf> Acesso em: 21 jul. 2012.

revistos e atualizados pelos autores, e dois novos textos, de autoria, respectivamente, de Ana Paula Mauriel e Rodrigo Castelo, imprimindo à coletânea a centralidade da temática *ideologia do desenvolvimento, pobreza e hegemonia*, como nomeou o professor Leher no prefácio deste livro. Na oportunidade quero agradecer à Editora da UFPE e ao Programa de Pós-graduação em Serviço Social da UFPE, por acatarem a decisão de elaborar-se um novo projeto editorial, que resultou no presente livro, pelo qual o agradecimento se estende à Cortez Editora.

*Ana Elizabete Mota*
Lisboa, agosto de 2012.

# PARTE I

# REDUÇÃO DA POBREZA E AUMENTO DA DESIGUALDADE:

## um desafio teórico-político ao Serviço Social brasileiro*

*Ana Elizabete Mota***

## 1. Os termos da questão

Penso não existirem dúvidas de que estamos diante da mais profunda crise do sistema capitalista, a qual expõe as contradições da dinâmica da acumulação, manifestando-se em diversas frentes: a financeira, a ambiental, a urbana e a do emprego, para falar das suas mais destacadas expressões. Uma crise que supera, em muito, os comentários da mídia, posto que não se resume aos indicadores do risco país, aos arrepios diários das bolsas de valores, aos *ataques de nervosismo* do mercado e às oscilações do dólar. Embora sinalizem alguma instabilidade econômica, a menção desses indicadores tem a finalidade de socializar uma dada concepção da crise, *desistoricizando* a sua relação com o desenvolvimento capitalista. Ao contrário deste

* O conteúdo deste ensaio foi inspirado na conferência proferida na mesa de abertura do XIII Congresso Brasileiro de Assistentes Sociais (CBAS) em 2010. Foi objeto de uma publicação pela Editora da UFPE em 2010, sem reedição. Para integrar este volume foi revisto e complementado.

** Doutora em Serviço Social pela PUC-SP e professora titular do Departamento de Serviço Social da UFPE.

discurso e também por conta dele, é mister afirmar que estamos diante de uma crise estrutural do capital, embora ciente de que a ideia de estrutural não se confunde com qualquer versão catastrófica sobre o fim do capitalismo.

A rigor, as crises são inerentes ao desenvolvimento do capitalismo e, como diria Marx (1998), a produção capitalista cria barreiras a sua própria expansão. Ao procurar superá-las, somente o faz através de movimentos restauradores que, ciclicamente, repõem novas barreiras à valorização do valor. Este processo é determinado pela incessante busca de lucros e mediado por iniciativas econômicas e políticas que permitem tanto a existência de períodos em que prevalecem a destruição massiva das forças produtivas, quanto a emergência de ciclos de prosperidade, alternando-se historicamente.

Marx e Engels (1998, p. 12-13), no *Manifesto do Partido Comunista de 1848*, já vaticinavam sobre as crises cíclicas do capital, ao afirmarem que:

> [...] a sociedade burguesa moderna, que desencantou meios tão poderosos de produção e de intercâmbio, assemelha-se ao feiticeiro que já não pode controlar as forças infernais que invocou. [...] Basta mencionar as crises comerciais que, repetindo-se periodicamente, ameaçam cada vez mais a existência da sociedade burguesa. Nas crises comerciais é regularmente destruída uma grande quantidade não só de produtos fabricados como massa das próprias forças produtivas já criadas. [...] E por quê? Porque a sociedade possui civilização em excesso, meios de subsistência em excesso, indústria em excesso, comércio em excesso. As forças produtivas de que dispõem deixam de promover as relações burguesas de propriedade — ao contrário: tornaram-se poderosas demais para essas condições e são tolhidas por elas, e assim que delas se libertam, lançam na desordem toda a sociedade burguesa, ameaçando a existência da propriedade burguesa. [...] E como a burguesia supera as crises? De um lado, mediante a destruição violenta de grande quantidade de forças produtivas; de outro, pela conquista de novos mercados e pela exploração mais intensa dos antigos.

Contudo, a crise que se inicia nos anos 1970, dada a sua extensão e duração, apresenta particularidades que a diferenciam da dinâmica de outras crises capitalistas. Segundo Mandel (1990, p. 13), essa particularidade lhe permite asseverar que se trata de uma

> crise social do conjunto da sociedade burguesa, uma crise das relações de produção capitalistas e de todas as relações sociais burguesas, que se imbrica com a diminuição durável do crescimento econômico capitalista, acentua e agrava os efeitos das flutuações conjunturais da economia, e recebe por sua vez novos estímulos dessas flutuações.

Nesta mesma trilha argumentativa, Mészáros (2002) expõe as características principais da crise contemporânea, quais sejam: seu caráter global e não setorial (comercial ou financeiro); seu alcance mundial, atingindo todas as nações imperialistas do planeta; sua extensão temporal, apresentando-se como uma crise de longa duração e sem saídas possíveis a curto ou longo prazo. Afirma, ainda, que o *modo de desdobramento dessa crise poderia ser denominado de "rastejante"*.

O caráter mundial dessa crise é dado pela própria estrutura mundializada do capitalismo, cujo movimento de internacionalização é marcado pela concentração do capital e descentralização da produção, imprimindo-lhes uma abrangência planetária. Segundo Maranhão (2004, p. 42) "a mundialização dessa crise explica a impossibilidade de ela ser enfrentada setorialmente ou por capitalistas individuais, razão pela qual mobiliza a intervenção do Estado e das organizações financeiras internacionais na tentativa de equacioná-la".

Frente a este processo, a partir dos anos 1980, o capital procura enfrentar suas próprias contradições, implementando iniciativas que permitam a recomposição das suas taxas de lucro, ao tempo em que desenvolve iniciativas que as legitimem socialmente. É neste sentido que as classes proprietárias e dominantes, a partir das últimas décadas do século XX, necessitam exercitar-se como classe dirigente, implementando seu projeto classista através de uma direção restauradora, criando (reinventando) iniciativas conservadoras sob o influxo das ideias liberais.

Ainda Maranhão (2004) argumenta que sob o declarado controle das forças restauradoras do liberalismo, o Estado passa a desempenhar um papel central neste projeto dando andamento ao processo da sua contrarreforma, favorecendo os espaços para a produção de superlucros. Por isso mesmo, inova suas práticas ideológicas e produtivas seja nos países centrais, seja nos periféricos, patrocinando uma série de transformações nos padrões de acumulação e reprodução vigentes.

Todavia, paradoxalmente, na medida em que a restauração capitalista desaguou no predomínio do capitalismo financeiro mundializado, observa-se que a lógica e os imperativos da valorização financeira, segundo Paulani (2010, p. 109-110), apresentam-se como o avesso dos princípios neoliberais (mercado, concorrência, risco, ausência do Estado). Nas suas palavras:

> Não é fácil compatibilizar, de um lado, o capitalismo rentista com seu conjunto de práticas discriminatórias e seu permanente e concreto açambarcamento da riqueza social por uma aristocracia capitalista privilegiada e bem postada junto ao e no Estado, e, de outro, esse discurso globalizante, que faz do mercado o demiurgo. Essa dificuldade é particularmente maior na periferia do sistema, em especial no caso do Brasil, despertado para o sonho do desenvolvimento nos anos 50 e 60 do século passado.

No âmbito deste movimento, em especial nos países periféricos, destaco o papel das classes dominantes no seu ímpeto restaurador, para repor a hipótese que venho trabalhando desde os anos 1990 (Mota, 1995) segundo a qual, as classes dominantes somente tornam possível este processo mediante a criação e realização de estratégias e medidas que são constitutivas da sua hegemonia.

Sobre este tema, a coletânea organizada por Oliveira, Braga e Rizek (2010), intitulada *Hegemonia às avessas*, expõe uma rica discussão sobre as particularidades da dominação social que se enraizou no Brasil desde a era Lula. Seguindo a trilha do pensamento gramsciano, Coutinho (2010, p. 30) assevera que:

> Independente de basear-se ou não numa ideologia orgânica, uma relação de hegemonia é estabelecida quando um conjunto de crenças e valores se enraíza no senso comum, naquela concepção do mundo que Gramsci definiu como "bizarra e heteróclita", com frequência contraditória, que

orienta muitas vezes sem plena consciência o pensamento e a ação de grandes massas de mulheres e homens.

Note-se, por exemplo, que na década de 1980/1990 a crise foi concebida como esgotamento de um modelo (o fordista-keynesiano), razão da proposta de menos Estado, mais mercado e a supressão das regulações do trabalho e de qualquer controle do capital, dando curso ao projeto neoliberal. Concretamente, este projeto se traduziu na generalizada privatização do Estado com a venda de empresas estatais, a mercantilização de serviços públicos e a redução dos benefícios da seguridade social, ao tempo em que oportunizava a financeirização do capital.

Num segundo momento, a partir dos anos 2000, mais especificamente no rastro da crise financeira que afetou uma das principais economias mundiais, a dos Estados Unidos, o discurso e as estratégias de enfrentamento da crise se afastam das loas à desregulamentação e passam a transitar por uma espécie de *juízo moral* que, ao criticar os maus e desonestos capitalistas — qualificados de especuladores irresponsáveis — defendem o capitalismo *sério, real, produtivo, democrático e redistributivo*. Estava dado o "mote" que marcaria o início de outra processualidade histórica, desta feita, qualificada como meio de enfrentamento à crise do capital financeiro, revelando um novo *projeto e processo de restauração da ordem do capital*, agora legitimado e conduzido por novos protagonistas: os governos de centro-esquerda latino-americanos. Estou me referindo aos projetos de corte social-liberal (Fontes, 2010) e aos do novo-desenvolvimentismo (Castelo, 2010), cujas bandeiras são *crescimento econômico com desenvolvimento social*.

Em recente discussão sobre o tema, Roberto Leher (<http://www.estudosdotrabalho.org/RevistaRET06.htm>, acesso em: 19 maio 2012), faz uma afirmação instigante, quando diz que a esquerda socialista e anticapitalista precisa elaborar a sua concepção crítica da crise, posto que, sem defini-la como um processo resultante da lógica destrutiva do capital, não será possível se confrontar com a concepção que os neoliberais, sob novas roupagens, estão difundindo: a de que a crise é resultado da ganância desmedida dos especuladores financeiros, razão pela qual sua contraface é o crescimento da chamada economia real.

Nesta direção, também concordamos inteiramente com Martins (2009, p. 12) que em seu livro *A direita para o social*, ao tratar sobre a nova instrumentalidade ideopolítica e econômica do neoliberalismo no século XXI, evidencia as estratégias através das quais a classe dominante vem consolidando o desenvolvimento de uma sociabilidade que atende aos seus interesses, na tentativa de afirmar-se como classe dirigente.

Assim, como discorreremos a seguir, a equação *novo desenvolvimentismo e políticas de combate à pobreza* não se restringe a um conjunto de políticas, programas e iniciativas governamentais. A rigor, ao aliar o combate à pobreza a defesa do crescimento econômico, a burguesia e seu Estado protagonizam uma sociabilidade baseada na ideologia do consenso: a possibilidade de compatibilizar crescimento econômico com desenvolvimento social.

## 2. Novo desenvolvimentismo e gestão da pobreza na era Lula

Não existe nenhuma coincidência no fato de o governo Lula da Silva ter se tornado um dos principais protagonistas desta ideologia que é coroada pela apologia ao novo desenvolvimentismo fundado no equilíbrio entre crescimento econômico e desenvolvimento social, adjetivados de autossustentáveis econômica, social e ambientalmente.

Poder-se-ia argumentar sobre a positividade deste projeto. Afinal, ele supõe crescimento econômico, ampliação e formalização do emprego, intervenção do Estado, dentre outros aspectos que, pelo menos em tese, rechaçam medidas neoliberais. Duas ideias centrais estariam embasando esta ideologia: a) a de que o enfrentamento ao neoliberalismo se faz com crescimento econômico mediado pela intervenção do Estado; b) a de que o crescimento econômico leva inexoravelmente ao desenvolvimento social.

Ora, estas duas hipóteses — produzidas no campo da lógica dedutiva, portanto abstrato-formal — estão longe do processo histórico real. Para tanto, é suficiente destacar que, apesar do crescimento havido e prometido, o Brasil passou do 8º para o 9º lugar no ranking do IDH-D[1] dentre os países latino-americanos, confirmando o dado de que 1% dos brasileiros detém uma renda que equivale a toda a renda dos 50% mais pobres.

Em ensaio de 2010, intitulado *O lulismo e seu futuro*, André Singer argumenta que por trás da lenta queda do índice de Gini estaria havendo uma piora na repartição da riqueza entre o capital e o trabalho. Ao tratar sobre os mecanismos de enfrentamento da pobreza, afirma que "uma maior equidade entre os que vivem do próprio trabalho tem sido compensada por um aumento da parcela apropriada pelos capitalistas sob a forma de lucros e dividendos" (Singer, 2010, p. 64). No mesmo texto, Singer cita Paulani, que nos dá preciosa informação sobre a referida desigualdade de renda e riqueza quando afirma que "80% da dívida pública estão em mãos de algo como 20 mil pessoas, as quais, sozinhas, recebem um valor dez vezes maior que os 11 milhões de famílias atendidas pelo Bolsa Família" (Singer, 2010, p. 64).

Retomando a ideia inicial deste item, podemos afirmar que a era Lula foi palco da conciliação de iniciativas aparentemente contraditórias: as diretrizes do receituário liberal e a pauta desenvolvimentista. Note-se que na primeira etapa do seu mandato foram realizadas as contrarreformas da previdência e da educação, concomitante ao aumento das taxas de juros; enquanto no mesmo período era expandida a assistência social, o crédito ao consumidor, os empréstimos populares e os aumentos do salário mínimo. Através da mediação do mercado e do crescimento econômico induzido pelo Estado, o governo atendeu algumas das reivindicações das classes subalternas, ao tempo em que assegurou as exigências das classes dominantes. Segundo Braga (2010, p. 14),

1. Trata-se do Índice de Desenvolvimento Humano ajustado à Desigualdade. Este índice altera os cálculos do IDH. No último relatório do PNUD (2010) o IDH-D é de 0,629. Sem levar em consideração o fator desigualdade, o índice é de 0,777. O IDH é considerado alto a partir de 0,8.

> O governo Lula apoia-se em uma forma de hegemonia produzida por uma revolução passiva empreendida na semiperiferia capitalista que conseguiu desmobilizar os movimentos sociais ao integrá-los à gestão burocrática do aparato de Estado em nome da aparente realização das bandeiras históricas desses mesmos movimentos que passaram a consentir ativamente com a mais desavergonhada exploração dirigida pelo regime de acumulação financeiro globalizado.

Por isso mesmo, este processo, que se fez projeto, deve ser apreendido com a lição gramsciana do "pessimismo da razão", permitindo apropriarmo-nos das suas macrodeterminações e das suas dimensões ideopolíticas, dado que são amplos e sutis os seus conteúdos e desdobramentos na formação de consensos de classes.

Nessa direção, está em andamento um novo movimento constitutivo da hegemonia das classes dominantes, desenvolvido com as armas da despolitização em prol da conservação dos interesses daquela classe. Denominado por Oliveira (2010) de "hegemonia às avessas", o processo que temos no horizonte não pode ser comparado com a já conhecida estratégia de cooptação dos trabalhadores que *assumem como suas* ou *são constrangidos a assumir como suas* as ideias e propostas da burguesia de que foram e são exemplares: o discurso da eficiência do setor privado como argumento da privatização e mercantilização de serviços e empresas públicas; o do empreendedorismo e da empregabilidade como justificação e estímulo a um suposto trabalhador (empreendedor) sem patrão — uma das estratégias de *redução consentida* da força de trabalho contratada pelas empresas.

O que ora presenciamos é outra pedagogia a da *socialização da sociedade brasileira* em que as demandas dos "de baixo" são atendidas no âmbito da "pequena política" (Coutinho, 2010, p. 29) como meio de sitiar a "grande política" (Coutinho, 2010, p. 41). Este movimento comporta a convivência com os novos movimentos sociais e com algumas das reivindicações de necessidades sociais, como o acesso à renda e ao consumo.

Se do ponto de vista prático estas medidas minimizam e reduzem as condições de pobreza e viabilizam o acesso mercantil a bens e serviços, por outro lado, elas explicitam no plano prático, político e teórico, que não há qualquer indício de redução das desigualdades, se a definimos sob a ótica das disparidades das rendas do trabalho e dos lucros, juros, renda da terra, aluguéis e outros rendimentos do capital. Novamente, o custo de R$ 13,1 bilhões, relativos ao pagamento do programa Bolsa Família deve ser comparado aos R$ 380 bilhões destinados ao pagamento dos juros dos títulos públicos no último ano.

Contudo, essa é uma realidade frente a qual não podemos fugir, em especial por estarmos diante do caldo cultural dos ajustes econômicos realizados ao longo dos anos 1990, sob a batuta da ofensividade neoliberal dos governos das classes dominantes. No seu afã contrarreformista, procuraram apagar as referências do trabalho, seja pelo desemprego, seja pelas novas e precárias formas de trabalho, ou, ainda, pela supressão das conquistas dos trabalhadores nos anos 1980.

Fato é que a partir do governo Lula da Silva, o atendimento de parte das reivindicações e necessidades das classes subalternizadas se fez afastando-se dos referenciais classistas de socialização da riqueza socialmente produzida. Por isso, as respostas à luta social e histórica contra a miséria e a desigualdade social se deram com estratégias que negam o antagonismo das classes, obtendo, assim, o consentimento ativo e passivo de grande parte dos "trabalhadores" e do "lumpem".

Ao *desistoricizar* a pobreza — não por naturalizá-la como vaticínio e destino, mas tratando-a como um fenômeno que pode ser gerido através de políticas compensatórias —, tornou-se possível atender algumas necessidades imediatas das classes trabalhadoras, sem romper com as exigências das classes proprietárias e dominantes.

De acordo com Paulani (2010, p. 128), a estratégia de enfrentamento da pobreza via políticas compensatórias, tal como o Bolsa Família, "em vez de integrarem os excluídos, elas consagram a fratura social" porque distribuem uns poucos recursos àqueles que jamais conseguirão se integrar, para dar andamento à política concentradora e excludente. No Brasil de Lula, complementa Paulani (2010, p. 133),

> essa verdade é facilmente constatada pela simples comparação entre o que vem gastando o Estado com o Bolsa Família, e o que vem gastando

com o pagamento de juros aos detentores de títulos da dívida pública, ou seja, pelo menos 10 vezes mais com o último do que com o primeiro.

Como inspira a percepção de Oliveira (2010, p. 27), não são mais os dominados que consentem com sua exploração frente à coerção capitalista. A contrarreforma do período Lula, ao mesmo tempo em que se constituiu numa restauração das bases da acumulação sob a égide do *bom capitalismo*, também se apresenta como uma "reforma social e moral" porque, desta feita, algumas das necessidades da pobreza são atendidas sem que isso signifique romper com a desigualdade e colocar em questão a exploração capitalista.

Este movimento, uma resposta revisionista à ortodoxia neoliberal, teve incidência direta sobre a formação da sociabilidade, ou seja, sobre a reeducação política das massas, visando a consolidação de um capitalismo de face humana" e um conformismo capaz de assegurar o consenso em torno da chamada *terceira via*.[2]

## 3. Desafios ao Serviço Social brasileiro

Indiscutivelmente, a magnitude das questões anteriormente referidas põem no plano da profissão de Serviço Social complexos desafios de ordem teórica, ética, política e prático-operativa. Daí tornar-se imperativo avançar em algumas sínteses e formulações para ampliar estratégias compatíveis com a visão de mundo e de sociedade presentes na cultura profissional que construímos nas três últimas décadas, enfeixada no que consideramos ser o projeto ético-político e profissional do Serviço Social brasileiro.

Nossos históricos desafios, originários da contraditória determinação social da profissão, têm no desenvolvimento do capitalismo, na

2. Sobre o tema da social-liberalismo ver texto de Rodrigo Castelo publicado nesta coletânea, assim como o livro de André Silva Martins, *A direita para o social*: educação da sociabilidade no Brasil contemporâneo. Juiz de Fora: Editora da UFJF, 2009.

emergência da questão social, nas lutas e movimentos sociais, na ação do Estado, da sociedade civil e do empresariado o entrelaçamento de relações sociais que se produzem e se reproduzem numa processualidade dialética e contraditória.

Esse legado profissional permite afirmar que o Serviço Social vem problematizando e politizando *coletivamente* o exercício e a formação profissional dos Assistentes Sociais sem abstrair de tais reflexões a relação entre as determinações da existência da profissão e as demandas postas pela realidade. Sempre esteve em discussão: qual Serviço Social? Para qual sociedade? Daí podermos reafirmar a nossa condição de protagonistas de um projeto profissional calcado em valores, princípios e diretrizes inerentes a um dado projeto societal: uma sociedade emancipada e radicalmente humana.

Esta orientação não nos dá o estatuto de um partido político, nem de sermos os arautos das necessidades das classes subalternas. Tampouco nos convida a traduzir princípios revolucionários em procedimentos aplicáveis ao âmbito de um espaço ocupacional. Em minha compreensão, em face da complexa conjuntura dos últimos anos, este processo tem nutrido e fortalecido o núcleo duro e central do projeto ético-político que consiste em não sucumbir ao apagamento da dimensão política da profissão e de resistir a três aspectos essenciais: à redução do projeto profissional a sua dimensão prático-operativa; ao cancelamento de qualquer ideário que não seja o da ordem; à submissão da crítica teórica e política à prova da formulação de propostas técnicas.

Sob outro prisma, é pertinente afirmar que o Serviço Social brasileiro, sem negar ou recuar diante do atendimento às demandas do mercado de trabalho profissional, avança em tempos de crise e construção de hegemonia, produzindo referências teórico-metodológicas que abordam a complexa relação entre a luta pela emancipação política e o horizonte da emancipação humana.

Entendo que estas categorias são ferramentas intelectivas e políticas centrais para pensar os dilemas e as mediações presentes na conjuntura aqui problematizada, sem cair numa visão reificada da profissão.

Se em conjunturas anteriores — e a do governo FHC é exemplar — o coletivo profissional enfrentou, com alteridade, a disputa por políticas *vis à vis*, o voluntarismo do programa Comunidade Solidária, recusando-se a reconhecer naquela experiência um espaço ocupacional compatível com o projeto profissional, na conjuntura dos governos Lula este processo se tornou mais complexo porque, supostamente, a vitória do petista significava uma ampliação do espaço político da esquerda.

Não foi sem fissuras, rupturas e até perda de algumas relações pessoais que a bandeira da preservação da autonomia da profissão fez frente à estatização do movimento sindical e partidário, resistindo e preservando nossos posicionamentos críticos. Dentre eles, o de que a expansão dos programas de Assistência Social é um meio legítimo e legal de enfrentamento da pobreza, mas não se confunde com a redução e superação da desigualdade, posto que nossa concepção de desigualdade é vinculada à questão da acumulação de riqueza e concomitante pauperização dos trabalhadores. Portanto, não se restringe ao campo da circulação e dos indicadores de consumo, como pensa o Banco Mundial.

Quiçá nossa compreensão da totalidade do processo social nos faculte manter a radical e intransigente defesa da seguridade social sem confundir a institucionalização e expansão da política de Assistência Social — uma luta legítima e necessária ao enfrentamento dos bárbaros índices de concentração de riqueza — com o papel político e ideológico que lhe foi atribuído. Refiro-me à centralidade que adquiriu como a principal política social brasileira e ao uso estratégico, qual seja, o de ser uma política focal que cumpre um papel passivador frente à precarização do trabalho e ao desemprego.

Estas questões não esgotam os desafios profissionais; todavia, penso que é possível fazer algumas sínteses que mobilizam o desenvolvimento de renovadas estratégias inerentes ao nosso projeto profissional:

I. Resgatar a diferença entre iniciativas de enfrentamento à pobreza e estratégias de superação das desigualdades, estas últimas referenciadas pela relação entre acumulação da riqueza e produção do pauperismo.

II. Tratar essas questões no horizonte dos projetos de emancipação política e humana, ciente das suas radicais distinções, compreendendo o exercício dos direitos como uma mediação política anticapitalista e não como um projeto societal.

Estes desafios apontam para a centralidade da dimensão ético-política profissional do Serviço Social e para a necessidade de *historicizar* as condições do exercício profissional dos Assistentes Sociais, campo das possibilidades e limites da sua ação e que requerem mediações relativas a:

I. *Organização política dos Assistentes Sociais*, cuja condição de assalariado lhes faculta, na condição de partícipes das classes trabalhadoras, serem protagonistas da construção de uma outra sociabilidade, fortalecendo, no campo da grande política, as lutas por questões que têm incidência na "questão social" e nos seus mecanismos de enfrentamento e superação, que é o ambiente não exclusivo, mas particular da ação profissional.

II. *Articulação entre direção política e exercício profissional*, particularizadas no âmbito da divisão social e técnica do trabalho cuja perícia e pedagogia consiste em atentar para as necessidades originárias da prática profissional e da tensa relação entre projeto ético-político-profissional e trabalho assalariado (Iamamoto, 2007), recuperando questões e contradições presentes nesta relação.

Entendo que os projetos profissionais articulam-se com os projetos societais enquanto programática e ideário, mas *as condições da sua realização dependem de estratégias as mais diversas* que vão desde a construção de princípios e diretrizes orientadoras da prática, passando pela definição de objetos de pesquisa e intervenção, até as estratégias coletivas de luta e resistência macropolíticas.

Estas postulações não negam a tese de que as condições do exercício profissional são historicamente determinadas e que a profissão é atravessada por uma contradição em processo: a necessidade de responder às demandas institucionais à profissão — uma condição de sua existência — e, pelo mesmo caminho, colocar em questão o processo de produção e reprodução social que geram aquelas demandas. Neste sentido, a profissão tem um ideário que se revela no projeto ético-político-profissional, responsável pela direção social que desejamos e lutamos para imprimir a nossa ação, mas a sua operatividade depende das condições objetivas, nem sempre favoráveis.

O estatuto intelectual do Serviço Social brasileiro é algo inconteste, como o demonstram a qualidade da sua produção bibliográfica e as pesquisas desenvolvidas e em andamento. A este devemos adensar as escolhas que orientam a formação profissional em nível de graduação e pós-graduação, herdeiras do pensamento social crítico, de inspiração marxiana. Esta cultura profissional do Serviço Social brasileiro, construída nas três últimas décadas, nos faculta exercitar um papel intelectual (no sentido gramsciano), cientes de que em momentos de regressão política é preciso acumular forças, fortalecer princípios e redefinir pedagogicamente os meios que possibilitem a construção de uma unidade entre os princípios teórico-metodológicos e políticos e o campo do exercício profissional.

Se, nas condições objetivas vigentes, caminha a passos largos a construção de uma hegemonia das classes dominantes, fermentada pela adesão fácil e oportunista de alguns ex-militantes da esquerda, de dirigentes sindicais e quadros político-partidários em estreita aliança com alguns intelectuais orgânicos do capital, ainda não temos indicações suficientes que nos levem a crer que este caldo da "pequena política" (Coutinho, 2010) se espraiou pelo Serviço Social, colocando a construção do seu projeto ético-político em xeque, o que não significa desconhecer limites, dificuldades, obstáculos e, por que não dizer, dissensões teóricas e políticas.

Neste sentido, recupero a discussão de Iamamoto (2007) que enfoca as tensões inerentes à relação entre projeto profissional e trabalho assalariado, posto que não há uma identidade imediata entre a intencionalidade do projeto e os resultados derivados da sua efetivação, donde o necessário entendimento dos limites da autonomia do trabalho profissional (Iamamoto, 2007, p. 414-425). Na condição de trabalhador assalariado, os profissionais de Serviço Social, como os demais trabalhadores, estão submetidos ao processo de mercantilização da força de trabalho que subordina o trabalhador aos ditames do trabalho abstrato, impregnando-o dos dilemas da alienação, que impõe condicionantes socialmente objetivos à autonomia do Assistente Social na condução do seu trabalho e na integral implementação do projeto profissional.

Ainda Iamamoto (2007, p. 416):

> Verifica-se uma tensão entre "projeto profissional, que afirma o assistente social como um ser prático-social dotado de liberdade e teleologia, capaz de realizar projeções e buscar implementá-las na vida social; e a condição de trabalhador assalariado, cujas ações são submetidas ao poder dos empregadores e determinadas por condições externas aos indivíduos singulares, às quais são socialmente forjados a subordinar-se, ainda que coletivamente possam rebelar-se".

Entendemos que os limites da autonomia técnico-profissional não se confundem com as possibilidades de construção de uma consciência crítica das relações que marcam a inserção dos Assistentes Sociais no mundo do trabalho profissional. Se aparentemente este é um *limite* para pensar numa profissão que se politiza e articula princípios e estratégias compatíveis com os valores que defende, inegavelmente há uma diferença entre a elaboração teórico-política e a sua implementação prático-operativa. Contudo, o sujeito profissional pode enriquecer suas objetivações e, como qualquer trabalhador assalariado, acionar práticas político-organizativas de resistência e luta que tenham incidência na mudança dos processos reais em que se localiza o cotidiano profissional. Pensamos ser este o sentido da existência de um projeto profissional que, articulado a um projeto da sociedade, objetiva-se na sua particularidade.

Se acreditamos que a história não acabou e que a luta por uma outra sociedade é possível, também não acreditamos que nosso projeto profissional esteja em crise. Acreditamos, sim, que é um projeto tensionado pela ofensividade dos mecanismos capitalistas de superação da crise. Todavia, compreendo que em determinadas conjunturas, os elementos que compõem o projeto profissional podem ter pesos e estruturas diferenciadas; e, neste momento em que as resistências são tênues, porém reais, a prática político-organizativa é essencial, posto que deve estabelecer o elo entre a formação profissional e a formação política da categoria profissional.

## Referências bibliográficas

BRAGA, R. Homenagem. In: ______; OLIVEIRA, F. de; RIZEK, C. (Orgs.). *Hegemonia às avessas*: economia, política e cultura na era da servidão financeira. São Paulo: Boitempo, 2010. p. 15-18.

CASTELO, R. O novo-desenvolvimentismo e a decadência ideológica do estruturalismo latino-americano. In: ______ (Org.). *Encruzilhadas da América Latina no século XXI*. Rio de Janeiro: Pão e Rosas, 2010. p. 191-211.

COUTINHO, C. N. A hegemonia da pequena política. In: OLIVEIRA, F. de; BRAGA, R.; RIZEK, C. (Orgs.). *Hegemonia às avessas*: economia, política e cultura na era da servidão financeira. São Paulo: Boitempo, 2010. p. 29-43.

FONTES, V. Prefácio. In: CASTELO, R. (Org.). *Encruzilhadas da América Latina no século XXI*. Rio de Janeiro: Pão e Rosas, 2010. p. 13-19.

IAMAMOTO, M. I. *Serviço social em tempo de capital fetiche:* capital financeiro, trabalho e questão social. São Paulo: Cortez, 2007.

LEHER, R. Crise do capital e questão social. *Revista Estudos do Trabalho*, Marília, Unesp , ano IV, n. 6. Disponível em: <http://www.estudosdotrabalho.org>. Acesso em: 4 abr. 2012.

MANDEL, E. *A crise do capital*: os fatos e sua interpretação marxista. Tradução de Juarez Guimarães e João M. Borges. São Paulo: Ensaio, 1990.

MARANHÃO, C. H. M. C. *Crise do capitalismo, recomposição da superpopulação relativa e os programas de assistência social*. 2004. Dissertação (Mestrado em Serviço Social) — Programa de Pós-Graduação em Serviço Social, Universidade Federal de Pernambuco, Recife, 2004.

MARTINS, A. S. *A direita para o social*: a educação da sociabilidade no Brasil contemporâneo. Juiz de Fora: Editora UFJF, 2009.

MARX, K.; ENGELS, F. *Manifesto do Partido Comunista*. Prólogo de José Paulo Netto. São Paulo: Cortez, 1998.

MÉSZÁROS, I. *Para além do capital*. Tradução de Paulo César Castanheira e Sérgio Lessa. São Paulo: Unicamp/Boitempo, 2002.

MOTA, A. E. *Cultura da crise e seguridade social*: um estudo sobre as tendências da previdência e da assistência social brasileira nos anos 80 e 90. 4. ed. São Paulo: Cortez, 1995.

OLIVEIRA, F. de. Hegemonia às avessas. In: ______; BRAGA, R.; RIZEK, C. (Orgs.). *Hegemonia às avessas*: economia, política e cultura na era da servidão financeira. São Paulo: Boitempo, 2010. p. 21-27.

PAULANI, L. M. Capitalismo financeiro, estado de emergência econômico e hegemonia às avessas no Brasil. In: OLIVEIRA, F. de; BRAGA, R.; RIZEK, C. (Org.). *Hegemonia às avessas*: economia, política e cultura na era da servidão financeira. São Paulo: Boitempo, 2010. p. 109-134.

PROGRAMA DAS NAÇÕES UNIDAS PARA O DESENVOLVIMENTO (PNUD). 2008. Disponível em: <http://www.pnud.org.br/pobreza_desigualdade/reportagens/index.php?id01=3524&lay=pde>. Acesso em: 8 out. 2010.

______. *Informe regional sobre desarrollo humano para América Latina y el Caribe*, 2010. Disponível em: <http://www.idhalc-actuarsobreelfuturo.org/site/informe.ph>. Acesso em: 8 out. 2010.

SINGER, A. O Lulismo e seu futuro. *Revista Piauí*, Rio de Janeiro, ano 5, n. 49, p. 62-66, out. 2010.

# O SOCIAL-LIBERALISMO BRASILEIRO E A MISÉRIA IDEOLÓGICA DA ECONOMIA DO BEM-ESTAR*

*Rodrigo Castelo***

## 1. Introdução

O projeto neoliberal de restauração da supremacia burguesa nos anos 1970 e 1980 teve um profundo impacto na história contemporânea, reconfigurando o modo de produção capitalista em uma nova etapa. No final do século XX, com a queda do Muro do Berlim e o desmoronamento do socialismo no Leste Europeu, a vitória política e ideológica do neoliberalismo aparentava ser inexorável e definitiva, o que levou Francis Fukuyama a reviver a tese hegeliana do fim da história.

A história, todavia, continuava a sua processualidade através das contradições advindas dos múltiplos fenômenos das lutas de classes.

* O presente artigo é fruto da tese de doutorado *O social-liberalismo: uma ideologia neoliberal para a "questão social" no início do século XXI*, defendida em abril de 2011 no Programa de Pós-graduação em Serviço Social da UFRJ, sob orientação do professor Carlos Nelson Coutinho, e com apoio financeiro da Capes. Uma versão anterior do texto, intitulada "A 'questão social' e o social-liberalismo brasileiro: contribuição à crítica do desenvolvimento econômico com equidade", foi publicada na revista *Emancipação* (UEPG), v. 8, n. 1, p. 21-35, 2007. A atual versão sofreu uma profunda revisão, inclusive com a redação de uma nova introdução, da seção II e das considerações finais, bem como da incorporação de referências bibliográficas.

** Professor visitante da UERJ; Pesquisador do Laboratório de Estudos Marxistas José Ricardo Tauile (LEMA) do Instituto de Economia da UFRJ.

A partir de meados da década de 1990, o projeto neoliberal vivenciou uma crise conjuntural, resultado das crises financeiras do México, Tigres Asiáticos, Rússia, Brasil e Argentina, bem como das reações das classes subalternas, como o levante zapatista e os movimentos globais antissistêmicos. Este conjunto de fatores econômicos e políticos teve rebatimentos na "questão social", com uma explosão mundial de diversas das suas expressões, como o desemprego, a fome, o pauperismo e a violência.

Diante da crise conjuntural, que ameaçava parcialmente a hegemonia neoliberal em regiões do planeta, ideólogos de diversas instituições ligados às classes dominantes iniciaram um processo de revisão dos principais pontos do projeto neoliberal, sintetizados no Consenso de Washington. Surgiu com esta revisão ideológica do neoliberalismo o que pode ser chamado de *social-liberalismo*, uma tentativa político-ideológica das classes dominantes de dar respostas às múltiplas tensões derivadas do acirramento das expressões da "questão social" e da luta política da classe trabalhadora. Em poucas palavras, a "questão social" tornou-se novamente alvo da intervenção teórica e prática das classes dominantes. Daí as teses contemporâneas do socialismo burguês, como a Terceira Via (Anthony Giddens), a Via 2½ (Alan Touraine), do pós-Consenso de Washington (John Williamson), da "nova questão social" (Pierre Rosanvallon), do desenvolvimento humano (Amartya Sen) e das informações assimétricas e falhas de mercado (Joseph Stiglitz).

À primeira vista, o social-liberalismo pareceu uma súbita tomada de consciência social das classes dominantes frente à degradação do mundo do trabalho e do meio ambiente. As suas principais medidas direcionavam-se a uma tentativa de acoplar uma agenda social ao projeto neoliberal, promovendo um sincretismo de medidas de estímulo a intervenções pontuais do Estado e do chamado Terceiro Setor nas expressões mais explosivas da "questão social" e reconhecendo as falhas de mercado, sem, no entanto, tocar nos fundamentos da vida mercantil generalizada no capitalismo. O mercado, de acordo com os intelectuais do social-liberalismo, ainda seria a melhor forma de organização das relações sociais de produção e reprodução inventada pelo ser humano, mas deveria sofrer ações tópicas nas suas principais falhas, como a má distribuição de renda e a destruição ambiental.

É preciso reconhecer que a supremacia burguesa na era neoliberal sofreu algumas inflexões que alteram o estado de coisas, não para resolver os problemas advindos da "questão social", mas justamente para manter a dominação nas suas estruturas mais básicas. Muda-se na margem para o essencial permanecer o mesmo.

Dentro da atual conjuntura brasileira, na qual o novo-desenvolvimentismo cresce relativamente em força e tamanho a partir do segundo mandato do governo Lula (2007-2010), o social-liberalismo ainda ocupa posições-chave tanto na política econômica quanto nas políticas sociais: basta ver o lema do governo Dilma — "Brasil, país rico é país sem pobreza" — e o plano Brasil Sem Miséria, lançado em junho de 2011 com a promessa de erradicar a pobreza absoluta que atinge 16 milhões de brasileiros (8,5% da população); tanto a propaganda oficial quanto a política pública de erradicação da miséria são ideologicamente fundamentadas em teses típicas do social-liberalismo.

O presente artigo busca trazer uma reflexão teórica crítica sobre o estado da arte do social-liberalismo brasileiro, sem perder de vista as ligações da versão nacional com as correntes ideológicas neoliberais dos países centrais.

## 2. O social-liberalismo brasileiro

A recepção e a produção da ideologia social-liberal no Brasil estão circunscritas a um quadro social específico, intimamente ligado às determinações externas do mercado mundial, mas que devem ser analisadas sob as mediações das nossas vicissitudes históricas. Nos anos 1980, enquanto a ofensiva capitalista mundial ganhava corpo e avançava em todas as direções, o Brasil parecia escovar a história a contrapelo. Após o fim da ditadura empresarial-militar, as forças políticas progressistas do país mobilizaram-se na luta pela hegemonia dos processos de transformação social necessários a uma nação que acabara de sair de um regime ditatorial e precisava democratizar suas mais distintas relações sociais. A própria noção de democracia foi alvo de intensa disputa entre diferentes grupos políticos e os rumos da Nova República estavam indeterminados.

A princípio, a intensa mobilização dos "de baixo" parecia sinalizar que o leme da nave Brasil estava sob o controle das suas organizações de massa e o país seria refundado segundo os princípios de uma democracia efetivamente republicana e participativa. Vitórias políticas e avanços sociais, alguns deles significativos do ponto de vista das classes subalternas, ficaram registrados nos capítulos da ordem social e em outros itens da Constituição do Brasil de 1988, que ficou conhecida como a "Constituição Cidadã".

A crise da dívida externa — que trouxe consigo a estagflação ao longo da década de 1980 —, o acirramento das lutas de classes, a organização coletiva das classes trabalhadoras e a possibilidade concreta da vitória da candidatura presidencial do Partido dos Trabalhadores — à época vista sob o rótulo do socialismo[1] —, fez com que as classes dominantes internas rearticulassem suas alianças e começassem uma ofensiva burguesa no terreno da reestruturação produtiva, pela qual o parque industrial nacional foi submetido aos ditames da revolução tecnológica da microeletrônica e do toyotismo (Antunes, 2006; Oliveira, 2004) e a subsunção real do trabalho ao capital se fez aprofundar (Tauile, [1984] 2009). Produziu-se, assim, uma derrota estrutural no plano econômico que permaneceu subterrânea até os anos 1990, quando transformações neoliberais na superestrutura vieram consolidar e aprofundar a supremacia[2] burguesia.

---

1. Sobre a complexa relação do PT com o projeto socialista, cf. Iasi (2006), especialmente o capítulo 6.

2. O conceito gramsciano de supremacia articula analiticamente os instrumentos coercitivos e hegemônicos empregados pelas classes proprietárias nas suas estratégias de manutenção da ordem estabelecida. A definição precisa do conceito está no caderno 19, nota 24: "[...] a supremacia de um grupo social se manifesta de dois modos, como 'domínio' e como 'direção intelectual-moral'. Um grupo social domina os grupos adversários, que visa a 'liquidar' ou a submeter inclusive com a força armada, e dirige os grupos afins e aliados. Um grupo social pode e, aliás, deve ser

A vitória de Collor representou o primeiro passo político significativo da retomada da supremacia burguesa. Mas este passo foi insuficiente diante da crise instaurada pelos escândalos de corrupção do seu governo. Foram necessários mais alguns anos até que um bloco de poder, formado por forças políticas favoráveis às classes dominantes, chegasse ao Palácio Central e implementa-se, de fato, o projeto neoliberal tupiniquim, que recorreu, assim como no exterior, a expedientes coercitivos e consensuais (Fontes, 2010, p. 336).

Operado por uma composição heterogênea de social-democratas, intelectuais e executivos ligados ao setor rentista e oligarcas do setor agrário, o bloco de poder PSDB-PFL, após a vitória presidencial de 1994, promoveu a efetiva inserção do Brasil na nova divisão internacional do trabalho, adequando o país aos novos padrões globais da acumulação capitalista (Paulani, 2006) sob os auspícios de uma reforma gerencial do Estado (Bresser Pereira, 1996, cap. 16; 1998),[3] além de combater as organizações políticas e sociais dos trabalhadores com repressão e cooptação de suas principais lideranças.

A ofensiva neoliberal fundou um novo bloco histórico capitalista no Brasil, com alterações tanto na base econômica quanto nas superestruturas político-ideológicas, a partir do recurso às instituições ditatoriais e hegemônicas do Estado burguês ampliado. Do ponto de vista político, soldou-se um bloco social heterogêneo com participações de distintas frações da burguesia, dos latifundiários, das classes médias, e, a depender do período, do lumpenproletariado e da aristocracia operária (Boito Jr., 2003).

O projeto neoliberal representou a derrota do movimento operário brasileiro reconstruído na década de 1980, o aborto de um Estado

---

dirigente já antes de conquistar o poder governamental (esta é uma das condições principais para a conquista do poder); depois, quando exerce o poder e mesmo se o mantém fortemente nas mãos, torna-se dominante mas deve continuar a ser também 'dirigente'" (Gramsci, [1934-35] 2002, p. 62-63).

3. Sobre o Estado social-liberal concebido pelo ex-ministro da Administração Pública no Brasil, consultar o capítulo 9 do livro *Construindo o Estado republicano*: democracia e reforma da gestão pública (Bresser Pereira, 2009, p. 145-161).

de bem-estar social nacional e, acima de tudo, a vitória da burguesia liderada por sua fração rentista internacionalizada. À esta vitória, seguiu-se uma ofensiva ideológica neoconservadora. Em uma estratégia formulada e conduzida por centros universitários (na sua maior parte privados e de cariz eclesiástico), institutos de pesquisa, ONGs e pela grande mídia, o social-liberalismo chegou ao Brasil para reafirmar e reatualizar a direção intelectual-moral das classes proprietárias.

Não há um consenso entre os especialistas acerca da data de desembarque do social-liberalismo no Brasil. Ruy Braga e Álvaro Bianchi (2003) afirmam que tal ideologia chega aos trópicos com a eleição de Luís Inácio Lula da Silva (PT) em 2002. José Luis Fiori (1995, p. 239-243), em contraposição, observa que a social-democracia de Felipe Gonzalez, que se autointitulava um social-liberal, funcionou como um modelo de atuação prática para Fernando Henrique Cardoso, sendo uma espécie de polo magnético da sua bússola política. Segundo esta linha de raciocínio, na qual nos inscrevemos, o social-liberalismo teria chegado ao Brasil durante o governo FHC: esta tese, todavia, não deve desconsiderar a força legitimadora que Lula e as lideranças do PT injetaram no neoliberalismo latino-americano com sua adesão à ideologia social-liberal.[4]

Diante deste quadro histórico, o pensamento econômico brasileiro tomou um novo rumo sob a hegemonia neoclássica, que inaugura um período de decadência ideológica[5] que atinge as antigas correntes desenvolvimentistas (Castelo, 2010). A economia vulgar derrotou a economia política estruturalista-desenvolvimentista, que viu alguns dos seus intelectuais mais influentes aderirem às teses neoliberais na sua versão social-liberal. Formou-se, portanto, um novo bloco ideológico conservador que congrega no seu interior representantes da economia

---

4. Sobre a polêmica continuidade (conflituosa) do projeto neoliberal nos governos FHC e Lula, ver Francisco de Oliveira (2003, p. 147-148), Armando Boito Jr. (2006, p. 259-260), Luiz Filgueiras e Reinaldo Gonçalves (2007, p. 223) e Paulo Passarinho (2010, p. 15).

5. A respeito do conceito de decadência ideológica, conferir os textos de Karl Marx ([1873] 2003) e György Lukács ([1938] 2010); sobre a miséria da razão, ver Carlos Nelson Coutinho (2010a, p. 18).

vulgar na sua versão atual do social-liberalismo e o novo-desenvolvimentismo, com hegemonia dos primeiros, que trazem consigo a miséria ideológica da economia neoclássica do bem-estar.

## 3. A miséria ideológica da economia do bem-estar

É no cenário da ofensiva mundial do pensamento conservador que os ideólogos nacionais do social-liberalismo constroem uma agenda política e teórica[6] acerca da "questão social". Suas ideias e opiniões buscam, acima de tudo, constituir-se como um sistema ideológico efetivamente prático nos embates políticos da sociedade brasileira, servindo como consciência teórica de determinados grupos e classes sociais. Vale destacar que a versão nacional do social-liberalismo pouco difere da formulada nas agências multilaterais de desenvolvimento, centros universitários e *think-tanks* internacionais. Pouco ou nada de original com densidade teórica foi acrescido pelos ideólogos brasileiros às versões originais do social-liberalismo, tal qual escreveram Amartya Sen, Anthony Giddens, Dani Rodrik, John Williamson e Joseph Stiglitz (Castelo, 2009a).

Os principais nomes[7] vinculados à tradição do social-liberalismo são, na sua grande maioria, profissionais com graduação em escolas nacionais de economia (PUC-Rio, UERJ, UFRJ). Os seus estudos de pós-graduação são quase todos concentrados também em departamentos de economia, sendo a PUC-Rio uma das instituições de maior procura no nível de mestrado. Já no nível de doutorado, boa parte dos ideólogos aqui analisados estudaram fora do país, com destaque para as *Top 5* estadunidenses.

---

6. Sobre a base analítica marginalista do social-liberalismo brasileiro, recomendo a leitura do livro *Microeconomia e sociedade no Brasil*, organizado por Marcos de Barros Lisboa e Naércio Aquino Menezes-Filho (Lisboa e Menezes-Filho, 2001).

7. No presente trabalho, coloca-se em tela seis nomes do social-liberalismo brasileiro, todos eles citados ao longo do texto: André Urani, Francisco Ferreira, Marcelo Neri, Ricardo Henriques, Ricardo Paes de Barros e Rosane Mendonça.

Concluídos seus estudos acadêmicos formais, a maioria tornou-se professor de instituições públicas (UFF e UFRJ) e privadas (PUC-Rio, FGV-Rio) e/ou pesquisadores de centros de excelência do Estado (Ipea, CPS/FGV-Rio) e de organismos internacionais (Banco Mundial). Vale destacar que o Instituto de Estudos do Trabalho e Sociedade (IETS),[8] um dos mais destacados aparelhos privados de hegemonia do social-liberalismo nacional, funciona como um polo aglutinador desses intelectuais tradicionais, pois todos participam das suas atividades como pesquisadores e/ou membros do Conselho de Administração.

Recentemente, ao longo de 2010, o IETS ganhou um reforço de peso na sistematização da ideologia social-liberal. O Instituto de Estudos de Política Econômica (Iepe) Casa das Garças, formado por economistas e professores oriundos da PUC-Rio, promoveu, em parceria com o IETS, seminários sobre a "questão social" brasileira, debatendo temas como saúde, educação básica, previdência, programas de transferência de renda e violência urbana. A proposta é o desenho de uma nova agenda social para o país.

O resultado dos seminários promovidos pela Casa das Garças e IETS é o livro *Brasil: a nova agenda social*, organizado por Edmar Bacha e Simon Schwartzman, dirigentes das duas instituições. Nesta publicação, a ideologia social-liberal brasileira ganha um novo alento, avançando na análise do quadro social nacional na era pós-Lula. Trabalhando com os principais conceitos do social-liberalismo, como equidade e eficiência, os autores da obra propõem uma agenda tecnicista para a formulação de um novo conjunto de "reformas" nas políticas sociais. Em vez de investimentos nas políticas universais da seguridade social — consideradas ineficientes, caras e inibidoras do crescimento econô-

8. Segundo informações retiradas do seu *site* oficial, o IETS "é uma instituição privada, sem fins lucrativos, voltada para a produção e a disseminação de conhecimento na área social. Sua missão é fazer a ponte entre a pesquisa acadêmica e as políticas públicas implementadas pelos diferentes setores da sociedade, como governo, setor privado e organizações não governamentais, para a melhoria da qualidade de vida da população". Seus projetos são financiados por diversas instituições públicas e privadas, das quais destacam-se: Banco Itaú, Banco Mundial, Fundação Ford, Fundação Konrad Adenauer, Instituto Fernando Henrique Cardoso, Instituto Unibanco e TIM.

mico —, eles defendem o direcionamento dos recursos do orçamento público para as políticas sociais de transferência de renda focalizadas nos miseráveis, tidas como "inovadoras e mesmo revolucionárias" (Bacha e Schwartzman, 2011, p. 11). Sobre o serviço social, faz-se uma defesa do antigo papel assistencialista, caridoso e voluntarista dos assistentes sociais, que devem ter como modelo os agentes chilenos de desenvolvimento familiar (Bacha e Schwartzman, 2011, p. 13).

As trajetórias acadêmicas e profissionais dos principais intelectuais do social-liberalismo, marcadas por prêmios e distinções universitárias e pela ocupação de altos postos do Estado brasileiro nos âmbitos federal, estadual e municipal,[9] os credenciaram como interlocutores do debate a respeito da natureza da "questão social" e do enfrentamento às suas expressões. Suas ideias têm conquistado, com o apoio decisivo dos oligopólios de comunicação, espaço nos principais fóruns nacionais do debate sobre a "questão social", conferindo-lhes ainda mais legitimidade e credibilidade frente à opinião pública. Tudo isto dentro de uma estratégia maior de transformar o seu sistema de ideias em uma efetiva potência prática, isto é, em uma ideologia capaz de orientar os caminhos da política social e mesmo definir o norte do desenvolvimento econômico.

Ricardo Paes de Barros, Ricardo Henriques e Rosane Mendonça (Barros et al., 2001) trazem um relato empírico e descritivo da desigualdade e da pobreza no Brasil no período de 1977 a 1999, utilizando-se primordialmente da base de dados das Pesquisas Nacionais

---

9. Para citar os exemplos mais notórios: 1) André Urani foi secretário Municipal do Trabalho da Cidade do Rio de Janeiro na gestão César Maia (1997-2000); 2) Marcelo Neri foi chefe do Centro de Políticas Sociais (CPS) vinculado ao Ibre/FGV e atualmente é presidente do Ipea; 3) Ricardo Paes de Barros foi diretor da área de políticas sociais do Ipea e, no governo Dilma, é o subsecretário da Secretaria de Assuntos Estratégicos, que terá na sua alçada o projeto de erradicação da miséria nacional; 4) Rosane Mendonça foi diretora do Departamento de Acompanhamento e Monitoramento dos Programas Sociais do Ministério da Assistência Social; 5) Ricardo Henriques foi o dirigente máximo da Secretaria de Educação Continuada, Alfabetização e Diversidade (Secad) do MEC, o secretário de assistência social do governo do estado do Rio de Janeiro e atualmente é presidente do Instituto Pereira Passos e coordenador da UPP Social; 6) Fernando Ferreira, o único a residir no exterior, é economista sênior do departamento de pesquisa do Banco Mundial, nas áreas ligadas à economia do bem-estar social e desenvolvimento econômico.

por Amostra de Domicílios (PNADs). A hipótese central dos autores reside em afirmar que "o Brasil não é um país pobre, mas um país com muitos pobres". A segunda hipótese de trabalho, intimamente relacionada à primeira, é que a causa principal da pobreza de milhões de brasileiros se encontraria em uma perversa desigualdade na distribuição dos recursos nacionais e das oportunidades de inclusão social. Segundo Barros *et al.*, a origem da pobreza não estaria na escassez absoluta de recursos, mas sim na péssima distribuição de renda entre as famílias.

De acordo com os números agregados da riqueza nacional, o Brasil ocupa a sétima posição mundial dos países mais ricos. Atualmente o governo Dilma Rousseff expressou o desejo de fazer a economia nacional a quinta maior do mundo. A contradição estaria na riqueza do país e na pobreza de imensas camadas da população: cerca de 90 milhões de brasileiros, o que equivale a 34% da população em situação de pobreza e 15% em situação de extrema pobreza (Barros e Carvalho, 2003, p. 2). Esta contradição, apesar de retratar um quadro de tragédia social, traria uma ponta de esperança para todos aqueles que lutam pela justiça social e o bem-estar popular. O país teria a sua disposição "farta disponibilidade de recursos para combater a pobreza" (Barros et al., 2003, p. 23). Segundo seus cálculos, seriam necessários recursos financeiros da ordem anual de R$ 6 bilhões (2% da renda das famílias) para erradicar a indigência e de R$ 33 bilhões para eliminar a pobreza. Embasados nestes números, Barros et al. defendem a factualidade e plausibilidade de um novo pacto social que promoveria o fim da pobreza e da indigência no país, tendo em vista os supostos meios fartos dos quais dispomos para tal missão.

A desigualdade social no Brasil não teria sofrido grandes alterações de patamar nos últimos trinta anos, horizonte temporal de análise dos autores, mas sim uma pequena redução do patamar de pobreza no pós-Plano Real (1994), que passou de 40% para 34%. Isto leva os ideólogos do social-liberalismo a afirmar que o Brasil sofreria de uma "estabilidade inaceitável" da desigualdade: entra e sai governo — cai a ditadura militar, entra o regime democrático — e o *status quo* da desigualdade permanece inalterado. Todas as medidas — coeficiente de Gini, índice de Theil, a razão entre a renda média dos 10% mais ricos e a renda média dos 40% mais pobres e a razão entre a renda média dos 20% mais ricos e a renda média dos 20% mais pobres — confirmariam o diagnóstico da "estabilidade inaceitável" das desigualdades sociais.

Segundo Francisco Ferreira, as causas da desigual distribuição de renda entre membros de um país seriam resultados de cinco grupos de fatores, uns de ordem social, outros de ordem natural-genética: 1) as diferenças nas características natas dos indivíduos (raça, gênero, inteligência e/ou riqueza inicial); 2) diferenças nas características adquiridas dos indivíduos, como, por exemplo, a educação e a experiência profissional; 3) mecanismos do mercado de trabalho (discriminação, segmentação e projeção); 4) imperfeições nos mercados de capitais e; 5) fatores demográficos (fertilidade da população).

De acordo com sua teoria, o primeiro grupo de fatores — identificado como as características natas dos indivíduos — constituir-se-ia como a pedra angular da distribuição de renda entre cidadãos de um mesmo país. Fatores de ordem natural são relacionados como prioritários no entendimento teórico da alocação da riqueza nacional. De posse de suas aptidões inerentes, cada indivíduo passaria a interagir com as instituições educacionais, na busca de uma melhor capacitação para, como dizem Paes de Barros e Mendonça, a "preparação para a corrida" do mercado de trabalho. O terceiro momento seria a inserção do indivíduo no mercado de trabalho e sua consequente remuneração a partir da venda da sua força de trabalho. Quanto mais apto e melhor qualificado for o indivíduo, diz Ferreira, melhor seria a sua remuneração vis-à-vis outros indivíduos menos capazes, menos esforçados e mais desqualificados. Por último, o indivíduo formaria o que o autor chama de "clubes de consumo" (os domicílios), no qual a renda poderia aumentar ou diminuir de acordo com suas escolhas matrimoniais e a quantidade de filhos do casal.

Ferreira acredita que o seu modelo teórico superaria a dicotomia na qual o debate brasileiro sobre desigualdade social operaria desde os anos 1970, período marcado pela polarização entre as explicações de Albert Fishlow e Carlos Langoni,[10] e que agora, passado mais de trinta anos, poderíamos retornar a um debate menos ideologizado e mais científico.[11] O modelo teórico seria uma espécie de síntese que busca, em múltiplos fatores — dentre eles características inerentes do indivíduo, a educação e a luta política —, as causas fundamentais da desigualdade de renda no Brasil. Haveria, entretanto, uma hierarquia entre esses fatores. Não se deveria atribuir o mesmo peso explicativo a todos eles. Ferreira (2000, p. 141) cita o nível de escolaridade de um chefe de família como o principal fator explicativo da desigualdade social entre os indivíduos.

Chegaria, assim, o momento dos economistas vulgares deslocarem o foco das suas agendas de pesquisa sobre o mercado de trabalho para o funcionamento das instituições educacionais, responsáveis pelo desenvolvimento do capital humano de um país. Seria no nível formal de educação de cada indivíduo, na sua capacidade de competição no mercado de trabalho, que se deveria buscar as causas primárias e fundamentais do pauperismo, e não nas relações estabelecidas entre as classes sociais (Ferreira, 2000, p. 144).

---

10. Na década de 1970, surgiram dois textos seminais na bibliografia sobre desenvolvimento econômico e distribuição de renda. De um lado, Albert Fishlow, economista estadunidense especializado na economia brasileira, escreveu um artigo em 1972, no qual defendia que os principais determinantes das desigualdades sociais deveriam ser procurados no funcionamento dos mercados de trabalho, que sofrem influência direta do processo de lutas de classes entre proprietários e trabalhadores. Do ponto de vista de uma outra matriz teórico-política, Carlos Langoni publicou em 1973 trabalho de maior fôlego sobre o mesmo tema. No livro *Distribuição de renda e desenvolvimento econômico no Brasil*, Langoni advogou a tese de que as causas fundantes da nossa desigualdade estavam enraizadas tanto na péssima distribuição do ativo "educação" quanto no retorno proporcionado aos distintos detentores deste ativo. Para a melhor caracterização da controvérsia da distribuição de renda nos anos 1970, ver Maria Malta (2011), que traz toda a riqueza do debate e não o simplifica como faz Francisco Ferreira, que apaga textos estruturalistas, keynesianos e marxistas da história do pensamento econômico brasileiro que participaram ativamente da controvérsia.

11. O procedimento metodológico de separar ciência e ideologia é um ato tipicamente positivista, corrente de pensamento que defende um caráter neutro e tecnicista sobre a produção do conhecimento, ignorando-se a presença da visão social de mundo e os juízos de valor do intelectual na sistematização das ideologias sociais (Löwy, 2003). Sobre a presença do positivismo na economia, ver Angela Ganem (2003).

As estratégias de combate à pobreza no Brasil, sugerem os social-liberais, deveriam sofrer alterações. Historicamente, o crescimento econômico *per se* e o aumento real do salário mínimo e dos benefícios previdenciários teriam sido privilegiados como os meios cardinais de combate à pobreza. Após realizarem simulações econométricas, compararem a situação social (renda *per capita* e grau de pobreza) do Brasil com outros países, da renda *per capita* nacional com a linha de pobreza e analisarem o padrão de consumo das famílias, tais intelectuais concluem que a redução dos níveis de pobreza no país reagiria melhor e mais rápido às políticas sociais compensatórias (transferência direta de renda aos mais necessitados) e estruturais (democratização dos ativos educação, terra e crédito).

A principal medida de combate à pobreza no Brasil não deveria passar pelo crescimento da economia e da geração de riqueza, mas pela melhor distribuição na renda nacional (Neri, 2005, p. 321). Esta seria conseguida, em larga medida, por meio da alocação eficiente dos recursos escassos já disponíveis. O principal mecanismo operacional desta alocação eficiente seriam as políticas sociais compensatórias, operadas tanto pelo Estado quanto pelo Terceiro Setor, com o papel central reservado para este último (IETS, 2001, p. 31). Os autores argumentam, entretanto, que uma combinação entre políticas sociais e de crescimento econômico traria um resultado mais eficaz e imediato: em suma, a conjugação de crescimento com a promoção do desenvolvimento social, via equidade, seria o melhor remédio para os males do pauperismo.

O nó cego residiria na ineficiência das políticas sociais. Esta ineficácia ficaria patente quando se constata que o volume de recursos públicos direcionados aos programas sociais não garantiriam a mudança no padrão estrutural da desigualdade social. Os social-liberais brasileiros propõem medidas de cunho administrativo para aumentar a efetividade[12] das políticas sociais: 1) focalização dos gastos sociais

12. Os critérios de eficiência de uma política social são definidos pelos social-liberais de acordo com os seguintes parâmetros: 1) expansão da capacidade produtiva do beneficiário; 2) expansão do grau de utilização dessa capacidade, ou seja, dada a oportunidade, o beneficiário tem

nos "mais pobres dos pobres", isto é, os miseráveis; 2) avaliação do impacto das políticas sociais; e 3) integração e coordenação dos programas sociais em todos os níveis governamentais — federal, estadual e municipal — e do setor privado. Vejamos cada uma das medidas propostas para aumentar a eficiência das políticas sociais.

Primeiro, apesar da suposta generosidade dos orçamentos públicos, conjugados com a beneficência privada, os gastos sociais brasileiros não atingiriam aqueles que mais necessitam da ajuda estatal. A solução proposta seria a focalização dos gastos nos segmentos mais pobres da população. Para colocar em prática esta focalização, as medidas seriam a melhor distribuição dos recursos federais de acordo com as carências dos estados da federação, o remanejamento das verbas entre os programas, a abolição ou mudança do viés intergeracional na política social e, por último, a criação de um cadastro único da "clientela" (terminologia usada pelos economistas vulgares).

Em segundo lugar, eles alertam para o fato de o Brasil não ter um sistema de avaliação dos impactos das políticas sociais. O objetivo da criação de mecanismos técnicos de avaliação visa concentrar os recursos nos programas mais efetivos e propiciar a tais programas uma maior flexibilidade no atendimento das necessidades dos beneficiários e das localidades assistidas. Por último, as políticas sociais atuariam de forma desintegrada, sem coordenação entre os três níveis da administração pública e o setor privado, causando a superposição, ineficiência e má distribuição dos recursos.

Para superar tais problemas, os social-liberais definem três grandes desafios para a nossa sociedade: 1) flexibilidade nas ações de combate à pobreza e miséria, adaptando-se às necessidades locais dos municípios e especificidades das regiões; 2) aumentar o grau de cooperação e envolvimento das comunidades carentes nos programas sociais; 3) elencar a prioridade dos gastos nas camadas mais pobres da sociedade. Desafios menores seriam a unificação e a simplificação da enorme

---

que se esforçar ao máximo para garantir o seu ingresso de renda; 3) satisfação das necessidades elementares para um ser humano.

gama de programas sociais existentes, o que já foi de certa maneira garantido com o formato do programa Bolsa Família[13] e será ampliado com o plano Brasil sem Miséria.

O foco dos social-liberais no que diz respeito ao combate à pobreza e às desigualdades sociais não fica somente restrito ao debate sobre as políticas sociais compensatórias. A estrutura social que reproduz incessantemente a péssima distribuição de renda entre nossos cidadãos estaria alicerçada na distribuição desigual do ativo educação. Se a sociedade brasileira quiser políticas de combate à exclusão social, deveria lutar por um sistema educacional mais eficiente do ponto de vista da melhor formação profissional para o mercado de trabalho, capacitando os trabalhadores para as demandas tecnológicas e organizacionais decorrentes da economia do conhecimento. O fim da persistência da desigualdade passaria pela "luta de classes", conforme escreve Ferreira (2000, p. 144), mas não entre capitalistas e trabalhadores, latifundiários e camponeses, e sim pela constituição de um novo sistema educacional, com prioridade de financiamento público para a educação primária e secundária em detrimento do ensino superior estatal.

Barros et al. (2000, p. 408) realizaram, a partir de simulações matemáticas, um estudo acerca das causas da desigualdade salarial. Os resultados apontam para um peso de 11% para fatores gerados pelo mercado de trabalho, como a discriminação racial e a de gênero. Já as desigualdades reveladas pelo mercado de trabalho, isto é, que já existiriam antes da inserção do trabalhador no setor produtivo, os autores identificam um peso de 48%, sendo que a heterogeneidade educacional responde por 39,5%, sendo o fator de maior peso na decomposição da desigualdade salarial brasileira.

À vista disto, seria dever fundamental do Estado proporcionar às crianças e aos adolescentes uma educação básica de qualidade, comprometida com a formação e o investimento do capital humano nacional. Cada um dos jovens cidadãos deveria ter igualdade de oportunidades

13. Segundo informações da página eletrônica do Ministério do Desenvolvimento Social, o Bolsa Família unifica em torno de si antigos programas sociais de âmbito federal, como o Bolsa Escola, Bolsa Alimentação, Auxílio Gás e Cartão Alimentação.

na busca por uma melhor inserção no mercado do trabalho, e a educação seria o melhor caminho para a promoção da equidade social.

Deste ponto de vista mercadológico, a educação é entendida como um ativo do portfólio de investimento de um determinado indivíduo, equiparado a uma ação de empresa, a um meio de produção ou qualquer ativo que gere renda para seu proprietário. O Estado deveria investir na formação do chamado capital humano, pois os retornos sociais seriam altos se comparados com outras políticas sociais. Conforme texto de Marcelo Neri (2005, p. 323),

> Os que estudam o problema apontam a educação como o principal determinante isolado da nossa alta desigualdade de renda. Diferenças educacionais explicam cerca de 40% dos diferenciais de renda entre brasileiros. A taxa de retorno da educação no Brasil é de 16% ao ano. Ou seja, o rendimento futuro do estudante deverá subir, em média, 16% para cada ano adicional completado. É difícil pensar em ativo com maior retorno do que a educação.

Enquanto o Estado deveria fornecer uma educação de qualidade para todos os brasileiros, em particular aos que não podem pagar por este serviço, os indivíduos pobres deveriam investir seus melhores esforços nos estudos escolares, que no futuro poderiam lhe gerar rendimentos monetários. Formaria-se, então, uma espécie de simbiose virtuosa da responsabilidade cívica do Estado com o comprometimento moral do indivíduo. Os pobres deveriam ter um envolvimento maior, esforçando-se ética e moralmente quando as oportunidades aparecessem. Nas palavras de Barros e Carvalho (2003, p. 14), "para que a pobreza seja realmente erradicada, é necessário que os pobres explorem as oportunidades disponíveis, no que precisam empenhar muito esforço. Em suma, a rota de saída da pobreza se baseia, necessariamente, no binômio oportunidade-esforço". A ética da responsabilidade, propugnada por Anthony Giddens e Pierre Rosanvallon, surge como um dos elementos orgânicos do social-liberalismo brasileiro.

Às políticas educacionais, consideradas de caráter estrutural, se agregariam outras políticas públicas de combate ao pauperismo. Apesar da posse do ativo "educação" gerar a possibilidade de uma inserção no mercado de trabalho, não haveria garantias reais da efetivação desta inserção, o que por sua vez não geraria renda para o seu proprietário. Nem sempre o indivíduo conseguiria aproveitar as oportunidades do mercado; ou melhor, nem sempre o mercado ofereceria tais oportunidades, pois restrições do mercado de crédito na oferta de dinheiro poderiam interferir no nível de investimento nas atividades produtivas, o que aumentaria o desemprego, e aqueles indivíduos formalmente qualificados não ingressariam no mercado de trabalho. Daí a necessidade de o Estado atuar nas falhas do mercado de crédito, corrigindo-as com a oferta de dinheiro barato e acessível para microempresários e empreendedores liberais, inclusive do mercado informal.

O patrocínio da igualdade de oportunidades via educação e expansão do microcrédito no Brasil seriam formas de intervenção do Estado na "questão social" vislumbrada pelo social-liberalismo, pois tal intervenção não atentaria contra a liberdade individual dos cidadãos e os mecanismos básicos de regulação mercantil, nem muito menos estimularia a preguiça da classe trabalhadora, preconceito repetido desde as formulações conservadoras sobre as *Poor Laws* inglesas na transição do feudalismo para o capitalismo e que não cessa de reaparecer em versões (pós) modernas.

## A mistificação das causas do pauperismo

Nos últimos anos, a "questão social" brasileira, do ponto de vista da nossa péssima distribuição de renda e riqueza, permaneceu formalmente inalterada. Alguns estudos apontam, inclusive, que ela chegou mesmo a se deteriorar, caso se estude a concentração de terra no país.[14] Já o estado da arte mudou bastante com a miséria ideológica da economia neoclássica do bem-estar. Por volta da década de 1970, o IBGE começou a produzir de forma mais sistemática e confiável séries

14. O Censo Agropecuário de 2006 do IBGE apontou, de acordo com a mensuração efetuada com o Índice de Gini, que a concentração fundiária aumentou no Brasil de 0,857 (1985) para 0,872.

e dados estatísticos mais recentes acerca da "questão social". Além disso, o aparecimento de softwares que emulam regressões econométricas também contribuiu para a difusão dos estudos quantitativos da "questão social". Os estudos econômicos recentes do social-liberalismo fazem amplo uso (e abuso) destes referenciais quantitativos. Seus trabalhos são ilustrados com referenciais numéricos e estatísticos, sempre baseados em bancos de dados oficiais do IBGE, como a Pesquisa de Orçamento Familiar (POF) e a PNAD. A ortodoxia econômica nacional ganhou destaque e relevo nas explicações das causas do pauperismo, gerando um consenso ideológico construído à imagem e semelhança do social-liberalismo internacional, com destaque para as teses do Pós-Consenso de Washington.[15]

No Brasil, a ideologia social-liberal gira em torno de três proposições políticas e analíticas: 1) o crescimento econômico, por si próprio, não traria a redução das desigualdades, havendo a necessidade de políticas públicas específicas e direcionadas para este problema; 2) os gastos sociais não seriam baixos, pelo contrário: se deveria torná-los mais eficientes, melhorando a alocação de recursos com sua focalização nos estratos sociais miseráveis; 3) propostas de desenvolvimento baseadas no investimento no capital humano, reformas tributárias, previdenciárias e trabalhistas e ampliação do microcrédito.

O consenso social-liberal é resultado de uma disputa ideológica intensa na qual os setores dominantes usam recursos de toda sorte para impô-lo a seus adversários. Aqui, os social-liberais adotam um tom polêmico nos seus ataques aos teóricos que reivindicam uma abordagem totalizante da "questão social". Nas suas próprias palavras, "pelo prisma de um projeto de desenvolvimento mais integral, este despertar dos mortos-vivos é alarmante [...]" (IETS, 2001, p. 29-30). Objetivamente, falam dos novos e antigos desenvolvimentistas; a tradição marxista é solenemente ignorada pelos vulgares.

Toda uma larga tradição do pensamento social brasileiro, que remonta aos textos clássicos de Caio Prado Jr., Celso Furtado, Florestan

15. Cabe assinalar que John Williamson, criador da expressão "Consenso de Washington", foi professor do departamento de economia da PUC-Rio entre 1978-1981.

Fernandes, Josué de Castro, Milton Santos, Francisco de Oliveira, Octavio Ianni, dentre outros, é desqualificada por parte dos social-liberais. Assim, as teorias sociais totalizantes são descartadas do debate frente a um novo consenso acerca da natureza da "questão social" — reduzida ao pauperismo absoluto — e do seu enfrentamento — via políticas sociais assistencialistas, o empoderamento dos indivíduos e a distribuição equitativa do ativo "educação".

Os estudos produzidos nos aparelhos privados de hegemonia, departamentos universitários e centros de pesquisa estatal ligados ao social-liberalismo privilegiam o empírico em relação às elaborações teóricas sistêmicas que buscam as causas da "questão social" nas estruturas nacionais e internacionais do capitalismo. Maria Lucia Werneck Vianna argumenta que as ciências sociais atuais padecem de um consenso daquilo que ela chama de "ciência-fotografia". Os cientistas sociais, diz a professora Maria Lucia, em detrimento de uma elaboração teórica consistente e de explicações macroestruturais, privilegiam, de um modo geral, descrições empiricistas da realidade, como se esta fosse acessível somente a partir da sua simples observação dos fenômenos mais aparentes.

> É meritório e útil, sem dúvida, o esforço investigativo da ciência social que se pratica hoje no Brasil com vistas a subsidiar o debate em torno do palpitante tema do enfrentamento da questão social. É, porém, insuficiente. Pois, a despeito de tornar a realidade mais visível, porque quantificada e mensurada, bem como as políticas destinadas a operar sobre ela passíveis de avaliação a partir de instrumentos precisos, destitui de validade e importância as grandes interpretações (tentativas e controversas, por suposto). As ardorosas polêmicas acerca dos fundamentos e da capacidade explicativa de teorias rivais esmoreceram (Vianna, 2007, p. 2).

Na visão do social-liberalismo, o pauperismo não deveria ser atribuído à dinâmica da acumulação capitalista e a inserção subordinada do Brasil no mercado mundial — como fazem as pesquisas baseadas na perspectiva da totalidade —, mas sim às falhas de mercado e não dotação de certos ativos por parte dos pobres. Como afirma Ianni (1996, p. 91), "é curioso observar que essas análises não estabelecem uma relação evidente, mas incômoda: que a prosperidade do capital e a força do Estado estão enraizadas na exploração dos trabalhadores do campo e da cidade". A solução para a "questão social" não passaria por medidas que operem uma macrotransformação estrutural, mas deveria sempre recorrer a expedientes de natureza burocrática e administrativa (Marx, [1844] 2010; Duayer e Medeiros, 2003), evidenciando o alcance minimalista das políticas social-liberais frente a uma questão social maximizada (Netto, 2007, p. 160). De acordo com os social-liberais, o fim da "questão social" seria uma questão de pequenos detalhes, de um "choque de gestão" — em uma palavra, de reformas microeconômicas e administrativas: "o importante, porém, é reconhecer que residem nestes 'detalhes' os principais freios ao crescimento econômico, com justiça social, no Brasil; não em formulações usualmente fantasiosas e vazias sobre supostas falhas fundamentais do modelo econômico" (IETS, 2001, p. 41).

Os ideólogos nacionais do social-liberalismo reverenciam os estudos descritivos da pobreza, retratada pelos índices de distribuição pessoal da renda e definida como falta de certos dotes financeiros. Suas pesquisas e análises enfatizam o aspecto econômico da pobreza, qual seja, o de insuficiência de renda. Primeiro quantifica-se a renda *per capita* da família, para depois compará-la com o nível mínimo necessário para satisfação das necessidades básicas da família, nível mínimo determinado pelo Banco Mundial como uma renda inferior de US$ 2 diários. Caso a família ganhe menos do que o estipulado pela linha da pobreza, seus membros são considerados pobres ou indigentes; logo, poderiam ser cadastrados nos bancos de dados da pobreza oficial.[16]

A essência da "questão social" não é redutível somente à pobreza, unilateralmente definida por critérios econômicos. As raízes da "questão social" devem ser procuradas nas desigualdades geradas e perpetradas pela exploração do trabalho assalariado pelo capital, sob

16. Em maio de 2011, o governo brasileiro adotou uma linha oficial de pobreza extrema (ou miséria). Estudos do Ministério do Desenvolvimento Social e Combate à Fome determinaram uma renda familiar de R$ 70,00 mensais por pessoa como o valor da miséria no país; a família que ganha abaixo deste valor é considerada miserável. Assim definida, a miséria alcança, segundo dados governamentais, 16,2 milhões de brasileiros, cerca de 8,5% da população.

pena de uma análise superficial do pauperismo. Esta exploração, por sua vez, pressupõe uma espécie de desigualdade originária e continuamente reposta (Fontes, 2005, cap. 4): quando da expropriação violenta dos meios de produção dos trabalhadores, restou a eles a posse da sua força de trabalho, enquanto os capitalistas acumularam meios de produção e altas somas de dinheiro, capazes de comprar aquela força de trabalho abundantemente ofertada nos mercados.

A propriedade desta ou daquela mercadoria, afirma a teoria marxista das classes sociais, condiciona a inserção dos cidadãos no processo de produção: enquanto os proprietários dos meios de produção inserem-se de forma dominante no reino da produção — tornando-se, portanto, detentores de largas somas da riqueza gerada —, os proprietários da força de trabalho inserem-se de forma subalternizada, sendo obrigados a vender sua mercadoria por valores beirando muitas vezes o mínimo de subsistência.[17]

Assim entendida a "questão social", conferindo-se centralidade à categoria exploração e ao estudo das desigualdades a partir dos seus elementos mais recônditos (como a condição assalariada e alienada dos trabalhadores), o pauperismo — absoluto e relativo — é visto como resultado de uma gama de fatores sociais, e não pela análise reducionista do economicismo social-liberal:

- Políticos: a diferenciação entre assalariados e proprietários, garantida pela existência da propriedade privada, e a capacidade de organização coletiva das classes sociais na luta pela apropriação do excedente econômico;
- Econômicos: os rendimentos derivados da inserção do indivíduo na produção de mercadorias;
- Culturais: condição subalternizada e passiva do trabalhador frente ao capitalista, situação esta que se mantém pela criação de um imenso aparato político-ideológico legitimador das condições subjacentes à produção da riqueza.

17. Sobre a teoria marxiana do pauperismo, ver Ernest Mandel (1980, cap. 9) e Roman Rosdolsky ([1968] 2001, p. 237-260).

## Falhas de mercado e a refundação do Estado brasileiro

A matriz original de formação dos intelectuais do social-liberalismo brasileiro é a economia marginalista, descendente direta da economia vulgar de Say, Carey, Bastiat. Eles desenvolvem uma agenda de pesquisa dentro do *mainstream* a partir dos referenciais do novo-keynesianismo, apontando a existência de falhas de mercado e de assimetria de informações.[18] Segundo seus ideólogos, "não se parte, de fato, da hipótese de que os mercados funcionam naturalmente, mas se procura, de diferentes maneiras, fazer com que funcionem do melhor modo possível" (IETS, 2001, p. 38).

As críticas dos social-liberais a possíveis e episódicas falhas do mercado não são radicais, pois não se coloca em tela os fundamentos das atividades mercantis, como a propriedade privada das mercadorias: ao contrário, este direito civil básico é amplamente defendido pelo social-liberalismo brasileiro e internacional. E mais: ao se falar de mercado, mascara-se que a atual organização societária não se baseia estritamente nas relações mercantis, mas sim nas relações capitalistas. Segundo Marx, o modo de produção capitalista é, sem dúvida, marcado pela generalização irrestrita das relações mercantis em todos os âmbitos da vida social. A generalização, entretanto, é determinante quando alcança o ser humano e o transforma em uma mercadoria muito particular, a força de trabalho. Transacionada no mercado de trabalho, a força de trabalho é comprada pelos capitalistas, pois é a única mercadoria que possui a capacidade de criar valores acima daqueles necessários à sua reprodução, gerando, portanto, um valor excedente, ou uma mais-valia. Assim, Marx ([1867] 2003, cap. IV) explica a acumulação capitalista não pelas trocas mercantis, mas pela exploração da força de trabalho no reino oculto da produção.

Ao reduzirem a sociedade capitalista a uma sociedade mercantil, os social-liberais acabam por mascarar e mistificar as bases sociais e

---

18. Os laureados pelo Prêmio Nobel de Economia, Amartya Sen e Joseph Stiglitz, são importantes referências teóricas do social-liberalismo brasileiro no que diz respeito, respectivamente, às teses da promoção da justiça social e das falhas de mercado.

políticas do atual modo de produção. Os direitos de propriedade privada dos meios de produção, o assalariamento dos trabalhadores e o caráter classista do Estado, para citarmos alguns aspectos estruturais do capitalismo, não são analisados. Pelo contrário, são reafirmados a todo o instante como algo natural, sem história. Ou seja, a solução da "questão social" não passa pela supressão do modo de produção capitalista e da exploração do trabalho assalariado, mas sim pelo seu aprofundamento: "Parodiando Mário Covas, é preciso um choque de capitalismo nos pobres brasileiros [...]" (Neri, 2005, p. 333).

Para promover este choque de capitalismo nos pobres brasileiros, defende-se a tese de refundação do Estado. Os social-liberais afirmam que a máquina governamental deveria ter um papel atuante e ativo nas falhas de mercado, principalmente no tocante às desigualdades sociais. Estas funções tampouco seriam bem desempenhadas caso o Estado mantivesse o seu desenho institucional, ou continuasse a manter nos seus círculos restritos de poder uma elite patrimonialista. O Estado brasileiro, desde os seus primórdios, seria sustentado por uma aliança entre ricos e a classe média. Essa elite operaria "socialmente como aliados para garantir acesso privilegiado aos recursos e bens públicos, em detrimento dos pobres e miseráveis" (IETS, 2001, p. 5). Tornar-se-ia necessária uma profunda reforma administrativa estatal, com o objetivo de adaptá-lo às suas funções de regulação econômica e atuação nas falhas de mercado. E esta reforma só seria possível quando se rompesse aquela aliança entre ricos e classe média.

Os social-liberais fornecem alguns exemplos do que seriam os privilégios seculares do Estado brasileiro, inclusive nas políticas sociais. O primeiro exemplo, repetido à exaustão na grande mídia, é o sistema previdenciário que direcionaria grande parte dos parcos recursos da União para seletas categorias profissionais, em especial os servidores públicos. Outro exemplo recorrente na sua argumentação é a universidade pública, instituição na qual ingressariam, basicamente, membros da elite. O Estado, desta forma, dado o orçamento restrito, deveria destinar seus recursos escassos para o financiamento da educação básica, que atenderia com qualidade os pobres. Nem mesmo o seguro pago pelo Estado aos desempregados escapa. A avaliação dos social-liberais é taxativa quanto ao seguro-desemprego: "este é um exemplo contundente que mostra como a sociedade e as instituições brasileiras legitimam e cristalizam a desigualdade" (IETS, 2001, p. 24).

Os três exemplos citados são ilustrativos de como o social-liberalismo identifica e pretende tratar das fontes das nossas desigualdades sociais. Sustenta que o Estado teria se tornado refém de uma aliança entre ricos e a classe média para a perpetuação das desigualdades seculares do nosso país. Todos os exemplos, todavia, dizem respeito a políticas sociais públicas direcionadas aos setores da classe média e dos trabalhadores. Nenhum deles fala sobre as políticas direcionadas aos efetivamente ricos, como o setor rentista da burguesia. Seriam os casos preciosos das políticas econômica e tributária, pelas quais os fundos públicos são direcionados para o pagamento de rendas às classes proprietárias (Behring, 2008). Com efeito, os intelectuais social-liberais assumem abertamente uma defesa ampla e irrestrita das chamadas reformas estruturais (privatizações, quebra dos monopólios estatais etc.), da política econômica dos governos FHC e Lula e das novas configurações das políticas sociais que marcam a era neoliberal no Brasil.

> a estabilidade macroeconômica, [...], conquistada a duras penas ao longo dos últimos anos, é um bem público fundamental. Sua preservação é necessária para qualquer projeto de país, sobretudo se o foco das preocupações está na geração de uma sociedade mais justa do ponto de vista distributivo [...]. Todas as críticas que imputam a este governo [FHC] uma preocupação "exagerada" com a estabilidade econômica, portanto, são infundadas, quando não espúrias, ou até mesmo mal-intencionadas (IETS, 2001, p. 30).

Segundo suas concepções, não haveria uma relação direta entre as políticas sociais do Estado brasileiro e a política econômica. Afirmam que há, "hoje, no Brasil, uma grande independência entre as políticas social e econômica. De fato, a política social não deve representar uma pressão orçamentária, uma vez que o grande desafio não é a sua expansão, mas sim buscar utilizar, de forma mais efetiva, os recursos de que já dispõe" (Barros e Carvalho, 2003, p. 15).

Desta afirmação, pode-se supor que não existiria um conflito de interesses entre a política fiscal de superávit primário — cada vez maior para pagamentos dos juros das dívidas interna e externa — e o montante cada vez menor de recursos das políticas sociais. Em outros termos, o pagamento dos juros das dívidas externa e interna às oligarquias financeiras — aqui entendido como o maior programa de transferência de renda do país, quase vinte vezes maior do que o Bolsa Família[19] — ficariam intocados. Tanto a política econômica como as políticas sociais ganham um ar de neutralidade tecnocrática, como se não fossem produto das tensões advindas das lutas de classes em torno da direção política dos aparelhos estatais e da repartição da mais-valia entre as classes nacionais (e internacionais).

A descoberta dos pobres e a proposta de refundação do Estado é anunciada como uma novidade. Afirmam que "reduzir a desigualdade de forma significativa e sustentável é um desafio inédito e extremamente difícil para a sociedade brasileira" (Urani, 2002). Comportam-se como verdadeiros paladinos dos pobres, larga parcela da população que supostamente nunca teria contado com voz e vez na política do país, como se os anarquistas e comunistas não tivessem organizado amplos setores urbanos e rurais da classe trabalhadora nas décadas de 1910 e 1920 (Giannotti, 2007, caps. 3 e 4). Teria chegado, portanto, a hora da opção pelos pobres. "São esses, portanto, os pobres invisíveis, que precisam ser trazidos à luz e impostos à consciência moral da Nação. São o coração do projeto de desenvolvimento proposto neste documento" (IETS, 2001, p. 5).

Apesar do discurso pró-pobre, os ideólogos nacionais do social-liberalismo apostam no consenso político entre classes e grupos sociais como solução para os problemas do país. No plano político, os social-liberais entendem que a viabilidade da nova configuração

---

19. Segundo dados oficiais do Ministério do Desenvolvimento Social, o programa Bolsa Família consumiu R$ 8,7 bilhões em 2007. De acordo com o Banco Central do Brasil, o pagamento de juros nominais alcançou em 2006 a soma de R$ 160 bilhões, o equivalente a 6,89% do PIB.

do Estado, um ente político-administrativo capacitado a promover intervenções criteriosas e eficientes nas falhas de mercado, deveria ser produto de uma unanimidade entre todos os atores sociais da cena política nacional. Conclamam os partidos a abandonarem a competição de projetos políticos díspares para o país e adotem a cooperação como prática corrente (IETS, 2001, p. 52). Todos — independentemente de posicionamentos ideológicos e programáticos das suas organizações coletivas —, deveriam se congregar diante de um esforço nacional de combate à pobreza e às desigualdades seculares. Proferem, inclusive, apelos às elites, àquelas anteriormente criticadas como uma elite patrimonialista que assalta os cofres públicos.

Diante dos erros do Consenso de Washington, os social-liberais convocam todos para uma concertação social, reunindo lideranças de segmentos que abririam mão de representar os interesses particulares das suas bases sociais em prol da vontade geral da nação. Está-se diante de um apelo indiscriminado à sociedade brasileira, como se esta fosse homogênea, integrada e harmônica, e não perpassada, de cima a baixo, por desigualdades, contradições e interesses antagônicos. A política é esvaziada de todo o seu vigor e potencialidade de uma ação humana idealizada e orientada para macrotransformações sociais, e as classes dominantes operam a "hegemonia da pequena política" (Coutinho, 2010b), no qual a política fica restrita a questões burocráticas, de conchavos de gabinetes e artimanhas parlamentares.

## 4. Considerações finais

O social-liberalismo — internacional e brasileiro — busca promover um sincretismo entre o mercado e o Estado imaginariamente capaz de instaurar a justiça social. Ou seja, as desigualdades socioeconômicas deixaram de ser uma positividade em si como defendiam Hayek, Friedman, VonMises, Popper et al. (Anderson, 2000, p. 10) e passaram a ser um dilema social a ser tratado pela burguesia e seus intelectuais. Assim, as classes dominantes promoveram uma ofensiva na direção das bandeiras ideológicas da esquerda, tradicionalmente vinculadas às lutas igualitaristas. O que antes era um ideal progressista passou a ter significados políticos e culturais conservadores após a ofensiva social-liberal durante a crise conjuntural dos anos 1990.

Com a vigência do social-liberalismo percebe-se que a ideologia dominante prega uma intervenção estatal mais ativa em certas expressões da "questão social", em particular nas mais explosivas em termos políticos (pobreza e direitos humanos), humanitários (infância e doenças contagiosas) e ecológicos. O objetivo é a gestação de um consenso mundial em torno de problemas e responsabilidades globais que contaria, segundo os ideólogos do social-liberalismo, com o apoio de todos os grupos sociais, substituindo a luta de classe pela harmonia e conciliação sociais. As fronteiras ideológicas entre as esquerdas e as direitas, algo sólido no passado, teriam se dissolvido no ar, abrindo espaço para uma política pragmática de resultados imediatos. Por isto, fala-se em uma agenda político-cultural para além da direita e da esquerda.

É possível constatar uma inflexão no pensamento burguês em relação ao debate sobre mercado e bem-estar social, na qual uma epistemologia de direita — maximização e otimização dos recursos, escassez relativa, capital humano, capital social — é envernizada por uma ética de "esquerda", com palavras de ordem como equidade, justiça social, solidariedade, voluntariado e empoderamento. As teorias da Terceira Via, da Via 2½, do pós-Consenso de Washington, da "nova questão social", do desenvolvimento humano, das informações assimétricas e falhas de mercado — que na sua totalidade conformam aquilo que intitulo de social-liberalismo — são uma variante ideológica do neoliberalismo, na qual as antigas teses do novo consenso burguês são conservadas e ganham um verniz (pós)moderno e "progressista" com a adesão da social-democracia e de parcelas significativas do desenvolvimentismo, que se nega a fazer uma crítica radical dos elementos primários do (neo)liberalismo, aceitando-os quase integralmente. Consoante escreve Michel Chossudovsky (1999, p. 34),

> Esse dogma neoliberal "oficial" também cria seu próprio "contraparadigma", incorporando um discurso altamente moral e ético, que se

> concentra no "desenvolvimento sustentável" e na "diminuição da pobreza", ao mesmo tempo em que distorce e "disfarça" as questões políticas referentes à pobreza, à proteção do meio ambiente e aos direitos sociais das mulheres. Essa "contra-ideologia" raramente desafia as prescrições da política neoliberal. Ela se desenvolve paralelamente e em harmonia com o dogma neoliberal oficial, e não em oposição a ele.

O social-liberalismo é, desta forma, teorizado aqui como uma unidade eclética dos postulados neoliberais com a consciência crítica acrítica da social-democracia contemporânea, que entrou irremediavelmente em mais uma etapa do seu antigo processo de decadência ideológica. A resultante é a gestação de um novo "conservadorismo reformista temperado".[20] O social-liberalismo é tido não como uma conscientização humanista e social da burguesia, mas sim como uma ideologia de manutenção da ordem capitalista que embasa uma série de intervenções políticas na "questão social", como ações do voluntariado, da filantropia empresarial, da responsabilidade social, do terceiro setor e de políticas sociais assistencialistas e fragmentadas, que não questionam as bases da acumulação capitalista, produtora de riqueza no topo e de miséria na base da hierarquia social.

O núcleo central das políticas neoliberais — que consiste em políticas econômicas e de refuncionalização estatal para a retomada das taxas de lucro com ênfase na financeirização da riqueza — permanece como um dogma inquestionável, não passível de alteração, nem mesmo de debate teórico-analítico. Restaria, como alternativa da *realpolitik* do governo e das classes dominantes brasileiras, a promoção de ações sociais nas fissuras provocadas pelas falhas de mercado, uma espécie de operação microscópica sobre os mecanismos capitalistas de produção de gigantescas desigualdades socioeconômicas. Assim, a "questão social" do país permanece intacta nos seus fundamentos, com a ideologia dominante propagando um punhado de bons índices conjunturais que tendem a desaparecer em momentos de crise aguda, como a que o mundo vive hoje.

20. A expressão é usada por Gramsci para definir a revolução passiva (Gramsci, 1999, p. 293, caderno 10, nota § 6).

## Referências bibliográficas


ANDERSON, Perry. Balanço do neoliberalismo. In: SADER, Emir; GENTILI, Pablo (Orgs.). *Pós-neoliberalismo*: as políticas sociais e o Estado democrático. 5. ed. Rio de Janeiro: Paz e Terra, 2000. p. 9-23.

ANTUNES, Ricardo. A era da informatização e a época da informalização: riqueza e miséria do trabalho no Brasil. In: ______ (Org.). *Riqueza e miséria do trabalho no Brasil*. São Paulo: Boitempo, 2006. p. 15-25.

BACHA, Edmar; SCHWARTZMAN, Simon. Introdução. In: ______ (Orgs.). *Brasil*: a nova agenda social. Rio de Janeiro: LTC, 2011. p. 1-20.

BARROS, Ricardo Paes de; CARVALHO, Mirela de. *Desafios para a política social brasileira*. Rio de Janeiro: Ipea, 2003. (Texto para discussão, n. 985.)

______; HENRIQUES, Ricardo; MENDONÇA, Rosane. Pelo fim das décadas perdidas: educação e desenvolvimento sustentado no Brasil. In: HENRIQUES, Ricardo. (Org.). *Desigualdade e pobreza no Brasil*. Rio de Janeiro: Ipea, 2000. p. 405-423.

______. *A estabilidade inaceitável*: desigualdade e pobreza no Brasil. Rio de Janeiro: Ipea, 2001. (Texto para discussão, n. 800.)

BEHRING, Elaine. Acumulação capitalista, fundo público e Política Social. In: BOSCHETTI, Ivanete et al. (Orgs.). *Política social no capitalismo*: tendências contemporâneas. São Paulo: Cortez, 2008. p. 44-63.

BOITO JR., Armando. A hegemonia neoliberal no governo Lula. In: *Crítica Marxista*, v. 17, p. 9-35, 2003. Disponível em: <http://www.unicamp.br/cemarx/criticamarxista/critica17-A-boito.pdf>. Acesso em: 17 jan. 2007.

______. A burguesia no governo Lula. In: BASUALDO, Eduardo; ARCEO, Eduardo (Comps.). *Neoliberalismo y sectores dominantes*: tendências globales y experiências nacionales. Buenos Aires: Clacso, 2006. p. 237-263.

BRAGA, Ruy; BIANCHI, Álvaro. *O social-liberalismo chega aos trópicos*, 2003. Disponível em: <http://www.midiaindependente.org/pt/blue/2003/08/261787.shtml>. Acesso em: 19 nov. 2006.

BRESSER-PEREIRA, Luiz Carlos. *Crise econômica e reforma do Estado no Brasil*: para uma nova interpretação da América Latina. São Paulo: Editora 34, 1996.

BRESSER-PEREIRA, Luiz Carlos. *Reforma do Estado para a cidadania*: a reforma gerencial brasileira na perspectiva internacional. São Paulo: Editora 34, 1998.

______. *Construindo o Estado republicano*: democracia e reforma da gestão pública. Rio de Janeiro: Editora FGV, 2009.

CASTELO, Rodrigo. O social-liberalismo e a "questão social" global. In: *Serviço Social & Sociedade*, n. 98, p. 283-307, abr./jun. 2009a.

______. As encruzilhadas da América Latina e a militarização da "questão social" latino-americana. *Temporalis*, v. 9, n. 18, p. 17-33, jul./dez. 2009b.

______. O novo-desenvolvimentismo e a decadência ideológica do estruturalismo latino-americano. In: ______ (Org.). *Encruzilhadas da América Latina no século XXI*. Rio de Janeiro: Pão e Rosas, 2010. p. 191-211.

CHOSSUDOVSKY, Michel. *A globalização da pobreza*: impactos das reformas do FMI e do Banco Mundial. São Paulo: Moderna, 1999.

COUTINHO, Carlos Nelson. *O estruturalismo e a miséria da razão*. 2. ed. São Paulo: Expressão Popular, 2010a.

______. A hegemonia da pequena política. In: OLIVEIRA, Francisco de; BRAGA, Ruy; RIZEK, Cibele (Orgs.). *Hegemonia às avessas*: economia, política e cultura na era da servidão financeira. São Paulo: Boitempo, 2010b. p. 29-43.

DUAYER, Mario; MEDEIROS, João Leonardo. Miséria brasileira e macrofilantropia: psicografando Marx. *Revista de Economia Contemporânea*, Rio de Janeiro, Instituto de Economia/UFRJ, n. 7, p. 237-262, jul./dez. 2003.

FERREIRA, Francisco. Os determinantes da desigualdade de renda no Brasil: luta de classes ou heterogeneidade educacional? In: HENRIQUES, Ricardo (Org.). *Desigualdade e pobreza no Brasil*. Rio de Janeiro: Ipea, 2000. p. 131-158.

FILGUEIRAS, Luiz; GONÇALVES, Reinaldo. *A economia política do governo Lula*. Rio de Janeiro: Contraponto, 2007.

FIORI, José Luís. Da dependência ao social-liberalismo: a bússola de Fernando Henrique Cardoso. In: ______. *Em busca do dissenso perdido*: ensaios críticos sobre a festejada crise do Estado. Rio de Janeiro: Insight, 1995. p. 231-245.

FONTES, Virgínia. *Reflexões im-pertinentes*: história e capitalismo contemporâneo. Rio de Janeiro: Bom Texto, 2005.

______. *O Brasil e o capital-imperialismo*: teoria e história. Rio de Janeiro: EPSJV/ Editora UFRJ, 2010.

GANEM, Angela. Teoria neoclássica: a face econômica da razão positiva. In: CORAZZA, Gentil (Org.). *Métodos de ciência econômica*. Porto Alegre: Editora da UFRGS, 2003. p. 117-131.

GIANNOTTI, Vito. *História das lutas dos trabalhadores no Brasil*. Rio de Janeiro: Mauad, 2007.

GRAMSCI, Antonio. *Cadernos do cárcere*: introdução ao estudo da filosofia; a filosofia de Benedetto Croce. Rio de Janeiro: Civilização Brasileira, 1999. v. 1.

______. *Cadernos do cárcere*: o Risorgimento; notas sobre a história da Itália. Rio de Janeiro: Civilização Brasileira, 2002. v. 5.

IANNI, Octávio. *A ideia de Brasil moderno*. São Paulo: Brasiliense, 1996.

IASI, Mauro Luis. *As metaformoses da consciência de classe*: o PT entre a negação e o consentimento. São Paulo: Expressão Popular, 2006.

IETS. Desenvolvimento com justiça social: esboço de uma agenda integrada para o Brasil. *Policy Paper*, n. 1, 2001. Disponível em: <http://www.iets.org.br>. Acesso em: 25 fev. 2007.

LISBOA, Marcos de Barros; MENEZES-FILHO, Naércio Aquino (Orgs.). *Microeconomia e sociedade no Brasil*. Rio de Janeiro: Contra Capa Livraria/EPGE/FGV, 2001.

LÖWY, Michael (2003). *As aventuras de Karl Marx contra o Barão de Münchhausen*: marxismo e positivismo na sociologia do conhecimento. 8. ed. São Paulo: Cortez.

LUKÁCS, György [1938]. Marx e a decadência ideológica. In: ______. *Marxismo e teoria da literatura*. 2. ed. São Paulo: Expressão Popular, 2010. p. 51-103.

MALTA, Maria. A controvérsia da distribuição de renda no Brasil: a ampliação do debate teórico sob a conjuntura política dos anos 1970. In: ______ (Coord.). *Ecos do desenvolvimento*: uma história do pensamento econômico brasileiro. Brasília: Ipea, 2011. v. 1. [No prelo.]

MANDEL, Ernest. *A formação do pensamento econômico de Karl Marx*: de 1843 até a redação de *O capital*. 2. ed. Rio de Janeiro: Zahar, 1980.

MARX, Karl [1844]. Glosas críticas ao artigo "O rei da Prússia e a reforma social". De um prussiano". In: ______; ENGELS, Friedrich. *Lutas de classes na Alemanha*. São Paulo: Boitempo, 2010. p. 25-52.

MARX, Karl [1867]. *O capital, crítica da economia política*. 21. ed. Rio de Janeiro: Civilização Brasileira, 2003. Livro 1, v. 1.

______ [1873] (2003). Posfácio à 2ª edição alemã de *O capital*. In: ______. *O capital, crítica da economia política*. 21. ed. Rio de Janeiro: Civilização Brasileira, 2003. Livro 1, v. 1. p. 21-29.

NERI, Marcelo. Desigualdade e desenvolvimento. In: CASTRO, Ana Célia et al. (Orgs.). *Brasil em Desenvolvimento*: instituições, políticas e sociedade. Rio de Janeiro: Civilização Brasileira, n. 2, p. 317-333, 2005.

NETTO, José Paulo. Desigualdade, pobreza e serviço social. *Em Pauta*, Rio de Janeiro, UERJ, Faculdade de Serviço Social, n. 19, p. 135-170, 2007.

OLIVEIRA, Eurenice de. *Toyotismo no Brasil*: desencantamento da fábrica, envolvimento e resistência. São Paulo: Expressão Popular, 2004.

OLIVEIRA, Francisco de. O ornitorrinco. In: ______. *Crítica a razão dualista/O ornitorrinco*. São Paulo: Boitempo, 2003. p. 121-150.

PASSARINHO, Paulo. Apresentação. In: ______. *Os anos Lula*: contribuições para um balanço crítico 2003-2010. Rio de Janeiro: Garamond, 2010. p. 7-17.

PAULANI, Leda. O projeto neoliberal para a sociedade brasileira: sua dinâmica e seus impasses. In: LIMA, Júlio; NEVES, Lúcia (Orgs.). *Fundamentos da educação escolar do Brasil contemporâneo*. Rio de Janeiro: EPSJV/Ed. Fiocruz, 2006. p. 67-107.

ROSDOLSKY, Roman [1968]. *Gênese e estrutura de "O capital" de Karl Marx*. Rio de Janeiro: Ed. UERJ/Contraponto, 2001.

TAUILE, José Ricardo [1984]. Microeletrônica e automação: implicações para o trabalho e a organização da produção no Brasil. In: ______. *Trabalho, autogestão e desenvolvimento*: escritos escolhidos (1981-2005). Rio de Janeiro: Editora UFRJ, 2009. p. 67-95.

URANI, André. *Ciência, consciência e paciência*, 2002. Disponível em: <http://www.desigualdade.inf.br/textos/urani.htm>. Acesso em: 21 ago. 2006.

VIANNA, Maria Lúcia Teixeira Werneck. *Hiper-realidade ou hipoteoria?* A reflexão dos cientistas sociais sobre política social no Brasil de hoje, 2007. Disponível em: <http://www.acessa.com/gramsci/?page=visualizar&id=764>. Acesso em: 25 ago. 2007.

# DESENVOLVIMENTO SOCIAL COMO LIBERDADE DE MERCADO:
## Amartya Sen e a renovação das promessas liberais*

*Cézar Henrique Maranhão***

Nos dias atuais, os discursos em torno das políticas de desenvolvimento econômico, associado a diretrizes e conceitos como *desenvolvimento local e sustentável*, *capital humano e social*, *empreendedorismo*, *crédito popular*, têm sido propagados por diversas organizações multilaterais como alternativas viáveis para a superação da pobreza e a inserção dos países periféricos no novo mundo *globalizado* do século XXI. Ao argumentarem o distanciamento tanto do fundamentalismo do *Consenso de Washington*, como também daquilo que chamam de *velha concepção desenvolvimentista*,[1] o discurso sobre um novo tipo de *desenvolvimento* vem gradativamente ocupando um papel de destaque no debate político e acadêmico em torno das alternativas para o *combate à pobreza* nos países periféricos. Seja nos relatórios do Banco Mundial sobre as

* Texto revisto e atualizado para a presente publicação. Integrou a coletânea As Ideologias da Contrarreforma e o Serviço Social, publicada pela Editora da UFPE, em 2010.

** Doutor em Serviço Social pela UFPE e professor adjunto do Departamento de Política Social e Serviço Social Aplicado da Escola de Serviço Social da UFRJ.

1. Para um aprofundamento sobre as diversas concepções desenvolvimentistas ver: Bielschowsky, Ricardo. *Pensamento econômico brasileiro*: o ciclo ideológico do desenvolvimentismo. Rio de Janeiro: Contraponto, 1995.

*estratégias de combate à pobreza*, nas pesquisas e índices da Organização das Nações Unidas (ONU) sobre o *desenvolvimento social e humano* ou nas metas acordadas pelas nações nos *Objetivos do Milênio*, ao longo dos anos 1990 e início dos anos 2000, a cantilena sobre o *novo desenvolvimentismo* tem assumido um lugar de destaque, oferecendo novas promessas de superação do atraso econômico e de resolução da dívida social acumulada nos países periféricos.

Ao tentarmos compreender esse processo, a primeira impressão é a de que as propostas neoliberais — que apontavam para o mercado como único regulador da vida social e explicavam suas escolhas impopulares com a frase *não há alternativas*[2] — perderam força política e vêm sendo gradativamente substituídas por uma nova concepção de desenvolvimento social e econômico que tem como princípio aliar o crescimento econômico com o *combate à pobreza*, o *desenvolvimento humano* e a *sustentabilidade*. Na América Latina, essa sensação é reforçada quando partidos políticos e antigas lideranças de esquerda, como é o caso do Partido dos Trabalhadores (PT) e do ex-líder sindical Luís Inácio Lula da Silva, adotam tais estratégias de desenvolvimento como supostas rupturas com as políticas neoliberais. Mas até que ponto tais alternativas de desenvolvimento econômico e social pretendem romper com o ideário neoliberal? Será possível manter a atual dinâmica capitalista e ao mesmo tempo oferecer respostas às consequências nefastas do processo de liberalização dos mercados? Que alternativas reais tais propostas podem oferecer ao aumento da precariedade nas condições de vida e trabalho da população?

Distante da pretensão de esgotar a complexidade envolvida em tais questões, o objetivo específico deste artigo concentra-se em analisar as contribuições de uma das mais destacadas influências teóricas no debate atual sobre desenvolvimento. Referimo-nos aqui ao ganhador do prêmio Nobel de economia, o intelectual indiano Amartya Sen que, com suas ideias de *desenvolvimento como liberdade*, tem oferecido o alicerce con-

2. Esta frase foi bastante utilizada pelos governantes neoliberais em todo o mundo, principalmente por Thatcher e Reagan, quando acusados de piorarem as condições de vida e trabalho da população de seus países ao liderarem uma clara ofensiva aos direitos sociais e à seguridade social.

ceitual necessário às organizações multilaterais para que estas construam diretrizes políticas e econômicas para os governos dos países periféricos.

## 1. A destrutividade do capital e a necessidade de renovação das promessas de desenvolvimento

Na metade do século XX, em meio à contraditória expansão do capitalismo monopolista mundial, um dos mais proeminentes economistas burgueses, o liberal austríaco Joseph A. Schumpeter, formularia um dos conceitos mais utilizados pela economia política nas últimas décadas. Preocupado com a nítida contradição entre as formulações harmoniosas da economia tradicional neoclássica e as visíveis turbulências da nova fase do sistema capitalista mundial, para Schumpeter (1961) o desenvolvimento capitalista era baseado naquilo que nomeou de *Destruição criadora*. De acordo com o autor, o desenvolvimento contínuo da economia capitalista em busca das inovações produtivas, longe de ser guiado por uma evolução natural e harmoniosa, é o resultado de um processo cheio de contradições e descontinuidades. Nas palavras do economista austríaco,

> [...] é uma história de revoluções, como o é a história da indústria de ferro e aço, desde o forno de carvão vegetal até os tipos que hoje conhecemos, a história da produção da eletricidade, da roda acionada pela água à instalação moderna, ou a história dos meios de transporte, que se estende da antiga carruagem ao avião que hoje corta os céus. A abertura de novos mercados, estrangeiros e domésticos, e a organização da produção, da oficina do artesão a firmas, como a U. S. Steel, servem de exemplo do mesmo processo de mutação industrial [...] que revoluciona incessantemente a estrutura econômica a partir de dentro, destruindo incessantemente o antigo e criando elementos novos. (Schumpeter, 1961, p. 110)

Segundo ele, "[...] Este processo de destruição criadora é básico para se entender o capitalismo. É dele que se constitui o capitalismo e a ele deve se adaptar toda a empresa capitalista para sobreviver" (Schumpeter, 1961, p. 110). Deste movimento nasceriam os grandes *empreendedores* capitalistas que concentrando recursos financeiros disponíveis no mercado poderiam proporcionar o ambiente adequado para a proliferação das inovações tecnológicas que guiariam a economia a novas fases de crescimento econômico e social. Assim, para Schumpeter (1961), na dinâmica de desenvolvimento capitalista, as velhas formas de produção ou de organização da vida econômica são de tempos em tempos substituídas por outras mais novas e eficientes, num processo virtuoso e ininterrupto que dá origem a níveis crescentes de prosperidade e bem-estar.

Em pleno século XXI, o desenrolar da História mostrou que o próprio movimento de reprodução ampliada do capital acabou por inverter a equação schumpeteriana, fazendo com que os aspectos destrutivos da produção capitalista tendessem a prevalecer, cada vez mais, sobre os aspectos criativos. O grande paradoxo indisfarçável do capitalismo no século XXI é o modo pelo qual o atual avanço produtivo antagoniza com a sobrevivência de uma parcela cada vez maior da humanidade. É cada vez mais visível no sistema capitalista a incompatibilidade existente entre crescimento econômico e desenvolvimento social e humano. Como sublinha Mészáros:

> [...] não estamos mais diante dos subprodutos "normais" e voluntariamente aceitos do "crescimento e do desenvolvimento", [...] nem tampouco diante de problemas periféricos dos "bolsões de subdesenvolvimento", mas diante de uma contradição fundamental do modo de produção capitalista como um todo, que transforma até mesmo as últimas conquistas do "desenvolvimento", da "racionalização" e da "modernização" em fardos paralisantes de subdesenvolvimento crônico. E o mais importante de tudo é que quem sofre todas as consequências dessa situação não é mais a multidão socialmente impotente, apática e fragmentada das pessoas "desprivilegiadas", mas todas as categorias de trabalhadores qualificados e não-qualificados; ou seja, obviamente, a *totalidade da força de trabalho* da sociedade. (Mészáros, 2006, p. 30; grifos do autor)

Chegamos numa fase histórica em que o avanço produtivo capitalista antagoniza frontalmente com as antigas promessas burguesas de desenvolvimento e ampliação do *progresso*. Hoje, em todos os espaços nacionais, podemos visualizar, através das estatísticas disponíveis, o saldo das graves consequências postas em movimento pela lógica destrutiva do capital.[3]

Uma das implicações mais sérias da dinâmica capitalista contemporânea é o aumento do desemprego e da precarização do trabalho.[4] Estima-se que existam hoje mais de 40 milhões de desempregados no conjunto dos países industrialmente mais desenvolvidos. Segundo Mészáros (2006), na Grã-Bretanha a ofensiva do capital nos últimos vinte anos multiplicou por dez a taxa de desemprego. A Europa já reúne mais de vinte milhões de trabalhadores desocupados e, destes, cinco milhões pertencem à economia alemã, outrora símbolo do *capitalismo organizado*. Nos países periféricos, a situação ainda é mais crônica. A Índia e seu modelo de crescimento econômico baseado numa força de trabalho quase gratuita para o capital, acumula o impressionante número de 336 milhões de pessoas desempregadas; enquanto o número de trabalhadores empregados não passa de 307,6 milhões, de acordo com dados de Mészáros (2006).

No Brasil, mesmo o relativo impulso ao assalariamento que se desenvolveu em meados do século XX, no período de industrialização intensiva, sofreu uma inversão drástica. Segundo números de Pochmann (2006), durante o século XX, ainda que não atingissem os níveis dos países centrais, excetuando-se as fases de grande recessão, a economia brasileira apresentou níveis de assalariamento sempre crescentes. Contudo, a partir da entrada dos anos 1990, o assalariamento brasileiro, quando comparado com outras formas de emprego da força de trabalho, passou a sofrer fortes quedas.

---

3. Sobre a destrutividade do capitalismo contemporâneo ver: Mészáros, Istvan. *A crise estrutural do capital*. São Paulo: Boitempo, 2009.

4. Em outro artigo, já expus algumas determinações do processo atual de recomposição da superpopulação relativa mundial. Ver: Maranhão, Cézar. *Acumulação, trabalho e superpopulação*: crítica ao conceito de "exclusão social". In: Mota, Ana Elizabete. *O mito da assistência social*. São Paulo: Cortez, 2008.

> Durante as décadas de 1940 e 1970, por exemplo, a cada dez postos de trabalho gerados, oito eram empregos assalariados com registro. Os empregos assalariados sem registros continuam aumentando ao longo da década de 90, todavia com taxas de variação insuficientes para compensar as perdas das vagas com registro. Em 2003, por exemplo, um a cada dois ocupados era assalariado, enquanto, em 1980, dois a cada três eram assalariados em todo o país. (Pochmann, 2006, p. 61)

O impulso expropriador do processo de financeirização e mundialização do capital somado à política neoliberal geraram nefastas consequências para a condição de vida e trabalho da população mundial. Em todos os espaços nacionais, podemos visualizar o saldo da política de liberalização dos mercados que intensificou as contradições típicas da sociedade capitalista. Como observa Netto (2004, p. 73), as últimas reestruturações capitalistas foram "[...] lesivas às massas trabalhadoras, da classe operária *stricto sensu* às camadas médias letradas e lesivas em todos os níveis: econômico, político, social e cultural".

Ao reunir e analisar alguns dados das organizações internacionais, o sociólogo argentino Atílio Boron (2010) nos dá uma ideia da situação de vulnerabilidade e miséria que atinge uma parcela considerável da população mundial. Citando dados estatísticos da ONU, o autor ressalta que, em 2009, a população mundial estava em torno de 6,8 bilhões de pessoas, dessas:

> 1,08 bilhão são desnutridas crônicas (FAO, 2009); 2 bilhões não têm acesso a medicamentos (www.fic.nih.gov); 884 milhões não têm acesso à água potável (OMS/Unicef, 2008); 925 milhões são "sem teto" ou residem em moradias precárias (ONU Habitat, 2003); 2,5 bilhões não são beneficiadas por sistemas de saneamento ou privadas domiciliares (OMS/Unicef, 2008); 218 milhões de crianças entre 5 e 7 anos de idade trabalham em condições forçadas desempenhando tarefas perigosas e/ou humilhantes (como soldados em guerras e conflitos civis, na prostituição infantil ou em trabalhos insalubres na construção civil, agricultura ou indústria têxtil). (Boron, 2010, p. 1; tradução nossa)

O mesmo autor resumiu dessa forma o saldo neoliberal:

> Entre 1988 e 2002, os 25% mais pobres da população mundial reduziram sua participação no produto interno bruto mundial (PIB mundial) de 1,16% para 0,92%; enquanto os opulentos 10% mais ricos acrescentaram fortunas em seus bens pessoais passando a dispor de 64% para 71,1% da riqueza mundial. O enriquecimento de uns poucos tem como seu reverso o empobrecimento de muitos. Somente esses 6,4% de aumento da riqueza dos mais ricos seriam suficientes para duplicar a renda de 70% da população mundial, salvando muitas vidas e reduzindo os sofrimentos dos mais pobres. Entendam bem: tal coisa somente seria obtida se houvesse possibilidade de redistribuir o enriquecimento adicional produzido entre 1988 e 2002 dos 10% mais ricos da população mundial, deixando ainda intactas suas exorbitantes fortunas. Mas nem isso passa a ser aceitável pelas classes dominantes do capitalismo mundial. (Boron, 2010, p. 2; tradução nossa)

Na presença deste aterrorizante quadro de barbárie social e de possíveis riscos desestabilizadores e inibidores dos investimentos milionários das megacorporações, em meados da década de 1990 inicia-se um processo no qual organizações multilaterais como o FMI e o Banco Mundial começam a admitir que a ortodoxia do Consenso de Washington, baseada no louvor aos mercados livres, não vinha oferecendo respostas políticas adequadas para garantir a *administração dos conflitos* e a *boa governança* dos mercados internacionalizados, principalmente dos denominados *mercados emergentes*. Até mesmo ideólogos do grande capital, como o ex-presidente do Banco Mundial Joseph Stiglitz (2002), passam a discordar sobre a forma como vinha sendo conduzido o consenso político em torno das propostas capitalistas de *globalização econômica*.

> Se a globalização continuar a ser conduzida da maneira pela qual tem sido até aqui, se continuarmos a deixar de aprender com nossos erros, ela não só fracassará em promover o desenvolvimento como continuará a criar pobreza e instabilidade. Sem reformas, a reação, que já se iniciou, aumentará; e o descontentamento com a globalização crescerá. Isso será

> uma tragédia para todos nós, especialmente para os bilhões de pessoas que de outra forma poderiam se beneficiar. Enquanto aqueles no mundo em desenvolvimento se arriscam a perder mais economicamente, haverá ramificações políticas mais amplas que afetarão o mundo desenvolvido também. (Stiglitz, 2002, p. 299-300)

Na verdade, podemos afirmar que alguns ideólogos capitalistas passaram a perceber que a ortodoxia neoliberal, ao defender tão arraigadamente os valores do livre mercado e da *governança coorporativa*, subestimou os elementos de consenso político e ideológico que devem acompanhar todo processo de mudanças sociais. Como afirmava Mota, ainda em meados dos anos 1990:

> Esse fracasso, contraditoriamente, incide sobre a ortodoxia liberal e aponta para a impossibilidade de tratar a economia longe da política, isto é, de implementar as reformas econômicas sem a obtenção de consensos de classe. (Mota, 1995, p. 84)

Diante do quadro crítico de deslegitimação do projeto neoliberal, o capital necessita, cada vez mais, de respostas que não só garantam a normalidade das taxas de lucro, mas também amenizem a condição dos *derrotados* e estabeleçam um consenso mínimo em torno das transformações ocorridas. Surge um grande desafio para a dominação burguesa. Como oferecer um novo pacto conciliatório que permita universalizar a estratégia de desenvolvimento capitalista com as demais classes se a política de expansão do trabalho formal/protegido e o chamado Estado de bem-estar social entram em franca contradição com a dinâmica de acumulação capitalista? Como, nessas condições, construir novas promessas de bem-estar ou de um futuro de progresso no interior de uma dinâmica capitalista que necessita ampliar a liberdade dos mercados e a exploração do trabalho? Em outras palavras, como reconstruir propostas de desenvolvimento sob as condições materiais de um capitalismo cada vez mais destrutivo?

É de posse dessas inquietações que a intelectualidade capitalista enfrentará o quadro histórico de deslegitimação do discurso neoliberal e se empenhará na renovação de sua hegemonia através da atualização de um ideário liberal de progresso e desenvolvimento compatível com a dinâmica de reprodução capitalista atual.

## 2. Em busca da legitimidade: o papel das organizações multilaterais na construção de uma nova concepção de desenvolvimento

Foi para superar o desafio de reconstituição da ameaçada legitimidade das políticas de ajuste estrutural que vários organismos multilaterais, tais como a ONU e o Banco Mundial, passaram a debater o que chamam de um *novo projeto de desenvolvimento,* reunindo análises para a construção de um conjunto ideopolítico de propostas que consigam renovar as promessas de unir crescimento econômico com melhorias no bem-estar social da população. Essa revisão ideológica, em busca de novas estratégias de desenvolvimento, foi construída através da gradativa adoção de novas análises e conceitos sobre o papel do crescimento econômico mundial e seus impactos na condição de vida das pessoas.

De olho na perda de legitimação política do projeto de desenvolvimento capitalista, as diversas organizações internacionais passaram a abrir espaço para pesquisas que visavam acompanhar e avaliar os impactos causados pelos ajustes neoliberais. Pesquisas como as que foram coordenadas pelo intelectual e economista paquistanês Mahabub Ul Haq, responsável por liderar o grupo de pesquisadores que criou o conhecido Índice de Desenvolvimento Humano (IDH) que o Programa das Nações Unidas (PNUD) utiliza e divulga desde os anos 1990, como índice estatístico comparativo em seu relatório anual.

Diante da distinção, que naquele momento começava a intensificar-se, entre crescimento econômico capitalista e a satisfação das necessidades sociais, a ONU passou a adotar o IDH com o objetivo principal de oferecer uma alternativa ao Produto Nacional Bruto (PNB), o qual se detinha exclusivamente na produtividade econômica, como forma de averiguar o desenvolvimento. O IDH, pelo contrário, oferecia instrumentos estatísticos que permitiram às organizações multilaterais e governos acessarem um quadro rico e geral sobre a satisfação das necessidades sociais das populações dos diversos países. Daí o IDH passou a adotar uma medida estatística que abrange três parâmetros diversos: além da renda *per capita*, que não poderia deixar de ser incluída, agrega também em seu cálculo a expectativa de vida e o nível de educação atingido em cada país. Através da união desses três elementos, foi possível à ONU estabelecer critérios universais que delimitavam o grau de desenvolvimento humano e social que uma nação teria atingido.

A introdução do novo indicador de desenvolvimento humano ressaltou ainda mais a degradação das condições de vida da população mundial patrocinada pela ofensiva expropriadora do capital. Mais do que nunca, os indicadores da ONU refletiam o nível de deterioração da vida social que se alastrava principalmente nos países periféricos. Em meados dos anos 1990, o PNUD (1995) já apontava para a existência de cerca de 2 bilhões de pessoas no mundo que se encontravam em situação de pobreza, obrigadas a subsistir com menos de 2 dólares por dia; e que destes, uma parcela de 1,1 bilhão vivia em estado de indigência, carecendo das necessidades mais básicas como, por exemplo, o acesso à água potável.

A partir daí, as organizações multilaterais passaram a adotar, com mais firmeza, o discurso do combate à pobreza como uma diretriz concatenada às medidas liberalizantes do mercado. Passa a ser consenso, entre os intelectuais e burocratas dessas instituições, que o desenvolvimento não só tem que recuperar as taxas de lucros capitalistas, mas também deve fazer isso promovendo o crescimento econômico, a equidade e abrindo oportunidades de *inclusão social*. Como destaca um dos ideólogos do Banco Mundial, o sociólogo Guy Hermet:

> [...] como a visão técnica e limitada a umas poucas variáveis econômicas e sociais havia demonstrado sua ineficácia, é preciso substituí-la por uma abordagem capaz de dominar melhor a complexidade do esforço do desenvolvimento, bem como seu caráter global [...]. (Hermet, 2002, p. 81)

Impõe-se a urgência do projeto hegemônico burguês não se limitar às premissas do Consenso de Washington, centradas exclusivamente na liberalização dos mercados, nas privatizações e na estabilização fiscal. Estabelece-se, assim, a necessidade inadiável das instituições e organizações internacionais assumirem a condição de intelectuais ativos, responsáveis pela construção de uma nova concepção de desenvolvimento econômico que consiga construir um consenso em torno da direção política burguesa.

Coube a um dos mais destacados pesquisadores do grupo criador do IDH, o ganhador do prêmio Nobel de economia, Amartya Sen, uma das mais importantes contribuições para a construção dessas novas políticas que prometem articular o crescimento econômico capitalista com o desenvolvimento humano e social.

## 3. Amartya Sen e o desafio teórico de reabilitar as promessas liberais

Desde a publicação dos seus primeiros livros, as ideias do economista indiano Amartya Kumar Sen têm ocupado um espaço cada vez mais significativo no debate sobre desenvolvimento econômico e social. Pesquisador da ONU que trabalhou ao lado do economista paquistanês Mahabub Ul Haq, na elaboração do IDH, tem sido frequentemente citado como um autor progressista, crítico do neoliberalismo, apresentador de alternativas concretas e possíveis para minimizar o atual quadro social de aumento do desemprego, da pobreza e das desigualdades. Talvez uma leitura apressada e superficial de seus textos ofereça margem para tal compreensão, já que, diferentemente de autores como Friedrich Hayek e Milton Friedman, nas elaborações de Sen comparece o reconhecimento de um certo papel do Estado na resolução da dívida social atual. Porém, uma análise mais atenta de suas concepções e conceitos podem revelar o verdadeiro intento de seu esforço intelectual.

## O mercado como espaço da liberdade humana

O ponto de partida colocado pelo Nobel de 1998 é o de renovar as promessas liberais. Uma questão no mínimo complicada, pois renovar as promessas políticas liberais numa conjuntura histórica em que as estatísticas apontam para o aumento do nível de degradação social no mundo — proveniente, principalmente, da política de liberalização dos mercados — torna-se um desafio de peso para qualquer intelectual. Não é à toa que, para resolver tal contradição, o acadêmico indiano construirá uma análise que pretende criticar e aperfeiçoar as elaborações presentes na teoria utilitarista de Jeremy Bentham e na teoria da justiça de Jonh Rawls. Para isso, recorrerá a um dos mais brilhantes economistas políticos clássicos: Adam Smith.

O autor parte da constatação smithiana sobre o papel benéfico do autointeresse na satisfação das necessidades de todos através do mecanismo de mercado. Cita o texto clássico de Smith: "Não é da benevolência do açougueiro, do cervejeiro ou do padeiro que esperamos obter no nosso jantar, e sim da atenção que dá cada qual ao seu próprio interesse. Apelamos não à sua humanidade, mas ao seu amor-próprio" (Smith apud Sen, 2000, p. 150). Recuperando esta bela passagem de Adam Smith, que ressalta o papel do mercado na transformação do egoísmo individual em solidariedade universal, Sen (2000) encontrará o fundamento teórico e ético para a deificação do mercado enquanto regulador supremo da vida social. Em alguns trechos que lembram as *robinsonadas* cometidas pelos economistas políticos clássicos, Sen afirma:

> Ser genericamente contra os mercados seria quase tão estapafúrdio quanto ser genericamente contra a conversa entre as pessoas. [...] A liberdade de trocar palavras, bens ou presentes não necessita de justificação defensiva com relação a seus efeitos favoráveis mais distantes; essas trocas fazem parte do modo como os seres humanos vivem e interagem na sociedade (a menos que sejam impedidos por regulamentação ou decreto). [...] Temos boas razões para comprar e vender, para trocar e para

> buscar um tipo de vida que possa prosperar com base nas transações. Negar essa liberdade seria, em si, uma grande falha da sociedade. Esse reconhecimento fundamental é *anterior* a qualquer teorema que possamos ou não ser capazes de provar [...]. (Sen, 2000, p. 21 e 136)

Em outras palavras, só a economia de mercado pode oferecer ao mesmo tempo crescimento econômico, melhoria no padrão de vida das pessoas e liberdade de ação e pensamento. No argumento do autor, todas as sociedades que tentaram romper com a lógica de mercado acabaram suprimindo um desses elementos. Em suas obras,[5] Amartya Sen reconhece que, apesar do crescimento econômico atual não ter evoluído naturalmente para uma melhoria na qualidade de vida das pessoas, só a economia de livre mercado tem a possibilidade de oferecer as *oportunidades sociais* para permitir a construção do que ele chama de *desenvolvimento como liberdade*.

Contudo, ao mesmo tempo em que exalta a figura do mercado, Sen (2000) não pode negar os resultados nefastos das estatísticas do IDH e o número crescente da barbárie social. Dessa forma, recorrerá novamente ao pensamento smithiano para justificar algumas intervenções estatais que visem à melhoria do funcionamento dos mercados. Seguindo à risca a cartilha smithiana, a solução encontrada por Sen (2000), para o crescimento nos índices de barbárie social, está na possibilidade de equilibrar as ações dos governos com o livre desenvolvimento dos mercados. Em outra passagem, o autor acrescenta:

> As razões para adotar uma abordagem múltipla do desenvolvimento tornaram-se mais claras em anos recentes, em parte como resultado das dificuldades enfrentadas e dos êxitos obtidos por diferentes países ao longo das últimas décadas. [...] Essas questões relacionam-se estreitamente à necessidade de equilibrar o papel do governo — e de outras instituições políticas e sociais — com o funcionamento do mercado. [...] Combinar o

5. Neste artigo, analisamos principalmente a sua obra fundamental: *Desenvolvimento como liberdade*. Mas existem outras obras publicadas no Brasil que reafirmam tal perspectiva teórica do autor, tais como: Sen, Amartya. *Desigualdade reexaminada*. Rio de Janeiro/São Paulo: Record, 2001; e Sen, Amartya. *Sobre ética e economia*. São Paulo: Companhia das Letras, 1999.

> uso extensivo dos mercados com o desenvolvimento de oportunidades sociais deve ser visto como parte de uma abordagem ainda mais ampla [...]. (Sen, 2000, p. 152)

O que fica ainda mais claro na continuidade de seu raciocínio:

> [...] Deve-se lidar com esses problemas não suprimindo os mercados, mas permitindo-lhes funcionar melhor, com maior equidade e suplementação adequada. As realizações globais do mercado dependem intensamente das disposições políticas e sociais. [...] Os abrangentes poderes do mecanismo de mercado têm de ser suplementados com a criação de oportunidades sociais básicas para a equidade e a justiça social. (Sen, 2000, p. 169)

Para Sen (2000), a liberdade de mercado é um avanço em si, independentemente de seu resultado, mas essa liberdade para ser ampliada deve recorrer a uma ação pública que garanta as oportunidades básicas para desenvolver a capacidade de liberdade dos cidadãos. Por isso, o autor recupera os argumentos de Adam Smith para mostrar que o grande economista liberal não criticava a provisão de serviços públicos como saúde e educação básica, mas sim a persistência das *restrições pré-capitalistas*. Como afirma o autor:

> As restrições ao mercado contra as quais Smith se pronunciou com particular veemência podem ser vistas, em um sentido amplo, como restrições "pré-capitalistas". Diferem da intervenção pública voltada, digamos, para programas de bem-estar social ou redes de segurança social, das quais apenas expressões rudimentares podiam ser encontradas, na época de Smith, em medidas como as Leis dos Pobres. Também diferem da atuação do Estado na provisão de serviços como educação pública, que Smith defendia com vigor. (Sen, 2000, p. 152)

Com isso, Amartya Sen se vale do pensamento de Adam Smith para defender intervenções pontuais do Estado na garantia de acesso ao bem-estar. Mas, ao assumir tal posição, logo esclarece que tais intervenções devem ater-se à superação dos limites *pré-capitalistas* e ao fortalecimento dos mecanismos reguladores de mercado. Afinal, para o autor, o problema não está na lógica mercantil, mas sim na falta dela. Então, ao defender as ações estatais, Sen adverte, em seguida, que, para alguns efeitos da regulação estatal na eficiência dos mercados:

> Vale a pena considerar *simultaneamente* a eficiência por meio da liberdade do mecanismo de mercado, de um lado, e a gravidade dos problemas de desigualdade de liberdade, de outro. É preciso lidar com os problemas de equidade, especialmente ao se tratar de graves privações e pobreza; nesse contexto, a intervenção social, incluindo o custeio governamental, pode ter um papel importante. [...] Mas a necessidade de prestar atenção *simultaneamente* aos aspectos da eficiência e equidade do problema permanece, pois a interferência motivada pela equidade no funcionamento do mecanismo de mercado pode enfraquecer as realizações de eficiência mesmo se promover a equidade. É importante esclarecer a necessidade da simultaneidade ao considerarmos os diferentes aspectos da avaliação e justiça social. (Sen, 2000, p. 144, 145; grifos do autor)

Insistir na simultaneidade que deve prevalecer entre as intervenções estatais relativas à equidade e à garantia da eficiência dos mercados levará Amartya Sen ao núcleo das contradições capitalistas contemporâneas. A realização plena de uma política de bem-estar social esbarra hoje na eficiência dos mercados. Mas ao se deparar com tal esfinge, limitadora das alternativas políticas liberais atuais, o intelectual indiano proporá uma saída sem rupturas. De acordo com Sen (2000), para garantir a simultaneidade da equidade social com a eficiência dos mercados, devemos redirecionar o foco das políticas de desenvolvimento econômico e social.

## A mudança na abordagem das políticas de desenvolvimento: do combate à desigualdade de renda ao combate à desigualdade de liberdade para o mercado

Em sua análise, Sen mostra-se preocupado com o aumento da vulnerabilidade social da população nos países periféricos. Por isso, afirma que o contexto histórico das últimas décadas tem mostrado que para um desenvolvimento integrado da economia deve haver um novo equilíbrio entre o papel dos governos, das organizações sociais e do funcionamento dos mercados. "É preciso haver uma abordagem integrada e multifacetada, visando a um progresso simultâneo em diferentes frentes, incluindo diferentes instituições que se reforçam mutuamente" (Sen, 2000, p. 152).

Com o objetivo de articular mercado e equidade, o economista indiano utiliza-se da concepção ampliada de pobreza, elaborada pelo PNUD, para defender uma nova forma de análise do desenvolvimento humano e social, não mais baseada unicamente na renda dos indivíduos ou no acesso aos bens materiais, mas sim no que chama de *capacidades humanas básicas*. Como diz o autor: "O problema da desigualdade, realmente se magnifica quando a atenção é desviada da desigualdade de renda para a desigualdade na distribuição de liberdades substantivas e capacidades" (Sen, 2000, p. 144). Assim, a novidade da concepção de desenvolvimento de Sen está principalmente na mudança de um foco analítico exclusivo na renda para um foco que leva em consideração as *oportunidades sociais* abertas (saúde, renda mínima, educação básica etc.) que objetivam o desenvolvimento das *capacidades humanas* dos *agentes empreendedores individuais*.

O foco da concepção de desenvolvimento de Sen não está na desigualdade de renda, e muito menos na de propriedade (já que o mercado é condição natural de liberdade), mas sim na desigualdade de liberdade para acessar os benefícios do mercado. Segundo o estudo de Mauriel (2008), nesta mudança de foco analítico do desenvolvimento, reside o *pulo do gato* de sua nova concepção social-liberal de *desenvolvimento como liberdade*.

Para Sen (2000), o que importa então para as políticas de desenvolvimento social e humano não é mexer na distribuição de renda entre as classes sociais, como propunha a social-democracia clássica, mas sim oferecer *oportunidades sociais* através de políticas públicas básicas e focalizadas para que os *agentes individuais* possam galgar uma renda melhor na economia de mercado.

> Não ocorre apenas que, digamos, melhor educação básica e serviços de saúde elevem diretamente a qualidade de vida; esses dois fatores também aumentam o potencial de a pessoa auferir renda e assim livrar-se da pobreza medida pela renda. Quanto mais inclusivo for o alcance da educação básica e dos serviços de saúde, maior será a probabilidade de que mesmo os potencialmente pobres tenham uma chance maior de superar a penúria. (Sen, 2000, p. 113)

Motivado por aquilo que denomina uma "visão ampla" do desenvolvimento humano, Sen (2000) afirma que a redução da pobreza de renda não pode, por si só, ser a motivação suprema das políticas de desenvolvimento econômico e social. Em sua ótica, para conseguir um combate eficaz contra a pobreza e a desigualdade o que se deve combater é a privação dos indivíduos do acesso às liberdades que têm ou podem desfrutar no mercado; pois o aumento das capacidades expande a produtividade e, consequentemente, o poder de auferir renda. Para o autor, a construção dessas *oportunidades sociais* que desenvolvem as capacidades dos agentes individuais tanto ajuda no processo de *incluir os excluídos* no novo mercado de trabalho capitalista, como também é condição primordial para o próprio desenvolvimento da nova dinâmica produtiva do capital, afinal,

> Saber ler e fazer contas ajuda as massas a participar do processo de expansão econômica (bem ilustrada por Japão e Tailândia). Para aproveitar as oportunidades do comércio global, "o controle de qualidade" e a "produção segundo especificações" podem ser absolutamente cruciais, e trabalhadores que não sabem ler e fazer contas têm dificuldade para alcançar e manter esses padrões. Ademais, existem provas consideráveis de que a melhora nos serviços de saúde e na nutrição também tornam a força de trabalho mais produtiva e bem remunerada. (Sen, 2000, p. 171; grifos do autor)

É no foco das capacidades humanas que Sen (2000) irá propor um modelo de desenvolvimento necessariamente centrado nas escolhas dos agentes individuais e na capacidade das pessoas desenvolverem suas habilidades para se inserir no mercado. Nessa nova concepção de desenvolvimento, o objetivo das políticas sociais não é mais redistribuir a renda de um país ou região, retirando de quem tem muito e dando a quem tem pouco, mas sim criar um ambiente que ofereça as oportunidades sociais adequadas para que os agentes individuais saiam de sua condição de pobreza e exclusão. Para o autor, uma verdadeira *política de combate às privações* deve permitir que o indivíduo consiga a própria renda, combatendo as deficiências de capacidades e não simplesmente distribuindo renda. Então, para Sen, não se trava o combate à desigualdade econômica ou à pobreza através de intervenções na redistribuição de renda ou muito menos de uma ingerência na estrutura da propriedade. O que interessa para a sua concepção de desenvolvimento é o oferecimento de condições sociais básicas para que os agentes individuais conquistem seu lugar na competitividade do mercado livre. Em uma análise sobre o pensamento do economista indiano, Mauriel chega a esta mesma conclusão:

> Ele condena a doutrina de que deve haver igualdade na distribuição de dinheiro. O igualitarismo econômico entendido como igualdade de renda, é um equívoco imenso, pois se igualaria a desigualdade econômica à de renda, e igualar as rendas, afirma Sen, engessaria o mercado, impossibilitando-o de funcionar. Para além da renda, várias influências econômicas afetam e condicionam as desigualdades de vantagens e liberdades individuais, podendo ocorrer variações sistemáticas na relação entre rendas auferidas e liberdades desfrutadas, que aparece na forma de capacidade para levar uma vida que a pessoa tem razão para valorizar. (Mauriel, 2008, p. 309)

Portanto, Sen oferece uma análise renovada sobre a dinâmica entre equidade e eficiência dos mecanismos de mercado. Dessa forma, a análise do autor defende que o mercado de uma nação deve ser avaliado em função das liberdades individuais e não das utilidades (renda ou resultados), pois são as *liberdades desfrutadas* que permitirão que as pessoas escolham que tipos de mercadorias vão comprar ou que tipo de vida querem viver. Nesta perspectiva, a escolha deve partir dos indivíduos, embora dependa também da garantia de oportunidades básicas adequadas dentre as quais possa escolher livremente no mercado.

## O princípio da garantia de equidade com eficiência: as políticas sociais focalizadas nos incapacitados para o mercado

Como vimos, ao recuperar e renovar os argumentos de Adam Smith, Sen admite a importância das políticas sociais básicas no desenvolvimento de serviços públicos ou "semipúblicos" para a busca do equilíbrio de mercado. Mas o autor ressalva a condição primordial de que essas políticas não interfiram no desenvolvimento do mercado, mas sirvam para aumentar a *liberdade* de oportunidades e capacidades individuais de escolha.

O autor afirma que, apesar de extremamente importantes para garantir a atual eficiência e equilíbrio dos mecanismos de mercado, a elaboração e a execução das políticas públicas básicas devem levar em consideração uma conjuntura econômica atual difícil, na qual o ajuste fiscal do Estado e o controle inflacionário são condições indispensáveis para a continuidade do crescimento econômico.

> Um problema consiste no ônus fiscal de dispêndio público, que pode ser vultoso, dependendo do quanto se planeja fazer. O medo dos déficits orçamentários e da inflação [...] tende a permear as discussões contemporâneas sobre política econômica e social, e de fato essa é uma questão de grande importância. (Sen, 2000, p. 155)

A dificuldade identificada pelo autor no incremento de políticas sociais é com relação aos "incentivos e efeitos que um sistema de custeio público pode produzir, desincentivando a iniciativa e distorcendo os esforços individuais" (Sen, 2000, p. 155). Por isso, para evitar tanto os déficits orçamentários como o desincentivo à iniciativa, as políticas de desenvolvimento econômico e social devem limitar-se a oferecer as condições básicas de inserção no mercado. Com este argumento, Sen condena os serviços públicos universais defendendo uma intervenção das políticas sociais focalizada nas pessoas que realmente precisam de *oportunidades*. Nas palavras do autor,

> Até mesmo para a assistência médica e serviços de saúde gratuitos, ou para educação gratuita, podem ser levantadas questões com respeito a (1) o grau em que os beneficiários necessitam desses serviços e (2) o quanto a própria pessoa poderia ter pago por esses serviços (e talvez pagasse na ausência da provisão pública gratuita). (Sen, 2000, p. 156)

Logo a seguir o autor contrapõe sua defesa seletiva dos serviços públicos àqueles que defendem a universalização das políticas sociais, argumentando que é preciso levar em consideração os limites orçamentários hoje presentes nos diversos Estados nacionais, como se estivéssemos numa sociedade na qual a escassez de recursos monetários prevalecesse.

> Os que consideram essas provisões sociais básicas (serviços médicos, educação etc.) um direito inalienável dos cidadãos tenderiam a ver esse tipo de questionamento como equivocado e talvez até mesmo como uma negação perturbadora [sic] dos princípios normativos de uma sociedade contemporânea. Tal posição certamente é defensável até certo ponto, mas, dada a limitação dos recursos econômicos, existem envolvidas na questão das escolhas fundamentais que não podem ser totalmente negligenciadas com base em algum princípio "social" pré-econômico. De qualquer modo, é preciso lidar com o problema do incentivo, no mínimo porque o *grau* de custeio social que uma sociedade poderia fornecer deve depender em parte dos custeios e incentivos. (Sen, 2000, p. 156; grifos do autor)

Em contraposição aos serviços públicos universais, Sen apresenta o que chama de *teste de meios*. Ou seja, uma forma de selecionar o público-alvo que, baseado em informações sobre as deficiências de capacidade individual (dificuldade motora, por exemplo) e suas condições econômicas (potencial monetário), definirá a distribuição focalizada das políticas públicas de desenvolvimento econômico e social.

> A provisão de serviços públicos tem se direcionado cada vez mais para o teste de meios no mundo todo. A razão disso é facilmente compreensível, ao menos em princípio. Esse expediente reduz o ônus fiscal, e o mesmo montante de fundos públicos pode ser usado de maneira muito mais abrangente na assistência aos economicamente necessitados se for possível fazer os relativamente abastados pagarem pelos benefícios que recebem (ou induzi-los a dar uma contribuição significativa aos custos envolvidos). (Sen, 2000, p. 160)

Para Sen, essa identificação do público-alvo das políticas públicas de Estado permite tanto dar conta da diversidade das condições individuais quanto ratifica um equilíbrio financeiro das contas públicas na geração de oportunidades sociais para desenvolver as capacidades dos agentes individuais. Assim, criticando a radicalidade liberal dos que defendem a política antidéficit como único objetivo da economia, o autor sustenta a possibilidade de unir a estabilidade macroeconômica com os objetivos sociais em busca das diversas formas de liberdade. Ao utilizar-se de uma interpretação controvertida do pensamento de Aristóteles, Sen consegue costurar uma saída mediada para a defesa de uma política *social-liberal*, baseada numa visão do *liberalismo social*,[6] em que as políticas sociais não podem ameaçar o equilíbrio financeiro, nem tampouco este pode ser uma ameaça às ações públicas em busca do aumento das oportunidades sociais e das capacidades individuais.

## Conclusão

As contradições inerentes ao desenvolvimento do modo de produção capitalista e a necessidade da burguesia permanentemente garantir sua legitimidade enquanto classe dominante demandam que, de tempos em tempos, a tradição da teoria liberal reveja seus conceitos

---

6. Sobre o conceito de *liberalismo social* ver: Merquior, José Guilherme; Kujawski, Gilberto de Melo; Paim, Antonio. *O liberalismo social*: uma visão histórica. São Paulo: Massao Ohno, 1998.

de direitos, igualdade, deveres, justiça, liberdade e progresso.[7] Essa necessidade contínua do liberalismo adequar suas proposições e análises já foi constatada por MacPherson (1979) no seu importante estudo sobre a teoria política liberal e parece continuar guiando a vanguarda da intelectualidade burguesa na busca incessante pela renovação de suas promessas. Mas ao tentar continuamente unir suas renovadas promessas de progresso econômico e desenvolvimento social com os mecanismos centralizadores e concentradores da economia de livre mercado, a tradição liberal se viu obrigada também a mistificar suas análises e propostas. Mistificação esta que ao longo do processo histórico tendeu a caracterizar-se de duas maneiras: 1) a naturalização dos mecanismos reguladores do mercado; e 2) a supervalorização do indivíduo — naquilo que Macpherson (1979, p. 15) chamou de "individualismo possessivo". Diante do recrudescimento da atual força destrutiva do capital, como é próprio dos autores liberais da fase de "decadência ideológica da burguesia",[8] são nesses dois mecanismos mistificadores da realidade que Amartya Sen construirá suas novas propostas de desenvolvimento econômico e social.

Ao reconhecer a imensa dívida social acumulada no mundo, Amartya Sen procurará construir uma teoria liberal da justiça e da equidade, que procurará recuperar debates clássicos da economia e da política. Em muitas das ocasiões, apenas retirando dos autores com que trabalha aquilo que lhe interessa,[9] Sen procura construir alternativas para, de um lado, minimizar o crescimento da pobreza e da miséria e, de outro, garantir a continuidade da política de liberalização dos mercados. O economista indiano sabe que a resolução de tais questões

---

7. Uma interessante recuperação histórica sobre a teoria política liberal e suas diversas matrizes é encontrada em Merquior, José Guilherme. *O liberalismo antigo e moderno*. São Paulo: Nova Fronteira, 1981.

8. Sobre a questão da decadência ideológica da burguesia, ver: Lukács, Georg. Marx e o problema da decadência ideológica. In: ______. *Marxismo e teoria da literatura*. Rio de Janeiro: Civilização Brasileira, 1968.

9. Esse é o caso do pensamento de Karl Marx, que recortado nas citações de Amartya Sen, transforma-se, de crítico radical do capitalismo, em um ardoroso defensor das benesses do livre mercado.

tem assumido nas últimas décadas um lugar importante no debate político e ideológico.

Ao estudar seus textos, podemos cogitar inclusive a sua sincera intenção de oferecer uma resolução para a barbárie social e promover a liberdade e o bem-estar das pessoas. Porém, em se tratando da realidade histórica, as boas intenções exercem um papel muito pequeno nas escolhas políticas corretas. O fato é que, independentemente de suas boas intenções ao naturalizar os mecanismos de mercado como único caminho viável para o desenvolvimento da liberdade, só resta ao autor eliminar qualquer análise da totalidade social e focar-se no hiperdimensionamento do papel das capacidades do indivíduo. Por isso que, ao procurar compatibilizar as atuais configurações econômicas do mercado (a eficiência) com a proliferação de políticas públicas (equidade), acaba por realizar uma grande mistificação, exaltando a capacitação individual como o conceito central de sua concepção de desenvolvimento.

Com sua concepção de *desenvolvimento como liberdade*, cuja tese central reside na distinção entre as dimensões do ter (renda, bem-estar, bens etc.) e do ser/fazer (oportunidades sociais e capacidades individuais), Amartya Sen oferece as condições teóricas para a elaboração e execução de políticas de desenvolvimento social que não questionam a concentração de renda, a troca desigual entre as economias centrais e periféricas, nem tampouco a centralização crescente da propriedade. Ao contrário das antigas concepções desenvolvimentistas — que permitiram questionamentos sobre a concentração de riquezas no mundo subdesenvolvido[10] — a concepção de Sen não permite qualquer análise crítica, mesmo que limitada, dos efeitos nefastos da dinâmica atual de financeirização e mundialização do capital.

Para a concepção de *desenvolvimento como liberdade*, não são necessárias estratégias planejadas e universais para as políticas públicas de desenvolvimento econômico e social, mas antes políticas pontuais

10. Como, por exemplo, as inquietações e questionamentos, mesmo que limitados pela análise estruturalista e dualista, que se faziam presentes nas teorias do subdesenvolvimento de Raul Prebisch e Celso Furtado.

e específicas. Para Sen, o progresso pode ser condicionado por várias racionalidades, desde que mantenha como meio e fim a abertura de oportunidades de liberdade (mercantil) para o desenvolvimento das capacidades individuais. Nessa nova concepção de desenvolvimento "social-liberal", diferentemente das soluções social-democratas do passado, as políticas públicas tornam-se um complemento do mercado e não uma proteção contra os efeitos negativos deste. Como ressalta Mauriel (2008), nessa condição as políticas públicas cada vez mais deixam de ser portadoras de uma possibilidade de mudanças na redistribuição da renda e da propriedade, passando a assumir um objetivo menor de compensação das desvantagens individuais através da focalização de suas ações em grupos sociais *menos favorecidos* pelas oportunidades do mercado.

Ao analisarmos os fundamentos teóricos de tais propostas, apontamos que elas restringem a concepção de liberdade aos limites do mercado e o conceito de bem-estar, ao estreito espaço das capacidades isoladas do indivíduo. Realizando tal restrição, os ideólogos do novo desenvolvimento, como Amartya Sen, possibilitaram o solo conceitual para a continuidade das políticas de liberalização dos mercados. Longe de romper com o axioma neoliberal, segundo Netto (2004, p. 72), de um "Estado mínimo para o trabalho e máximo para o capital", o objetivo principal da concepção de *desenvolvimento como liberdade*, presente na obra de Amartya Sen, é renovar as promessas liberais que, ao anunciarem um horizonte de desenvolvimento econômico com *justiça social*, mantêm e aprofundam a dinâmica de financeirização/mundialização do capital.

Contudo, o grande problema para a continuidade das novas promessas liberais de crescimento econômico com equidade é que mesmo alternativas políticas pontuais têm fracassado em seu intento de minimização da barbárie social. O fato é que, ao buscar renovar o compromisso liberal de unir desenvolvimento econômico e bem-estar social, as propostas neodesenvolvimentistas de Amartya Sen ajudaram a revigorar as bases materiais para a contraditória negação de seus próprios compromissos. O destino das metas estabelecidas no documento *A Declaração do Milênio* da ONU (2000) é um exemplo claro deste movimento paradoxal. O referido documento, nitidamente inspirado nas ideias e concepções de Amartya Sen, desde 2000 estabeleceu oito metas sociais de enfrentamento à miséria a serem cumpridas até 2015. Recentemente, a ONU divulgou relatórios que mostram a dificuldade de cumprir estas tímidas metas. Em uma série de entrevistas, Olivier Schutter, relator especial da ONU sobre o direito à alimentação, afirmou que os objetivos do milênio são um "fiasco", pois apenas serviram até agora para avaliar os *sintomas da pobreza*, ignorando as causas reais do avanço da miséria e da fome no mundo.

Mas mesmo não obtendo grandes resultados na execução de seus compromissos, as proposições ideopolíticas defendidas por Amartya Sen e propagandeadas pelos organismos multilaterais têm logrado êxito ao hegemonizarem o debate atual. Hoje, tais concepções são as principais influências na elaboração e implementação das diversas estratégias governamentais de desenvolvimento econômico e social. Atualmente, conceitos como *desenvolvimento humano*, *empoderamento*, *capital humano*, *empreendedorismo*, entre outros, passaram a dominar o debate sobre planejamento, execução e avaliação das políticas sociais. Seguindo as elaborações do desenvolvimento como liberdade em todas as etapas das políticas sociais, o foco está agora voltado para o desenvolvimento das oportunidades e das capacidades do indivíduo. Desde a escolha do público-alvo, baseada nas estatísticas de desenvolvimento humano e nos mapas de exclusão social, passando pela execução de políticas, tais como transferência de renda, crédito popular ou qualificação profissional, até os programas de avaliação que monitoram os usuários através de condicionalidades (exigindo sua inserção em serviços de educação e saúde básicas).

Diante da expansão de uma nova concepção de desenvolvimento econômico e social que vem gradativamente hegemonizando a dinâmica das políticas sociais, talvez o grande desafio posto para os pesquisadores e profissionais de Serviço Social, que em particular lidam diretamente com tais políticas, seja resistir ao novo "canto da sereia" do pensamento liberal. Na esteira da atual correlação de forças entre as classes, a resistência passa necessariamente pela desmistificação de tais propostas. Perante a impossibilidade concreta de garantir um Estado de bem-estar social, a intelectualidade burguesa renova suas velhas promessas de expansão das liberdades e capacidades individuais através do mercado. Mas a grande contradição oculta na aparência deste fenômeno é que, para reproduzir a sustentabilidade de suas taxas de lucro, a dinâmica capitalista atual necessita negar suas promessas, necessariamente expandir seu potencial destrutivo de concentração da propriedade e intensificar a exploração do trabalho. Tal contradição inerente à reprodução do sistema capitalista contemporâneo é o que nos permite afirmar e apostar na continuidade da luta histórica por uma liberdade para além dos mecanismos de mercado.

## Referências bibliográficas

BIELSCHOWSKY, Ricardo. *Pensamento econômico brasileiro*: o ciclo ideológico do desenvolvimentismo. Rio de Janeiro: Contraponto, 1995.

BORON, A. *Sepa lo que es el capitalismo.* Disponível em: <http://www.atilio-boron.com/>. Acesso em: 1° out. 2010.

HERMET, G. *Cultura e desenvolvimento.* Petrópolis: Vozes, 2002.

LUKÁCS, Georg. Marx e o problema da decadência ideológica. In: LUKÁCS, Georg. *Marxismo e teoria da literatura.* Rio de Janeiro: Civilização Brasileira, 1968.

MACPHERSON, C. B. *A teoria política do individualismo possessivo.* Rio de Janeiro: Paz e Terra, 1979.

MAURIEL, A. P. O. *Combate à pobreza e desenvolvimento humano*: impasses teóricos na construção da política social na atualidade. Tese (Doutorado em Ciências Sociais) — Universidade Estadual de Campinas. Instituto de Filosofia e Ciências Humanas. Programa de Pós-Graduação em Ciências Sociais, Campinas, 2008. 351f.

MÉSZÁROS, Istvan. Desemprego e precarização: um grande desafio para a esquerda. In: ANTUNES, R. *Riqueza e miséria do trabalho no Brasil.* São Paulo: Boitempo, 2006.

MÉSZÁROS, Istvan. *A crise estrutural do capital*. São Paulo: Boitempo, 2009.

MARANHÃO, Cézar. *Acumulação, trabalho e superpopulação*: crítica ao conceito de "exclusão social". In: MOTA, Ana Elizabete. *O mito da assistência social*. São Paulo: Cortez, 2008.

MERQUIOR, José Guilherme; PAIM, Antonio; Kujawski, Gilberto de Melo. *O liberalismo social*: uma visão histórica. São Paulo: Massao Ohno, 1998.

MERQUIOR, José Guilherme. *O liberalismo antigo e moderno*. São Paulo: Nova Fronteira, 1981.

MOTA, A. E. *Cultura da crise e seguridade social*. São Paulo: Cortez, 1995.

NETTO, J. P. Notas sobre a reestruturação do estado e a emergência de novas formas de participação da sociedade civil. In: BOSCHETTI, I. et al. *Política social*: alternativas ao neoliberalismo. Brasília: UnB, 2004.

NAÇÕES UNIDAS. *Declaração do milênio*. Nova York, 2000.

POCHMANN, M. Desempregados do Brasil. In: ANTUNES, R. *Riqueza e miséria do trabalho no Brasil*. São Paulo: Boitempo, 2006.

PROGRAMA DAS NAÇÕES UNIDAS PARA O DESENVOLVIMENTO (PNUD). *Relatório sobre o desenvolvimento humano*. Nova York: ONU, 1995.

SCHUMPETER, J. *Capitalismo, socialismo e democracia*. Rio de Janeiro: Fundo de Cultura, 1961.

SEN, Amartya. *Desenvolvimento com liberdade*. São Paulo: Companhia das Letras, 2000.

______. *Desigualdade reexaminada*. Rio de Janeiro/São Paulo: Record, 2001.

______. *Sobre ética e economia*. São Paulo: Companhia das Letras, 1999.

STIGLITZ, J. E. *A globalização e seus malefícios*. São Paulo: Futura, 2002.

# SUSTENTABILIDADE AMBIENTAL E (IN)SUSTENTABILIDADE SOCIAL*

*Maria das Graças e Silva***

## 1. Introdução

O final do século XX foi marcado por um conjunto de iniciativas do grande capital no sentido de enfrentar a sua crise de lucratividade aberta desde os anos 1970, iniciativas estas que abarcam desde a produção material até a reconversão dos supostos ideopolíticos que haviam oferecido suporte ao processo de acumulação até então. Na esteira de um amplo reordenamento da base produtiva, das formas de organização e consumo da força de trabalho e da ordem institucional burguesa, desenvolve-se e amplia-se um engenhoso arcabouço ideológico, de natureza essencialmente regressiva, no qual o discurso da sustentabilidade adquire força e expressão.

O conceito sustentabilidade, oriundo das ciências da vida, da biologia e da ecologia é transposto à vida social.

* Artigo publicado na coletânea Ideologias da Contrarreforma e o Serviço Social, organizada pela professora Ana Elizabete Mota, editado pela Editora Universitária da UFPE em 2010, sem reedição.

** Professora Adjunta do Departamento de Serviço Social da UFPE e pesquisadora do Grupo de Estudos e Pesquisas Sobre o Trabalho (GET). *E-mail*: graca_pe@yahoo.com.br

> A sustentabilidade significa que no processo evolucionário e na dinâmica da natureza vigoram interdependências, redes de relações inclusivas, mutualidades e lógicas de cooperação que permitem que todos os seres convivam, co-evoluam e se ajudem mutuamente para manterem-se vivos e garantir a biodiversidade. A sustentabilidade vive do equilíbrio dinâmico, aberto a novas incorporações, e da capacidade de transformar o caos gerador de novas ordens. (Boff, 2008, p. 5-6)

O contexto de crise mundial do capital, de esgotamento do modelo desenvolvimentista, de desmonte do "socialismo real" e dos estados de bem-estar social, evidencia a imensa capacidade destrutiva do sistema. Além de se manterem intocados velhos dilemas como a fome, o desemprego, as guerras, dentre outros, novas problemáticas emergem na agenda mundial: a dilapidação ambiental em escala planetária ameaça a reprodução da vida, evidenciando uma contradição entre a necessidade de expansão do processo de acumulação e a incapacidade da natureza prover indefinidamente os meios necessários a este fim.

A formulação *Desenvolvimento Sustentável*, é aquele que atende às necessidades do presente sem comprometer a possibilidade de as gerações futuras atenderem a suas próprias necessidades (*Relatório Brundthland*).[1] Este integra o novo receituário ideopolítico que fundamenta o movimento de contrarreformas em nível mundial. Ao expressar os justos anseios de preservação da natureza, apresenta-se como pretensamente universalizante, posto que assentado em uma crítica tanto ao produtivismo capitalista quanto àquele levado a efeito pelos países ditos socialistas. Trata-se de uma tentativa de convencer a todos quanto às possibilidades de articular crescimento econômico, respeito ao meio ambiente e redução da pobreza. Em outras palavras: compatibilizar expansão capitalista e utilização racional dos recursos naturais.

O papel a que o desenvolvimento sustentável é chamado a exercer expressa uma dinâmica de enfrentamento à questão ambiental cau-

1. O Relatório Brundthland constitui o principal trabalho produzido pela Comissão Mundial sobre Meio Ambiente e Desenvolvimento (CMAD), conhecida pelo nome de sua presidente Gro Harlem Brundthland.

cionada na formação de um amplo consenso, mobilizando as classes sociais, os movimentos ambientalistas, as organizações da sociedade civil e os estados nacionais em defesa da vida planetária. Trata-se de uma formulação de caráter supraclassista, a qual propala que todos os humanos somos responsáveis, indiferenciadamente, pela dilapidação do planeta — esmaecendo a profunda desigualdade de classes tanto na apropriação dos recursos naturais quanto na produção de dejetos. As grandes saídas indicadas são as mudanças atitudinais e um comportamento mais respeitoso face à natureza, incluídas mudanças na base produtiva, com a adoção de novas e limpas tecnologias.

O objetivo deste artigo consiste em problematizar o ideário do Desenvolvimento Sustentável, desvelando o seu papel ideopolítico, na medida em que a formação de uma cultura preservacionista, nos marcos da manutenção das relações sociais vigentes, assume a forma de uma ideologia de *enfrentamento* à questão ambiental.[2]

Para Mészáros (2004, p. 65), "a ideologia não é uma ilusão nem superstição religiosa de indivíduos mal-orientados, mas uma forma específica de consciência social, materialmente ancorada e sustentada na sociedade de classes". Neste caso, o discurso ideológico esmaece as reais contradições entre as necessidades de expansão ilimitada da produção capitalista e a limitada capacidade do planeta prover os recursos necessários a esta mesma expansão, entre produção de riquezas e desigualdade social.

## 2. A administração da Questão Ambiental em um contexto de crise do capital: qual sustentabilidade?

O capitalismo contemporâneo tem evidenciado de maneira irrefutável a sua dinâmica destrutiva como imperativo de sua autorreprodução metabólica. Como resultado da implementação das alternativas

2. Referimo-nos ao conjunto das manifestações da destrutividade ambiental, resultantes da apropriação privada da natureza, mediadas pelo trabalho humano.

para fazer face ao aprofundamento da crise mundial, o sistema institui a quebra de direitos, o aumento da fome, da miséria e do desemprego em escala mundial, além da exacerbação dos conflitos étnico-raciais e da destruição ambiental, processos que se impõem com força brutal sobre grande parte da humanidade.

Neste sentido, o capital opera de modo inexorável e articuladamente no processo de acumulação: em um só movimento aprofunda a exploração do trabalho humano, promove o desemprego, a precarização das relações de trabalho, a redução dos direitos sociais e de igual maneira intensifica a dilapidação ambiental. Conta, para tanto, com os avanços da ciência e da tecnologia, de tal sorte que a depredação ambiental e a exacerbação da questão social integram uma totalidade complexa.

Mas este processo não se dá sem que haja contradições: as ameaças à reprodução biológica de várias espécies animais e vegetais, a escassez de recursos naturais, a baixa produtividade do solo, as intempéries e os efeitos danosos da poluição, dentre outros, revelam que o grau de destrutividade das forças produtivas da natureza foge ao controle do capital. Impõe-se, portanto, como problemática que desafia a razão — na qual estão implicados limites materiais e simbólicos à dinâmica do sistema de significativas consequências para a atividade produtiva e para toda a vida na terra. Nestes termos, a destruição da natureza passa a exigir um conjunto de iniciativas no sentido de arrefecer os seus efeitos mais deletérios.

A administração da questão ambiental ganha vulto, especialmente a partir dos anos 1990, através de políticas públicas, de caráter regulatório ou estruturante, de iniciativas empresariais e de organizações ambientalistas, ainda que de maneira desigual, uma vez que os países periféricos são os que mais tardiamente vêm incorporando e desenvolvendo processos de gestão ambiental. As agências internacionais, em especial a Organização das Nações Unidas (ONU), vêm cumprindo papel de destaque na elaboração e articulação de tratados, convenções, conferências e acordos internacionais neste campo.[3]

3. A exemplo das Conferências de Cúpula: Estocolmo (1972), Rio-92, Johannesburgo (2002).

A programática ambiental tem no ideário do Desenvolvimento Sustentável um ícone. Este propõe a incorporação dos critérios ambientais *na* e *pela* atividade produtiva, de forma que o crescimento econômico — tido como condição irrefutável para se obterem os padrões desejados de desenvolvimento — não comprometa as condições de renovação e a capacidade dos ecossistemas existentes no planeta. Trata-se da busca por compatibilizar acumulação capitalista, preservação ambiental e justiça social.

O enfrentamento à questão ambiental, neste sentido, supõe uma tridimensionalidade: sustentabilidade econômica, social e ambiental. *"Os encaminhamentos políticos com vistas ao desenvolvimento sustentável deveriam envolver assim três dimensões: o cálculo econômico, os aspectos sociopolíticos e biofísicos"* (Moreira, 2000, p. 42). Esta tríade deveria constituir-se como força-diretriz para a elaboração de políticas públicas, afirmando a solidariedade diacrônica com as gerações futuras, como imperativo ético. A mediação essencial é o respeito às condicionalidades ambientais, ou seja, à capacidade de recomposição dos ecossistemas e a consideração dos riscos e incertezas implicados na atividade produtiva como permanente transformação da natureza.

Na base destes supostos, largamente consensuados, confrontam-se diferentes interesses econômicos e sociais, particularmente quanto às estratégias de sua efetivação. Nestas comparecem diversas perspectivas sociopolíticas, distintas respostas às questões locais, nacionais ou globais, as quais refletem, ao fim e ao cabo, interesses de classes e segmentos diversos em permanente disputa pela apropriação do meio físico-natural e do ambiente construído. Assim, as estratégias de enfrentamento da questão ambiental no capitalismo contemporâneo se diversificam, embora permaneçam, hegemonicamente, tensionadas por uma maior ou menor participação do Estado na regulação ambiental. Em suma: trata-se de uma disputa em torno da ênfase na gestão ambiental pública em contraposição à autorregulação do mercado no trato com os recursos naturais.[4]

---

4. A atual conjuntura brasileira é reveladora de uma investida do capital no sentido de operar o desmonte das instituições reguladoras do Estado e de reverter os avanços da legislação

Nos termos aqui referidos, Gestão ambiental é:

> Um processo de mediação de interesses e conflitos entre atores sociais que agem sobre os meios físico-natural e construído [...] define e redefine, continuamente, o modo como os diferentes atores sociais, através de suas práticas, alteram a qualidade do meio ambiente e também como se distribuem os custos e os benefícios decorrentes da ação destes agentes. (Quintas, 2006, p. 30)

A despeito da contenda em torno dos mecanismos ou instrumentos para a implementação do Desenvolvimento Sustentável, os seus defensores mantêm intocada a dinâmica capitalista como totalidade, o que acaba por assegurar a prevalência da sustentabilidade econômica sobre as demais dimensões que o conceito abarca. Face à inexorabilidade da dinâmica expansionista do capital restaria, tão somente, a constituição de atenuantes aos seus efeitos predatórios.

Assim, afirma Gligo (2006), em publicação da Comissão Econômica para a América Latina e o Caribe (Cepal):

> O discurso do meio ambiente resulta paradoxal. Por uma parte, é o próprio crescimento econômico, a industrialização, a urbanização, a exploração dos recursos naturais, a causa fundamental da degradação do meio ambiente. Mas, por outra parte, o objetivo básico que se pleiteia nos países é continuar e, inclusive intensificar esse crescimento [...]. Para as forças dominantes, a dimensão ambiental não pode ser um elemento de desestabilização do modelo econômico por mais predador que este seja, senão que deve estar a serviço dele. Dessa forma, a complexificação jurídica, unida com a criação de todo um controle de normas, pode ser um adequado instrumento a serviço do sistema. (Gligo, 2006, p. 45)

Decerto que a expansão infinita é imanente à dinâmica de acumulação capitalista. O consenso que se estabelece em torno da necessidade

---

ambiental sob o argumento de que ambos atentam contra o progresso e "engessam", "penalizam" a atividade econômica.

do crescimento econômico deriva, por um lado, da própria dinâmica societária, impulsionada sucessiva e permanentemente pela expansão da produção material, independente da vontade individual dos capitalistas. Por outro, resulta, da rendição ao projeto societário burguês, o qual confina a humanidade aos ditames da lógica do lucro, da exploração do trabalho e da mercantilização da natureza, com todas as nefastas consequências conhecidas.

No Brasil e na América Latina, a incorporação da sustentabilidade ao discurso do desenvolvimento nos anos 1990 — em franca implementação do projeto neoliberal — desvinculou este temário das agendas de reformas sociais. O discurso do "desenvolvimento sustentado"[5] passou, ao contrário, a designar o movimento de contrarreformas, de ajustes econômicos e de reordenamento político. Este processo resultou no recrudescimento da miséria, do desemprego, da precarização do trabalho, além de um profundo retrocesso no exercício dos direitos, acarretando, por esta via, uma exacerbação da desigualdade social. Reafirma-se a supremacia do cálculo financeiro. As necessidades de assegurar os patamares de lucratividade erguem-se acima da sustentabilidade social preconizada.

## Os programas de combate à pobreza: a sustentabilidade social em questão

Decerto que o Desenvolvimento Sustentável incorpora a pobreza como parte de sua formulação. Desde o relatório Brundthland, (publicado em 1987) duas teses ocuparam assento no debate sobre sustentabilidade social, especificamente no tocante à relação entre pobreza e meio ambiente: a tese do *círculo vicioso* e a do *duplo caminho*, tornando-se, esta última, hegemônica desde meados dos anos 1990. Na

5. Derivado da ideia da sustentabilidade (longo prazo) este termo vai ser utilizado para qualificar ações, projetos, modelos que portem as condições de se manterem por si sós, independente do apoio do Estado e de outras instituições. Na linguagem econômica, serviu de justificativa às medidas de ajuste impulsionadas pelo governo, sob a orientação das agências internacionais.

primeira hipótese, os pobres seriam *sujeitos* e *vítimas* da degradação da natureza, posto que a luta pela sobrevivência os conduziria a uma pressão maior sobre os recursos naturais. Por outro lado, face à ausência de condições materiais, os pobres do mundo, especialmente os dos países periféricos, ocupariam áreas mais degradadas, aprofundando a depredação ambiental pelo fato de serem numerosos.

A hipótese do "duplo caminho", ao contrário da anterior, não imputa à pobreza as responsabilidades essenciais pela degradação do planeta. Não seriam os baixos acessos ao mercado que conduziriam, inevitavelmente, à depredação, assim como o oposto não se traduziria em realidades sustentáveis. Nestes termos, aposta na implementação de políticas sociais com o objetivo de *resolver* a pobreza e, assim, reduzir os efeitos da destrutividade ambiental.

Cabe-nos destacar as insuficiências de ambas as teses. A primeira, ao responsabilizar a pobreza pela degradação ambiental, oferece uma saída de cunho moralizante, de culpabilização dos pobres pela dilapidação da natureza. Daí o incentivo à redução da capacidade de reprodução biológica destes, já que o equacionamento desta problemática — a relação entre pobreza e meio ambiente — se daria a partir da redução numérica dos pobres. A dinâmica de acumulação e a desigualdade social tributadas permaneceriam intocáveis.

A segunda tese sugere que o combate à pobreza representa um *veículo* ou um *meio* para se obter a sustentabilidade ambiental, não constituindo esta, por si mesma, uma problemática. Esta relação implica uma inegável dualidade — sustentabilidade ambiental e sustentabilidade social — sendo que as saídas apontadas conferem primazia à sustentabilidade ambiental e são de natureza essencialmente técnica.

Caberia-nos ressaltar que as teses explicativas da relação entre *pobreza* e *meio ambiente*, sumariamente descritas, detêm reduzido poder heurístico, posto que ambas não inscrevem esta problemática no orbe das relações sociais de produção. Ao não tomarem a totalidade social como mediação, tomam a degradação da natureza e a pobreza como fenômenos estanques ou, na melhor das hipóteses, correlatos, apartando-os de suas determinações intrínsecas: o sociometabolismo do capital. Por esta razão, separam sustentabilidade ambiental e social, de tal sorte que a realização de ações no campo da primeira não assegura a segunda ou mesmo se opõe a esta.

A superação da tese do *círculo vicioso* acarreta um conjunto de mudanças nas orientações das agências internacionais no tocante ao binômio pobreza-meio ambiente. A tese do *duplo caminho* isenta a pobreza de uma lógica apriorística de culpabilização e transcende os limites das tendências demográficas no seu desvelamento. No entanto, as políticas de combate à pobreza que daí resultam inscrevem-se no orbe das contrarreformas de cunho liberalizante, as quais adotam a focalização e a seletividade[6] como critérios para implementação de políticas sociais, ressaltando o caráter de políticas compensatórias.[7]

A despeito dos questionamentos cabíveis quanto às possibilidades de obtenção de uma sociedade sustentável, tomando como referência a ultrapassagem da chamada "linha de pobreza"[8] e o uso ideológico que desta se faz, fato é que os organismos internacionais têm alardeado a redução da pobreza absoluta no mundo. Segundo metodologia utilizada pelo Banco Mundial, em 2005, por exemplo, o conjunto das seis regiões consideradas no mundo registrou 1,377 bilhão de pessoas vivendo com até US$ 1,25 por dia; enquanto em 1981 eram 1,896 bilhão nessa mesma situação (Ipea, 2010, p. 4).

Ainda de acordo com o referido documento, o traço fundamental desse movimento é a desigualdade geográfica na evolução desse fenômeno, de sorte que, notadamente a China e a Índia aparecem como os grandes responsáveis por essa evolução. Nas demais regiões do planeta, observa-se um aumento do número de pobres — incluída a América Latina — cujos programas de ajustes econômicos acarretaram maior empobrecimento e iniquidade.

---

6. Para o Banco Mundial, apenas as famílias com renda *per capita* inferior a 1 dólar/dia são consideradas pobres. A mesma agência adota, para os países industrializados, um critério que resulta do confronto entre a renda individual e a renda média nacional.

7. Vide: Behring (1998), Behring e Boschetti (2006), Laurel (2002).

8. Conforme referido anteriormente, para o Banco Mundial, quem ganha acima de um dólar/dia não estaria abaixo da "linha de pobreza".

É o que revelam os dados:

> A saída de 520 milhões de pessoas da condição de extrema pobreza entre 1981 e 2005 (–27,4%) se deu fundamentalmente pelo que ocorreu no Leste Asiático e Pacífico (–755,3 milhões de habitantes) e no Oriente Médio e África do Norte (–2,7 milhões de pessoas). Ou seja, o importante efeito da expansão da China teve impacto inegável sobre a redução da pobreza mundial, pois no resto da agregação das regiões do mundo houve elevação na quantidade de extremamente pobres como o acréscimo de 176,9 milhões de pessoas na África Subsaariana; 47,3 milhões a mais no Sul da Ásia; de 10,2 milhões na Europa do Leste e Ásia Central; e de 4,1 milhões adicionais na América Latina e Caribe na comparação do mesmo período de tempo. (Ipea, 2010, p. 4-5)

Os impactos do crescimento das economias dos chamados emergentes verificam-se sobretudo, na elevação do número de empregos e de ocupações, na expansão do crédito e no consequente aumento do consumo. Ainda que seja discutível o grau de precarização desses vínculos trabalhistas, o fato é que se trata de um fenômeno a ser observado, por tratar-se de uma conjuntura de crise mundial do capital.

Outro elemento que aparece nas análises de especialistas como hipótese explicativa da redução da pobreza diz respeito aos programas de transferência monetária implementados em vários países, sob orientação das agências internacionais, e para os quais a experiência brasileira está sendo considerada modelo.

É certo que os programas assistenciais vêm reforçando sobremaneira o padrão de seletividade e focalização bem ao sabor do projeto neoliberal. Congruente com o desenvolvimento de programas assistenciais, mantém-se, no Brasil, uma política macroeconômica voltada à obtenção dos altos lucros pelo capital financeiro, permanecendo dilemas seculares relativos à histórica concentração da riqueza no país. A questão tributária, a precarização da saúde, da educação, a concentração da terra, o déficit habitacional, entre outros, parecem revelar o peso das ações de transferência de renda na conformação de um amplo consenso, cujo sentido último é conferir legitimidade ao processo de acumulação capitalista. Ainda sobre a questão tributária, estudo da ONU, citando dados do governo brasileiro, segundo o jornalista Hideyo Saito em seu artigo "Tributação desigual e miséria, saldos da hegemonia neoliberal", informa:

> [...] famílias com receita até dois salários mínimos pagam aproximadamente 46% a título de impostos indiretos (isto é, embutidos nos preços de bens e de alguns serviços), enquanto as que têm renda superior a 30 salários mínimos arcam com apenas 16%. Apesar da vergonhosa concentração da terra agricultável — apenas 47 mil grandes propriedades ocupam 43% de todo o espaço disponível, enquanto 2,4 milhões ficam com apenas 2,5% — o Imposto Territorial Rural arrecada apenas 0,01% do PIB. "O sistema tributário regressivo limita seriamente o impacto redistributivo desses programas [sociais]", sublinha o relatório da ONU. (Saito, 2010, p. 1)

Face à crescente deslegitimação do projeto neoliberal, afirma Maranhão:

> O capital necessita, cada vez mais, de respostas políticas que não só garantam a normalidade das taxas de lucro, mas também amenizem a condição dos *derrotados* e estabeleçam um consenso mínimo em torno das transformações ocorridas. Assim, encontrar soluções para amenizar as contradições da superpopulação relativa se transformou em diretriz central para atender os objetivos políticos da burguesia internacional. (Maranhão, 2006, p. 39)

A dinâmica concentradora do sistema do capital se intensifica e se revela quanto mais se aprofunda a sua crise de lucratividade, momentos em que ganham visibilidade as suas contradições. Enquanto seus ideólogos propalam a importância de um esforço mundial no combate à pobreza e à fome, assiste-se a uma verdadeira usurpação do fundo público, dificultando, sobremaneira, a obtenção destes mesmos objetivos.[9] Em matéria de redação da Carta Maior publicada em 28 de outubro de 2010 são citados dados divulgados pela ONU mostrando que: "enquanto os países pobres receberam, nos últimos 50 anos, cerca de US$ 2 trilhões em doações de países ricos, os bancos e demais instituições financeiras receberam, em apenas um ano, US$ 18 trilhões em ajuda pública". Apenas no ano de 2008, quando se agravou a crise internacional, o setor financeiro obteve quase dez vezes mais recursos públicos que todos os países pobres do planeta nos últimos cinquenta anos.

Nestes termos, as iniciativas do capital no sentido do *enfrentamento da pobreza* revelam sua essência fetichizante ao mesmo tempo em que promovem um sucessivo esvaziamento do ideário da sustentabilidade, enquanto princípio ético. Inicialmente o faz, ao submetê-la aos imperativos de sua autorreprodução, confinando-a a um modelo de desenvolvimento para o capital, o que supõe ao fim e ao cabo a exploração do trabalho, com todos os seus efeitos deletérios para a existência humana no planeta.

Em seguida, ao igualar sustentabilidade social e combate à pobreza extrema, o capital reduz o sistema de necessidades humanas em níveis rudimentares, a patamares mínimos de sua satisfação, em contraposição a um grau de desenvolvimento das forças produtivas cada vez mais avançado. Por fim, ainda que confinada pelo ideário burguês aos limites da extrema pobreza, revela-se o capital cada vez mais incapaz de obtê-la, por encontrar-se enredado no complexo emaranhado de estratégias voltadas à recomposição de suas taxas de lucro. As possibilidades de operar reformas estruturais em sua relação sociometabólica ficam afastadas. No capitalismo contemporâneo, caracterizado pela exponenciação das contradições do sistema, torna-se cada vez mais perceptível que "desenvolvimento capitalista é, necessária e irreduti-

9. Reunidos na Cúpula do Milênio, realizada em Nova York entre 20 e 22 de setembro/2010, ministros e Chefes de Estado dos países-membros da ONU renovaram a promessa de, até 2015, cumprirem os Objetivos de Desenvolvimento do Milênio (ODM), dentre os quais se encontra a redução, pela metade, da população mundial em extrema pobreza.

velmente, produção exponenciada de riqueza e produção reiterada de pobreza" (Netto, 2007, p. 142).

## Capitalismo contemporâneo e depredação da natureza: entre o discurso e a realidade

A acepção Desenvolvimento Sustentável confere centralidade argumentativa ao enfrentamento da dilapidação da natureza, fenômeno que vem provocando crescente inquietação em diversos segmentos sociais em todo o mundo, tendo em vista a existência de limites reais à reprodução da vida no planeta, caso sejam mantidos os atuais padrões de produção e de consumo. Trata-se de uma problemática de natureza planetária, o que supõe estratégias globais para enfrentá-la.

Os níveis de depredação ambiental mantêm-se e vêm se aprofundando, dos quais são exemplos: a poluição do ar, a destruição média de 7 milhões de hectares de floresta por ano, a erosão do solo, a produção anual de mais de 100 milhões de toneladas de dejetos perigosos, dentre outros, de acordo com dados do relatório "Estado do mundo, 2010" do Worldwatch Institute.

Iniciativas neste campo vêm sendo impulsionadas desde os anos 1970 para mitigar os efeitos da destrutividade ambiental, iniciativas estas que vão desde o controle da poluição, a utilização de tecnologias limpas, a tentativa de reduzir o desperdício na *produção*, a *reciclagem* de resíduos sólidos, a educação ambiental, além do incremento de um arcabouço jurídico-formal que forneça amparo às ações regulatórias do uso dos recursos naturais. A gestão ambiental empresarial é implementada como expressão da busca do empresariado por incorporar critérios ambientais *na* e *pela* atividade produtiva.

O traço comum ao conjunto destas ações empreendidas em nome do Desenvolvimento Sustentável são, essencialmente, a sua natureza técnica, não põem em xeque as determinações sociais da questão ambiental, originadas no sociometabolismo do capital e sua lógica destrutiva. Daí a impossibilidade de superação da mesma pela via do progresso técnico, tendo em vista que a reprodução do sistema exige e impulsiona o incremento da produção e do consumo. A intensificação da produção de descartáveis, que reduz o tempo de rotação do capital, aumenta a depredação ambiental, a despeito das tecnologias limpas e das ações mitigadoras: "apesar de um aumento de 30% na eficiência de recursos, o uso de recursos globais aumentou 50% nos últimos 30 anos" (Worldwatch Institute, 2010, p. 22).

Por outro lado, é inegável que os avanços científicos e tecnológicos, ainda que incorporem alguns critérios ambientais, destinam-se à intensificação da exploração dos recursos naturais e do trabalho humano. Evidencia-se, assim, o poder de depredação ambiental dessas ferramentas, especialmente em tempos de descartabilidade, não em razão das tecnologias limpas mas apesar destas.

Segundo o referido relatório:

> A produção de metais cresceu seis vezes, a de petróleo, oito, e o consumo de gás natural, 14 vezes. No total, 60 bilhões de toneladas de recursos são hoje extraídas anualmente — cerca de 50% a mais do que há apenas 30 anos. Hoje, o europeu médio usa 43 quilos de recursos diariamente, e o americano médio, 88 quilos. O Indicador de Pegada Ecológica, que compara o impacto ecológico humano com a quantidade de terra produtiva e área marítima disponíveis para o abastecimento de ecossistemas centrais, mostra que hoje a humanidade usa recursos e serviços de 1,3 Terra. Em outras palavras, as pessoas estão usando quase um terço a mais da capacidade da Terra do que a efetivamente disponível, afetando a regeneração dos próprios ecossistemas dos quais a humanidade depende. (Worldwatch Institute, 2010, p. 33)

Neste sentido, os caminhos que a *sustentabilidade ambiental* percorre, após cerca de três décadas de sua enunciação, revelam uma contradição essencial: ao lado de alguns avanços no âmbito da mitigação (medidas de redução da poluição, do desperdício, de formação de uma consciência ambiental), mantêm-se questões cruciais para a reprodução da vida planetária. O aquecimento global, a questão energética, a degradação do solo, o desperdício, a produção para o descarte são problemas candentes do nosso tempo. Em um contexto de crise mundial do capital, os acordos em torno das "saídas possíveis" tornam-se cada vez mais escassos, a exemplo da Convenção de Copenhague, convocada pela ONU e realizada em 2009 para discutir as mudanças climáticas, a qual resultou em impasse.

Evidencia-se, assim, o caráter ideológico desta acepção fundamentada no que Mandel (1985, p. 353) denominou "ideologia do racionalismo tecnológico", a qual consiste numa "mistificação que esconde a realidade social e suas contradições". Ainda de acordo com o autor, nesta mesma passagem:

> Todo burguês e muitos teóricos que se consideram marxistas apregoam a onipotência da tecnologia, elevando-a a um mecanismo completamente independente da estrutura e da dominação de classe, de forma automática como uma lei natural. (Mandel, 1985, p. 353)

Assim, a questão ambiental é encarada a partir de uma concepção parcial e fragmentada, com incidência direta sobre suas pautas e sobre os mecanismos destinados ao seu enfrentamento. Não por acaso, a sustentabilidade ambiental vem sendo, progressivamente, subordinada aos imperativos do mercado e atrelada à competitividade empresarial, enquanto o capital e seus ideólogos tencionam a regulação ambiental pública, em especial os seus elementos universalizantes.

Esta fragmentação ganha expressão na dualidade entre sustentabilidade ambiental e social. Iniciativas importantes no campo da primeira acabam, em geral, por acarretar um comprometimento ainda maior da segunda, a exemplo do que vem ocorrendo com a contenda em torno dos biocombustíveis. Tanto no que se refere ao seu potencial de redução das terras destinadas à produção de alimentos quanto pelo encarecimento destes, impulsionam, assim, o "avanço silencioso da fome", segundo Teixeira.

> [...] o surgimento de vastos campos de cultivos voltados para a produção de biomassa para combustíveis — cana-de-açúcar na Índia e milho

> na China Popular — incidiu diretamente na área agrícola voltada para a produção de grãos e cereais. Assim, em vastos conjuntos geográficos — centros tradicionais de agricultura de alimentos, como a América do Norte, Europa, China Popular e Índia — deu-se um notável decréscimo da produção de milho, trigo, sorgo. Com a diminuição dos grãos, e seu consequente aumento, também a produção mundial de leite entrou em declínio (milho e farelos são utilizados comumente para a alimentação do gado leiteiro). (Teixeira, 2007, p. 1)

No caso brasileiro, são emblemáticas as metas de redução da emissão de gases provenientes da produção do etanol. A supressão da queima da cana-de-açúcar até 2015 implicará a completa mecanização da colheita, de graves consequências sociais, acarretando o desemprego em massa, especialmente de segmentos menos qualificados da classe trabalhadora. Grande parte destes são compostos por migrantes nordestinos, os quais têm nessa atividade a principal fonte de sua sobrevivência.

Estamos, por fim, a pleitear que a dualidade entre sustentabilidade ambiental e sustentabilidade social seja analisada com o objetivo de focar a contradição entre ambas. À medida que as iniciativas voltadas à proteção da natureza — submetidas à lógica da lucratividade — afetam de forma diferenciada as classes sociais, portam, em larga medida, uma insustentabilidade social.

## 3. Considerações finais

O percurso analítico que vimos empreendendo ao longo deste trabalho aponta para o fato de que Desenvolvimento Sustentável como expressão da tentativa de estabelecer mecanismos de controle da relação sociometabólica do capital vem, sistemática e progressivamente, se afirmando como uma ideologia de enfrentamento à questão ambiental, cujo fim é tornar consenso a suposta compatibilidade entre acumulação de riquezas e preservação da natureza.

Este suposto ideológico desborda para o orbe da política através de uma ampla ofensiva do capital no sentido de apresentar-se como portador das inovações no campo da preservação da natureza. Arrefece, por esta via, a sua essência destrutiva, ao mesmo tempo em que tenta neutralizar as ações contestatórias à sua lógica. Com isso, busca interditar todo o potencial de crítica à ordem do capital, fazendo gravitar em seu eixo os projetos que lhe são antagonistas.

Esta dinâmica tem se traduzido em crescente esvaziamento do conteúdo da sustentabilidade,[10] visto que os processos que seriam depositários de sua afirmação acabam por se defrontar com novos mecanismos engendrados pelo próprio sistema capitalista, no curso de sua autorreprodução metabólica. Os mesmos são negadores da possibilidade de uma sociedade sustentável, conforme tratamos de demonstrar ao longo deste trabalho.

O empobrecimento que opera esta leitura é inconteste, tendo em vista o seu caráter reducionista. Por um lado, reduz a dimensão ambiental à dimensão ecológica — consequentemente aparta sociedade e natureza. Por outro, submete a dimensão ecológica às saídas técnicas. Assim, a defesa da natureza se apresenta apartada do enfrentamento da questão social *ou como hierarquicamente superior a esta*, contribuindo para a produção de estratégias parciais e fetichizantes da questão ambiental. A moralização também surge no trato com as múltiplas manifestações da questão social, posto que ambas não são apreendidas como partes constitutivas de uma totalidade complexa e, assim, passam a ser destituídas de sua radicalidade histórica.

Este modelo teórico incide sobre as ações político-pedagógicas, notadamente sobre a educação ambiental, em formas de proposições que atribuem aos indivíduos, genericamente, a responsabilidade pela depredação ambiental, engendrando um jogo de retórica em torno da

---

10. Neste sentido, vale dizer que a sustentabilidade, enquanto princípio ético, detém um conjunto de potencialidades no sentido da incorporação dos elementos bio-físico-naturais na construção de um novo *sistema de necessidades* amplamente ancorado no reconhecimento da condição universal da reprodução do gênero humano, algo impensável na sociedade regida pelo capital e pela venalidade da natureza.

culpabilização abstrata da sociedade ou da humanidade face aos efeitos mais danosos da questão ambiental. De natureza essencialmente idealista, estas concepções indicam as mudanças de atitude e gestionárias como saídas privilegiadas, as quais se têm demonstrado insuficientes, face aos desafios que se propõe abraçar.

Por esta razão, sendo o Serviço Social uma das profissões convocadas a intervir nas múltiplas expressões da questão ambiental, a partir de uma forte mediação da educação ambiental, faz-se premente desvelar as determinações intrínsecas aos fenômenos com que se depara em sua realidade imediata. Este movimento deve ter como objetivo identificar as possibilidades de uma intervenção qualificada, oferecendo estratégias pautadas em valores universalistas, como expressão da afirmação do projeto ético-político da profissional.

## Referências bibliográficas

BEHRING, E. R. *Política social no capitalismo tardio*. São Paulo: Cortez, 1998.

______; BOSCHETTI, Ivanete. *Política social*: fundamentos e história. São Paulo: Cortez, 2006.

BIHR, A. *Da grande noite à alternativa*: o movimento operário europeu em crise. São Paulo: Boitempo, 1999.

BOFF, L. Os impasses da expressão "desenvolvimento sustentável". In: *Ética e sustentabilidade*. Brasília: Ministério do Meio Ambiente, [2006]. (Cadernos de debate. Série Agenda 21 e sustentabilidade). Disponível em: <www.mma.gov.br/agenda21>. Acesso em: 3 jun. 2008.

CARTA MAIOR. Em 2008, bancos tiveram mais ajuda que pobres em 50 anos. Economia, Redação. Disponível em: <http://www.cartamaior.com.br>. Acesso em: 27 jun. 2009.

COMISSÃO Mundial sobre Meio Ambiente e Desenvolvimento — Nosso Futuro Comum. Rio de Janeiro: FGV, 1988.

FOLADORI, G. *Limites do desenvolvimento sustentável*. São Paulo: Unicamp, 2001.

FOSTER, J. B. *A ecologia de Marx*: materialismo e natureza. Rio de Janeiro: Civilização Brasileira, 2005.

GLIGO, N. *Estilos de desarrollo y médio ambiente en América Latina, un cuarto de siglo después.* Santiago do Chile: Cepal, 2006. (Serie Medio ambiente y desarrollo, 126). Disponível em: <http://www.oei.es/decada/portadas/LCL2533-P.pdf>. Acesso em: 8 maio 2007.

IPEA. *Pobreza, desigualdade e políticas públicas.* [Rio de Janeiro], 2010. (Comunicados da Presidência, 38). Disponível em: <http://www.ipea.gov.br>. Acesso em: 20 jul. 2010.

KRAEMER, M. E. P. *Gestão ambiental:* um enfoque no desenvolvimento sustentável. 2003. Disponível em <http://www.sivam.gov.br>. Acesso em: 13 set. 2006.

LAUREL, A. C. (Org.). *Estado e políticas sociais no neoliberalismo.* 3. ed. São Paulo: Cortez, 2002.

LOUREIRO, C. F. B. Crítica ao fetichismo da individualidade e aos dualismos na educação ambiental. *Educar em Revista,* Curitiba, n. 27, p. 38-52, jan./jun. 2006.

______. *Trajetória e fundamentos da educação ambiental.* 2. ed. São Paulo: Cortez, 2006.

MANDEL, E. *O capitalismo tardio.* 2. ed. São Paulo: Nova Cultural, 1985.

MARANHÃO, C. H. Acumulação, trabalho e superpopulação: crítica ao conceito de exclusão social. In: MOTA, A. E. (Org.). *O mito da assistência social*: ensaios sobre o estado, política e sociedade. Recife: Ed. Universitária da UFPE, 2006.

MÉSZÁROS, I. *O desafio e o fardo do tempo histórico.* São Paulo: Boitempo, 2007.

______. *O poder da ideologia.* São Paulo: Boitempo, 2004.

______. *Para além do capital.* Campinas/São Paulo: Unicamp/Boitempo, 2002.

MOREIRA, R. J. Críticas ambientalistas à revolução verde. *Revista Estudos Sociedade e Agricultura,* Rio de Janeiro, v. 15, p. 39-52, out. 2000. Disponível em: <http://<www.ufrrj.br>. Acesso em: 15 out. 2000.

MOTA, A. E. Entre a rua e a fábrica: reciclagem e trabalho precário. *Revista Temporalis,* Brasília, ano 3, n. 6, 2002.

MOTA, A. E. Necessidades sociais, soluções globais: abordagens criativas ao desenvolvimento social. In: VIEIRA, A. C.; UCHOA, R. (Org.). *Em Discussão:* desenvolvimento social na economia globalizada. Recife: Ed. Universitária da UFPE, 2007. p. 15-27.

______ (Org.). *A nova fábrica de consensos.* São Paulo: Cortez, 1998.

NETTO, J. P. Desigualdade, pobreza e serviço social. *Revista Em Pauta,* São Paulo, n. 19, 2007.

QUINTAS, J. S. *Introdução à gestão ambiental pública.* Instituto Brasileiro do Meio Ambiente e dos Recursos Renováveis (Ibama). Brasília, 2006.

SAITO, H. Tributação desigual e miséria, saldos da hegemonia neoliberal. *Carta Maior,* 20 abr. 2010. Disponível em: <www.cartamaior.com.br>. Acesso em: 22 abr. 2010.

SILVA, M. G. *Questão ambiental e desenvolvimento sustentável:* um desafio ético-político ao serviço social. São Paulo: Cortez, 2010.

TEIXEIRA, F. C. Crise alimentar, energia e clima: nova geopolítica da fome? *Carta Maior,* 13 nov. 2007. Disponível em: <www.cartamaior.com.br>. Acesso em: 20 fev. 2009.

WORLDWATCH INSTITUTE-WWI. *Estado do mundo 2010*: transformando culturas: do consumismo à sustentabilidade. Salvador: Universidade Livre da Mata Atlântica (UMA) Editora, 2010. p. 22-34.

# CRISE DO CAPITALISMO E PILHAGEM DO TRABALHO*

*Cleusa Santos***

## 1. Introdução

Nosso ponto de partida é a crise internacional, aqui entendida como um complexo conjunto de elementos que, a nosso ver, explica o processo de desvalorização do capital. Nossa hipótese será mostrar que o debate sobre a crise contemporânea evidencia a lógica excludente que a preside: produção de mercadorias e o consumo com desdobramentos que atingem as conquistas históricas dos trabalhadores: as demissões e a redução de salários e de direitos comprometem o acesso dos trabalhadores aos direitos sociais, particularmente, os de seguridade social.

Sem deixar de considerar a importância dos argumentos que atribuem à crise atual a característica de crise de superprodução e a sua determinação para o movimento do capital (no qual a mercadoria produzida não se troca), pretendemos trazer alguns elementos presentes

* Artigo publicado na coletânea Ideologias da Contrarreforma e o Serviço Social, organizada pela professora Ana Elizabete Mota, editado pela Editora Universitária da UFPE em 2010, sem reedição. Para esta publicação foi revisto e feitas algumas modificações.

** Doutora em Serviço Social pela PUC-São Paulo; professora associada III da Escola de Serviço Social da Universidade Federal do Rio de Janeiro.

no debate atual sobre o tema,[1] segundo a visão de alguns analistas que fazem uma crítica radical e classista de suas consequências e apontam alternativas para a superação dessa ordem social por parte daqueles que lutam por ações transformadoras de cunho socialista.

Os anos de 2008 e 2009 evidenciaram a grande crise financeira que abalou os Estados Unidos, que atingiu, em 2009, os cinco continentes e colocaram em relevo os interesses dos grandes conglomerados financeiros, industriais e comerciais.

Nesse contexto, emergiram interpretações múltiplas sobre seus efeitos mais salientes: quebra de bancos e empresas, diminuição do ritmo de crescimento e desemprego que ganharam expressão na imprensa nacional e internacional, convidando-nos a refletir sobre as características do capitalismo contemporâneo sob a ótica da imprensa,[2] uma vez que sua inegável aliança com o capital financeiro internacional oferece sustentação ao seu discurso na América Latina. Sobre isso, Ramonet (2009 apud Valente, 2009, p. 1) chamou a atenção para a debilitação tanto da teoria neoliberal quanto do poder midiático na crise atual.

Paralelamente, tem havido o aprofundamento dos esforços ideológicos para se legitimar o neoliberalismo. A crise econômica serve como justificativa aos ataques aos direitos trabalhistas e sociais. Decerto que a legislação trabalhista vem sendo paulatinamente substituída pelo direito comercial ou civil, com a individualização da

---

1. A grande expressão deste tema na pauta de jornais e revistas publicadas na mídia via Internet, nos anos de 2008, 2009 e 2010 revela os principais argumentos que a imprensa brasileira, através dos periódicos de grande circulação nacional, dissemina sobre a atual crise econômica internacional e suas repercussões nas políticas sociais públicas. Tal constatação levou-nos a realizar uma reflexão com vistas a mapear os discursos que são apresentados por um dos principais aparelhos privados de hegemonia na perspectiva de analisar os mecanismos concretos que impõem restrições aos direitos sociais e trabalhistas frente a essa conjuntura da crise.

2. O termo Imprensa significa "a designação coletiva dos veículos de *comunicação* que exercem o *jornalismo* e outras funções de comunicação informativa". Registre-se que a quantidade de reportagens, matérias e entrevistas sobre o tema impressionam: ao pesquisar, encontramos material noticioso veiculado em outros meios (internet) de comunicação que compõem os conglomerados de comunicação responsáveis pelos jornais que foram citados.

relação empregador e empregado, eliminando acordos coletivos que vigiam anteriormente.

No âmbito dessa individualização, o trabalhador não tem como referência seu pertencimento a um grupo com interesses comuns: tornou-se um indivíduo defensor de sua própria sobrevivência no mundo do trabalho. Aí está o cerne da luta ideológica intensificada no período neoliberal. Sem intermediação de acordos historicamente estabelecidos, a relação direta empregador — empregado afasta o Estado para colocar exclusivamente o patrão frente ao empregado. A ideia de projeto coletivo é considerada arcaica pelo ideário neoliberal.

O vetor determinante dessas circunstâncias foi o desemprego estrutural que reduziu o poder de barganha dos trabalhadores e que se deu no bojo do grande avanço tecnológico das últimas décadas. A tecnologia da informação acarretou um aumento exponencial da produtividade e a consequente dispensa de mão de obra em escalas nunca vistas. Milhões de trabalhadores caíram na informalidade, tentando sobreviver com atividades sem garantias de ganhos e sem direitos sociais. Outros tiveram de se contentar com trabalhos temporários ou de expediente parcial (*part-time*), como firmas individuais terceirizadas. Muitos emigraram para os países centrais, enfrentando lá condições, muitas vezes, subumanas.

A luta ideológica da burguesia tem se fortalecido por essas circunstâncias e complementada pelo poderoso suporte que a mídia hegemônica mundial lhe empresta. A reivindicação coletiva por melhores condições de trabalho é veiculada como algo do passado e os movimentos sociais são criminalizados, considerados no mesmo nível dos traficantes de droga: o Movimento dos Trabalhadores Sem Terra (MST) e o Movimento dos Trabalhadores Sem Teto (MTST), por exemplo, são tratados como bandos de facínoras. A *modernização*, apregoada pela mídia, passa pela formulação da seguinte premissa: definhamento das entidades da classe trabalhadora e negação de suas formas de sociabilidade e subjetividade com a finalidade de promover uma nova cultura centrada na fragmentação, na efemeridade e no individualismo, reproduzindo formas fetichizadas de relações sociais.

## 2. A mistificação da realidade

Apesar da existência de espaços que mostram que "os resultados da crise econômica global geraram, na América Latina, 9 milhões a mais de pobres e 2,5 milhões de desempregados" de acordo com a reportagem da *Folha On-line* — Dinheiro, em 23 de fevereiro de 2010, e de dados que mostram que no Brasil ela "ajudou a criar 1,3 milhão de desempregados", segundo a reportagem do *Estadão On-line* — Economia e Negócios em 8 de setembro de 2010, com base em dados do Instituto Brasileiro de Geografia e Estatística (IBGE), na Pesquisa Nacional por Amostra de Domicílios (PNAD) de 2009, o exame dos principais argumentos demonstra que a grande imprensa procura sedimentar consensos em torno de uma leitura que minimize os impactos da crise econômica na vida concreta dos trabalhadores e justifique, em prol do *establishment*, o estelionato aos direitos dos trabalhadores.

Em meio a inúmeras manchetes que sublinham o caráter passageiro da crise afirmando que "o pior já passou" ou que "a crise não existe", uma vez que a sociedade se tornou menos "rígida" e "monolítica" tornando-se mais "aberta" e sensível às diferenças individuais", surgem análises apologéticas com o fito de naturalizar seus desdobramentos nos seus conteúdos mais essenciais. Exemplo disso é a luta de classes presente na regulamentação das relações trabalhistas e na flexibilização do mercado de trabalho como aqueles apresentados por Guandalini, Sverberi e Borsato na matéria "O Brasil e a crise mundial: dez razões para o otimismo", na revista *Veja*. A matéria conduz a uma série de informações "úteis" para o mercado financeiro oferecendo um diagnóstico otimista do que a organização econômica dos países ricos, Fundo Monetário Internacional (FMI), o Banco Mundial e a Organização para Cooperação e Desenvolvimento Econômico (OCDE) sublinham como medidas "sólidas" para a economia brasileira.

Os dez pontos centrais da matéria tentam demonstrar, "realisticamente", que o Brasil quase não teria sido afetado pela crise econômica mundial. Na ênfase evidente no setor financeiro (bancos competentes, regulados, com baixa exposição a riscos; ausência de bolhas de crédito e imobiliária, com potencial de crescimento real desses setores) Guandialini, Sverberi e Borsato (2009) indicam uma forma particular de tratar os temas econômicos desvinculados da política macroscópica da vida social. Isso pressupõe uma inversão de ênfase na qual se justificam as reformas conservadoras que estão na base do padrão de crescimento. Igualmente, as mesmas projeções que apontam para a estagnação no mundo também estimam crescimento do Produto Interno Bruto (PIB) do Brasil em 2009. Trata-se, pois, de concepções de desenvolvimento escolhidas em prejuízo dos trabalhadores assalariados.

A cultura *ufanista* da abundância dos recursos naturais de nosso país está presente no ideário do crescimento atual da economia brasileira. Na matéria, sobressaem citações que valorizam a riqueza dos recursos naturais, destacando que o Brasil é a "matriz energética mais 'verde' do mundo, com independência do petróleo importado"; "maior exportador de alimentos do mundo, o que garante vendas externas volumosas em qualquer cenário)" (Guandialini, Sverberi e Borsato, 2009, p. 82). Assim, ao considerar o consumo patrocinado pela oferta de crédito (mercado interno forte, crescendo em poder de compra e em proporção da população), este ideário desponta como um poderoso reforço das visões reducionistas e tecnicistas da lógica capitalista.

O reconhecimento do pagamento dos juros da dívida externa, reservas de 200 bilhões de dólares intocadas depois de seis meses de crise, Guandialini, Sverberi e Borsato (2009) leva a conclusões manipulatórias de que o antigo drama brasileiro foi liquidado, desconsiderando, entretanto, a dívida interna de R$ 2 trilhões de reais, que cresce com base na taxa de juros. Esta, por seu lado, é fixada pelo Comitê de Política Monetária (Copom), ligado ao Banco Central e por representantes dos setores financeiros, muitos dos quais egressos do próprio Banco Central. Ironicamente, a matéria esconde que tais pagamentos constituem-se em transferências dos excedentes dos países do terceiro mundo para os países centrais.

Ao apresentar o ponto sobre a democracia, a matéria sugere que há, no Brasil, estabilidade política e que a democracia constitui um patrimônio nacional, desconsiderando a plêiade de dados e análises que têm sistematicamente denunciado a criminalização dos movimentos sociais e da pobreza, e as privatizações do patrimônio público (petróleo, mineração, estradas etc.).[3]

A esses ideólogos da burguesia midiática ocorre a alquimia da mutação da democracia política em democracia social. A reificação da democracia como um valor em si, e não como um meio para construir uma sociedade emancipada, evidencia seu poder político e uma intencionalidade, nem sempre explicitada, de controle e difusão das informações que, na maioria das vezes, são fetichizadas.

## 3. Realidade ou quimera?

Do ponto de vista da crítica da economia política, a análise da articulação entre o Direito, a igualdade política e a desigualdade econômico-social (características peculiares do processo de acumulação capitalista), só é possível através da desmistificação tanto do Estado quanto do mercado, uma vez que eles são partes constitutivas das relações sociais capitalistas.[4]

3. Lembro aqui que Biondi, em 1999, já demonstrava o processo de privatização das empresas estatais beneficia o grande capital através de subsídios governamentais. Mostra que ao tomarem empréstimos fora do país para fechar negócios, as empresas multinacionais ou brasileiras contribuíram para o aumento da dívida externa e interna, o aumento desemprego e das tarifas e preços das empresas estatais, antes mesmo de privatizá-las.

4. Para ilustrar, vale registrar a concepção marxista-engelsiana de estrutura e superestrutura. Para eles, os elementos superestruturais como o Estado, o direito e a ideologia desenvolvem-se a partir e simultaneamente com a base — a economia — mantendo, porém, uma autonomia relativa. Esta autonomia é relativa por estar condicionada ao desenvolvimento da base econômica e, por estar imanentemente ligada à superestrutura, apresenta um caráter singular. É precisamente o estudo desta singularidade que permite a Marx e a Engels constatar que, nas formações sociais, tanto o Estado como o direito e a ideologia configuram estruturas com características próprias, que seguem suas próprias leis, porém, em conformidade com a maior ou menor autonomia em relação à base econômica. Vale dizer, as formas superestruturais são resultantes da ação recíproca entre os vetores culturais, ideopolíticos e a base econômica. Assim, tem-se um movimento econômico da sociedade que cria funções comuns das quais não pode prescindir e é no âmbito da divisão

Assim, se entendermos que o Direito, o Estado e o mercado são produtos históricos e, consequentemente, mutantes, nunca eternos, a possibilidade de seu desaparecimento deve estar no nosso horizonte. Tomemos como exemplo os fundamentos jurídicos que estão na base do Estado moderno do século XIX. Vê-se que neles há uma concepção que equaliza a sociedade à natureza e que reduz o homem burguês à sua dimensão individual. Tal concepção forneceu as bases que desistoricisam a dimensão social da economia clássica, naturalizando-a e garantindo a produção e reprodução da sociabilidade burguesa assentada na propriedade privada. O principal efeito desta naturalização do processo histórico foi a ideologização. Conforme notou Rodrigues (2007, p. 38), "a ideologia mais eficaz é sempre a que não se mostra, a que não se expõe, senão enquanto dado naturalizado da realidade. A tudo impregna, mas, numa primeira percepção, em nada se deixa perceber".

Neste sentido, falar sobre ideologia e da sua relação com a mistificação pressupõe considerar a razão como força libertadora que despertou a consciência para a universalidade, a individualidade e a autonomia dos homens. É por esse caminho que Rouanet (1993, p. 14) identificou a estreita faixa de intersecção ideológica que aproxima a razão humana, gestada na *Ilustração*,[5] o liberalismo e o socialismo, que "levaram adiante a cruzada ilustrada pela emancipação humana".

Essa fundamental inflexão no pensamento ocidental baseava-se no grande avanço experimentado pelas ciências e pelo conhecimento em geral, que desencadearam o processo de secularização de grande parte da cultura: a razão se humaniza e, concomitantemente, abalam-se os dogmas religiosos que reinavam soberanos até então. A passagem também poderia chamar-se de Ilustração realizada, como fez crer o ideal de autonomia intelectual do liberalismo, e que, segundo Rouanet (1993, p. 23) era o seu grande paradoxo, pois, "em sua autointerpretação, ele encarnava a autonomia cultural, política e econômica" e, "na

---

social do trabalho, ou seja, é no exercício destas funções que os homens assumem interesses específicos e divergentes entre si, o que abre espaço para o embate político, configurando um conjunto de legalidades que dinamiza a totalidade sociopolítica.

5. A *Ilustração* designa "um momento na história cultural do Ocidente".

medida em que essa autointerpretação era falsa, as próprias ideias da ilustração se convertam em legitimações".

Historicamente, apesar das diferenças entre Estado liberal (século XVIII), Estado social ou Estado providência e, finalmente, o Estado de bem-estar social e Estado democrático de direito (século XX) a referência ao direito da propriedade privada e a liberdade não é uma afirmação genérica de direitos, mas, sim, manifestação de interesses da burguesia[6]. Ao considerar o Estado como representante do "interesse universal", a ideologia burguesa cria uma aparência necessária como essência das coisas.

Os deletérios efeitos da conversão do ideológico em "natural" são visíveis na relação da mídia com a conjuntura política. Observa-se com frequência que a estratégia utilizada para a difusão dos interesses de grandes grupos econômicos, fornecendo informações úteis sobre fatos, ignora os fundamentos da crítica da economia política.

No jornal (*on-line*), da família Mesquita por exemplo, a matéria intitulada "Classe média dribla crise e já é maioria", de setembro de 2010, com base nos dados que integram a pesquisa desenvolvida pela Fundação Getúlio Vargas (FGV), "A nova classe média: o lado brilhante dos pobres", informa que "foi elevado para 94,9 milhões o número de brasileiros que compõem essa camada da população"; sugere que houve mobilidade social — ascensão na estrutura de classes — de 3,1 milhões de pessoas que passaram a integrar a classe C. Esclarece que ela é assim considerada, de "acordo com o padrão brasileiro, e não com o americano ou europeu", como aquela que dispõe de renda domiciliar total entre R$ 1.126,00 e R$ 4.854,00.

## 4. Entre direitos individuais e coletivos

A proteção dos direitos individuais do trabalhador está, historicamente, associada à necessidade de afirmação dos direitos mesmo pelo

6. Sobre esta característica do direito de propriedade privada, ver também Rodrigues (2007, p. 73).

Estado e estão expressos na Constituição Federal, através do conjunto dos direitos fundamentais concernentes à vida, à igualdade, à liberdade, à segurança e à propriedade.

Portanto, os direitos individuais estão bem claros em nossa Constituição, não sendo neles que reside o nosso principal problema. Afinal, os direitos individuais são associáveis a um caráter liberal, individualista,[7] e formam, historicamente, o conjunto mais antigo de direitos fundamentais. O problema reside na dimensão coletiva do trabalho, mais precisamente, no direito sindical.

Neste contexto de profundas transformações, alcança visibilidade a crise contemporânea do capitalismo. Ela descortinou, mais uma vez, a insolúvel contradição entre o desenvolvimento das forças produtivas e as relações de produção, além da superacumulação de capitais, financeirização da riqueza e do *frenesi* especulativo que o sistema acumulou a partir dos anos 1980. Isto obrigou o grande capital a requisitar estratégias de desenvolvimento e retomada do crescimento, particularmente nos países periféricos da América Latina.

Entre as medidas capitalistas adotadas no Brasil, destacam-se a abertura externa e a desregulamentação dos mercados dos anos 1990 e 2000, sob os governos de Fernando Collor de Melo, Fernando Henrique Cardoso e de Luiz Inácio Lula da Silva. Medidas estas que estão no escopo das reformas econômica e jurídico-política dos Estados nacionais que, a partir do ideário liberista, para o qual o Estado somente deve intervir em áreas que não sejam de interesse do mercado. Ademais, a liberdade econômica é o pressuposto da liberdade civil e da liberdade política (Merquior, 1991, p. 191), resultando em estratégias e alternativas de protecionismo dos países ricos e em liberalização do comércio dos países pobres. Daí suas consequências negativas: privatizações e desregulamentações, endividamento, livre entrada e saída de capitais especulativos e crises sucessivas dos países pobres, os chamados emergentes. Além disso, operaram-se reformas que derruíram as bases

7. É preciso registrar a influência da filosofia jurídica do século XIX em grande parte dos analistas do sistema jurídico que defendem os princípios de liberdade individual, liberdade de imprensa e liberdade de contrato: bases fundamentais do pensamento racional e do individualismo.

sobre as quais se assentavam o Estado de bem-estar que, até os anos 1970, convivia com altas taxas de crescimento, com o pleno emprego e com o aumento de consumo. Desencadeou-se, a partir de então, o desmonte das políticas sociais outrora apresentadas como solução às mazelas da ordem burguesa. Atribuía-se ao mercado a resolução de suas contradições por meio de modificações gerenciais das políticas públicas visando a implementação de medidas que priorizassem a focalização do gasto, os fundos sociais de emergência, os programas compensatórios (para os grupos mais pobres) em detrimento das reformas universalizadoras.

Trata-se de um processo no qual a quebra das barreiras tem provocado um alto nível de desnacionalização das economias periféricas, com o consequente enfraquecimento dos Estados no que concerne à gestão de suas próprias economias. Sem tecnologia que possa competir à altura com os grandes grupos transnacionais, empresas locais são adquiridas e fechadas ou simplesmente sucateadas pelo grande capital internacional. A precarização das relações de trabalho gerada por esse processo leva à informalidade, ao desemprego, ao empobrecimento e ao aumento da criminalidade.

Por sua vez, a crescente assimetria no poder econômico das nações, no atual estágio de mundialização do sistema capitalista, reflete-se nos acordos acertados, com claras desvantagens para aqueles que não integram o chamado mundo desenvolvido.

Seu desmonte tem sido o grande propulsor do avanço das forças produtivas, então refém das "amarras" da legislação de proteção social. A liberalização do mercado seria a "modernização" tão apregoada pelo capital. Leia-se modernização como a quebra de direitos daqueles que criam a riqueza: os trabalhadores.

Considerando o movimento de desmonte desse modelo de Estado, os direitos sociais constituem um campo fundamental de disputa política. O nosso principal problema, como colocamos anteriormente, reside na dimensão coletiva do trabalho, mais precisamente no direito sindical, uma vez que a organização política dos trabalhadores é fundamental para delimitar efetividade e eficácia dos direitos trabalhistas, por exemplo. Mais especificamente, essa questão comparece e de maneira evidente, na atualidade, nos acordos coletivos, os quais vêm flexibilizando direitos trabalhistas, conforme veremos no próximo item.

## 5. Direitos trabalhistas e organização sindical

As metamorfoses operadas no processo da divisão social e técnica do trabalho deram suporte à constituição de uma agenda política — orientada pelos organismos internacionais — que rompe com os padrões de cidadania e proteção social. Essa imensa perda de direitos dos trabalhadores vem ocorrendo em escala mundial, desde meados da década de 1970.

Importantes estudos sobre a situação do trabalho na atualidade — tanto no âmbito da reestruturação produtiva (Amaral, 2005; Tavares, 2004) e outros, quanto no âmbito da seguridade social (Behring, 2003; Boschetti, 2004; Mota, 1995), possibilitaram o amadurecimento e qualificação deste tema no Serviço Social, fazendo despontar a necessidade da discussão sobre os direitos trabalhistas para além da relação entre seguridade e trabalho. Eles avançaram para o debate que envolve a questão das políticas de geração de emprego e renda, a relação entre trabalho e tributação e sobre os direitos trabalhistas da CLT.

Destaque-se que a flexibilização não prescinde da intervenção estatal, "ainda que básica com normas gerais abaixo das quais não se pode conceber a vida do trabalhador com dignidade" (Süssekind, 2003, p. 52, apud Marques, 2008, p. 21). Para isso, ela impõe ao trabalhador, inserido no mercado formal, *acordos* que desrespeitam direitos trabalhistas, evidenciando a intensificação da exploração da força de trabalho.

Estudos mostram que

> trabalhadores desempregados e os terceirizados encontram-se isolados, não possuem ou perdem sua identidade de classe, não tendo direito de

> reivindicar melhores salários e condições de trabalho, enfraquecendo a organização sindical. (Marconsin, 2009, p. 78)

Porém, para os ideólogos da burguesia, esse enfraquecimento é resultado da não centralidade do trabalho. Para eles, as representações sindicais estão ultrapassadas, são corporativas, danosas à "modernização" e ao "desenvolvimento" (Marconsin, 2009, p. 82).

Com efeito, a flexibilização e a desregulamentação favorecem ainda mais a fragilidade dos trabalhadores, forçando-os a uma condição de maior vulnerabilidade, que contribui para o desmantelamento do Estado Democrático de Direito. A fragilidade das organizações políticas dos trabalhadores, as propostas de redução dos seus ganhos e de direitos apresentadas no âmbito das negociações coletivas, ao beneficiarem as grandes empresas, fortalecem o poder hegemônico do capital.

Constata-se que a justificativa neoliberal passa pela questão da competitividade exigida das empresas hoje, o que demanda o investimento nas novas tecnologias da informação (NTI) e, consequentemente, um enxugamento de seus quadros. Para tal, avançou-se contra direitos historicamente conquistados: as relações de trabalho se dão entre partes desiguais. Como já dissemos, a legislação trabalhista vem sendo paulatinamente substituída pelo direito comercial ou civil, com a individualização da relação empregador e empregado, eliminando acordos coletivos que vigiam anteriormente.

Dados apresentados por Marconsin (2009, p. 321) evidenciam que o objetivo das diretrizes neoliberais não é "flexibilizar apenas a legislação trabalhista, mas, também, a ação dos órgãos responsáveis pela regulação dos direitos".

Esse objetivo, na contemporaneidade, está presente no poder legislativo e judiciário, em total consonância com os interesses do capital, expressos claramente nos textos do Banco Mundial (BM) e Confederação Nacional da Indústria (CNI) (Marconsin, 2009, p. 230).

Paralelamente a essa perda da força negociadora, o trabalhador, agora em sua individualidade, é bombardeado com exigências tais como o aumento da produtividade, o que leva ao aumento da jornada de trabalho para o cumprimento de metas, competitividade entre os próprios trabalhadores, periódicas avaliações de desempenho. A extração da mais-valia relativa, maximizada pelos constantes avanços da tecnologia, é combinada com a mais-valia absoluta, advinda do aumento da jornada de trabalho.

Por outro lado, o trabalhador se torna responsável por sua atualização profissional, já que as empresas praticamente deixaram de investir em treinamento de seus funcionários. Ao mesmo tempo, a mistificação ideológica tenta mascarar o conflito entre capital e trabalho: os outrora empregados são hoje "colaboradores" que precisam militar pelas *causas* da empresa. Falta de adesão a isso significa demissão.

A organização sindical dos trabalhadores se debilita, pois os sindicatos deixam de ser porta-vozes das reivindicações para se tornarem meramente figuras decorativas. Isto possibilita o aparecimento de *lideranças* que têm por prioridade a colaboração de classes. A ideia é que os sindicatos exerçam um papel de parceria com o capital, descartando a combatividade, dando lugar à conformação (Tumolo, 2002).

A criação em 2003, pelo governo Lula, do Fórum Nacional do Trabalho (FNT), composto de forma tripartite e paritária, conforme orientação e procedimentos adotados pela Organização Internacional do Trabalho (OIT), reunindo todos os segmentos organizados do mundo do trabalho, por intermédio de suas entidades representativas nacionais, é um exemplo do processo. Nele, discutiram-se e elaboraram-se as propostas de mudanças para a organização sindical. Sobre a questão, Almeida (2006, p. 2), corretamente aponta: os neoliberais, ao mesmo tempo em que defendem o "afastamento completo do Estado das relações individuais de trabalho", buscam coibir os sindicatos combativos, promovendo interferência ativa do mesmo "Estado nas relações coletivas de trabalho".

Outro significativo vetor para a atual situação dos direitos trabalhistas foi o desmonte do que se chamou de "socialismo real". Se, por um lado, a Revolução Russa de (1917) trouxe consideráveis avanços para os trabalhadores de toda a União Soviética em (1922), além de servir como padrão de reivindicações dos trabalhadores de todo o mundo, sua derrocada serviu, por outro lado, de enfraquecimento dessas forças. Sobre isto, no artigo "A época neoliberal", Coutinho mostra que:

> com o colapso do "socialismo real" diminuiu em muito a força de atração das ideias socialistas, que uma habilidosa propaganda ideológica identificou com o modelo "estatolátrico" vigente nos países da Europa do Leste. A luta de classes, que certamente continua a existir, não se trava mais em nome da conquista de novos direitos, mas da defesa daqueles já conquistados no passado. (Coutinho, 2007, p. 8)

## 6. Para ir além da falsa consciência

Este quadro da realidade põe para os assistentes sociais desafios no sentido de avançar na direção da garantia do trabalho com direitos. Vejamos alguns:

a) transpor a aparência que oculta o processo de flexibilização dos direitos dos trabalhadores no sentido de superar as formas jurídico-políticas (compostas por regras, doutrinas, leis, normas, costumes etc.) que fundamentam o direito burguês e estão centradas nas trocas econômicas;

b) desvendar o sentido jurídico do direito nas relações sociais burguesas. Precisamos buscar o sentido das instituições jurídicas vigentes e das ideologias jurídicas correntes. Afinal, para promover e universalizar o Estado de direito, na ordem burguesa, supõe-se a compreensão do Direito como uma estrutura ideológica que articula a igualdade política com a desigualdade econômico-social. Melhor dizendo, não devemos desvincular essas relações de produção da economia da base material da vida. Portanto, compreender a base material da vida exige compreender como as categorias jurídicas nos impedem de desvendar o seu fundamento socioeconômico (Santos, 2010b).

Tais desafios impõe a necessidade de desvendar a relação entre economia e política e explicar o processo pelo qual ocorre o ocultamento das relações sociais capitalistas. Nestes termos, Ronaldo Coutinho, prefaciando a publicação de Forti e Guerra (2009, p. vii), destacou que as "categorias jurídicas impedem que as determinações do capital sejam visíveis". Para desvendá-la, faz-se necessário, compreender o seu fundamento socioeconômico, buscar o sentido das instituições jurídicas vigentes e das ideologias jurídicas correntes. Portanto, supõe-se uma compreensão do Direito como uma "arquitetura *ideológica* que, no marco da sociedade burguesa, articula — tanto coercitiva quanto coesivamente — a igualdade política com a desigualdade econômico-social inscrita na existência das classes" (Netto e Coutinho, 2006, p. 576).

Sabe-se que tais questões não se reduzem a produção material da vida — a materialidade — à economia, essência do pensamento burguês. Ao contrário, defendemos que a materialidade do trabalho não está hipotecada ao produto resultante do processo de trabalho, mas sim, à totalidade da vida social. Portanto, ela abrange o "conjunto das determinações econômicas, políticas e culturais, por onde se estruturam as formas ideológicas e o conteúdo 'espiritual' de um tempo histórico" (Behring e Santos, 2009, p. 276). Assim, a objetividade do desenvolvimento das forças produtivas — o desenvolvimento socialmente objetivo — não pode ser reduzida ao empírico, ao material. Trata-se da relação dialética entre objetividade e subjetividade, ou seja, a práxis da vida social, que por sua vez, supõe uma perspectiva de totalidade.

O papel do direito do trabalho, nessa representação do complexo de complexos que é a totalidade social é, portanto, importante. Sua efetividade é indício seguro do grau de racionalização do direito, e da própria sociedade, no sentido definido quando tratamos da razão: universalização realizadora da liberdade e dignidade humanas.

## 7. A ofensiva contra trabalho e a luta por direitos

A ideologia burguesa considera que o direto e a política são os parâmetros básicos da sociedade que norteariam as relações entre indivíduos e classes. Entendemos, todavia, que o trabalho como o ato fundamental pelo qual o homem se põe como ser social. Essa sociabilidade nada tem a ver com a noção de contrato social da sociedade burguesa que mascara a dominação de classe, tanto econômica como ideológica, ao ignorar os embates entre classes sociais.

No Direito burguês, o tratamento igual entre desiguais, ou seja, entre aqueles que produzem a riqueza e aqueles que se apoderam dela, mistifica a estrutura de classes e os papéis que cada parte executa: torna-os equivalentes e, ao assim fazê-lo, cria o arcabouço ideológico que justifica as relações de produção capitalista. Portanto, não há exploração, não há a extração de mais-valia. Esse arcabouço ideológico engendra consequências sociopolíticas. Ora, se todos os agentes societários são iguais pode-se, através de um corpo de leis e regulamentos, parametrar e disciplinar os conflitos sociais. As relações econômicas e de classe se naturalizam, se desistoricizam.

Essa questão fica muito clara quando se observa a estrutura da propriedade da terra. Há milhares de trabalhadores que precisam da terra para fazê-la produzir e para sustentar suas famílias enquanto imensos latifúndios se mantêm intactos. Ora, a terra deveria atender às necessidades sociais de toda a população, provendo o sustento de milhares de cidadãos e produzindo alimentos para todos. Portanto, essa estrutura de propriedade rural arcaica impede o avanço social.

Por outro lado, conforme já assinalamos, a produtividade do trabalho tem aumentado desde meados da década de 1970, ampliando a lucratividade do capital. Mas não há um repasse de ganhos para a classe trabalhadora que teve como contrapartida o desemprego e a flexibilização dos direitos trabalhistas, precarizando as relações de trabalho.

No Brasil, há anos os trabalhadores vêm reivindicando a jornada de trabalho de 40 horas semanais que trará uma diminuição no desemprego e nas incidências de doenças e acidentes de trabalho e mais tempo para outras atividades como estudos, convívio familiar e lazer.

Os proprietários dos meios de produção estão, obviamente, utilizando todo seu aparato político-ideológico para tentar barrar uma lei neste sentido, embora os dados apresentados pelo Instituto de Pesquisa Econômica e Aplicada (Ipea) mostrem o pequeno impacto (1,99%) nos custos da produção se houver a redução da jornada de 44 para 40 horas semanais.

Vale ressaltar que as lutas dos trabalhadores organizados continuam e, embora não avancem substancialmente, vêm obtendo importantes conquistas. Em "Oito anos de conquistas e vitórias: o movimento sindical tem 27 razões para comemorar seus esforços e existência", Verlaine (2009) mostra *as principais conquistas dos trabalhadores a partir do período de 2003.*

Mesmo com a desmobilização, o medo do desemprego e o transformismo — que modificou o posicionamento ideopolítico de vários setores da esquerda, de partidos e do movimento sindical — a greve continua no centro das ações dos trabalhadores, aumentando de intensidade, neste momento, em vários países.

Paralelamente, na Europa, ocorrem greves, manifestações e protestos na Grécia, Itália, França e, recentemente, Espanha; contrárias às medidas de austeridade adotadas após a crise da dívida. Somaram-se a estas manifestações de trabalhadores de Portugal, Letônia, Lituânia, Polônia, República Checa, Romênia, Sérvia e Chipre. Afinal, desde os últimos acontecimentos que envolveram a crise na Grécia, os limites dos objetivos do Tratado da União Europeia[8] revelaram

8. Em linhas gerais, seus objetivos visam: divulgação das perspectivas do processo da integração europeia; promover a unidade da Europa; melhorar as condições de vida e trabalho; fomentar o desenvolvimento econômico, o comércio equilibrado e a livre concorrência; reduzir as desigualdades econômicas entre regiões; ajudar países em vias de desenvolvimento; garantir a paz e a liberdade e a livre circulação de pessoas, mercadorias, serviços e capitais.

"a insustentabilidade de toda a arquitetura comunitária elaborada em Maastricht, formalizada no pacto de estabilidade assinado em Dublin, em dezembro de 1996 e institucionalizada na formação da zona euro" (Halevi, 2010, p. 1). Diante deste contexto, a Revista Periferia, através do Editorial em 14 de junho de 2010 indica a possibilidade de retomada tanto teórica quanto prática do socialismo. Segundo essa reportagem, se por um lado, os capitalistas usam a crise como chantagem para os trabalhadores, por outro, ela abre oportunidades para o fortalecimento de uma campanha anticapitalista. Assim, ao analisar as implicações da crise para a ordem social contemporânea e para as políticas em curso, o editorial identifica:

> A resposta da União Europeia à crise no seu território é eloquente. Dados os problemas evidenciados na Grécia, com o FMI, organizaram um resgate de 110.000 milhões de dólares para o Estado grego cancelar as suas obrigações com bancos europeus, principalmente franceses e alemães. Novamente o resgate de bancos com fundos públicos. Perante o fracasso da medida arranjaram um pacote de ajuda aos países em dificuldade de 750.000 milhões de euros, para eventuais processos críticos de seus países membros. A exposição da dívida dos bancos alemães e franceses para os países europeus é enorme. O Estado capitalista vai ao resgate dos bancos e das empresas com problemas, em troca de um reajuste geral nos rendimentos dos trabalhadores, nos gastos sociais públicos e os limites impostos pela política monetária a todos os países da zona do euro. (La Crise..., 2010, p. 1; tradução nossa)

Com efeito, as medidas de natureza fiscal e monetária — injeção de liquidez e de capital nos sistemas financeiros por parte das autoridades econômicas dos Estados Unidos e países da zona do Euro e do Japão e a redução sincronizada da taxa básica de juros dos principais bancos centrais mundiais — para se evitar uma recessão econômica aguda põem em relevo a necessidade de buscar saídas para a crise contemporânea. Na apreciação keynesiana, estas medidas remetem a repensar "o próprio papel do Estado na economia quanto à necessidade de re-regulamentar os sistemas financeiros domésticos e reestruturar o sistema financeiro mundial (SFM)" (Ferrari Filho e Paula, 2009, p. 7).

Ao funcionar, o capitalismo produz maior pauperização da população mundial: é expressivo que, em 2010, nos Estados Unidos, o desemprego tenha saltado de 6% para 9,6% e na Espanha atingiu 20%, correspondendo a mais de 4 milhões de pessoas.

Toussaint (2010, p. 60) denuncia duramente o Banco Mundial por manter a defesa da política de eliminação da proteção social dos trabalhadores. Responsabiliza-o por fomentar medidas antissociais para "reduzir os pagamentos de indenizações e reduzir e eliminar as obrigações relativas à notificação de dispensa" que estão sendo implementadas neste ano por toda a Europa. São medidas que fomentam uma nova ofensiva do capital contra o trabalho introduzindo reformas para melhorar os negócios da burguesia financeira que fortalecem os direitos dos investidores e da propriedade privada em detrimento dos direitos sociais.

Dados da Organização Internacional do Trabalho (OIT), divulgados em janeiro de 2010, revelavam que uma das consequências desta crise foi o número de trabalhadores desempregados em 2009: 212 milhões, conforme publicou o jornal *O Globo* (*on-line*) a matéria: "Impacto da crise: OIT revela que número de desempregados no mundo foi recorde em 2009: 212 milhões", de janeiro de 2010. Comparados aos 185 milhões de 2008, constata-se que houve um crescimento de 34 milhões de desempregados. No que diz respeito à precarização das formas de trabalho, os dados revelam a grandeza e expansão dos negócios capitalistas no âmbito das políticas sociais, uma vez que as formas de precarização atingiram 1,5 bilhão de pessoas, 50,6% da população trabalhadora mundial. Do auge da crise de 2008, os dados indicam que a precarização aumentou em 110 milhões em 2009; apontam também para o 1,4 bilhão de trabalhadores que sobrevivem com menos de dois dólares por dia. Os países desenvolvidos do mundo somados, juntamente com os países que compõem a União Europeia, também se destacam com a taxa de desemprego que saltou de 6% em 2007 para 8,4% em 2009, totalizando 13,7 milhões de desempregados em dois anos.

## 8. Contra o Acordo Multilateral de Investimentos, a favor do Banco do Sul

A recolonização do mundo — Leher (2005) e Braga (2003) — implícita nos tratados internacionais, particularmente, no Acordo Multilateral de Investimentos (AMI), denominado de "O Novo Manifesto do Capitalismo Mundial", foi considerado por Renato Ruggiero, diretor-geral da OCDE, como sendo "a Constituição de uma economia mundial unificada". Lori M. Wallach, diretor do *Public Citizens Global Watch*, em fevereiro de 1998, revela que o AMI "trata do imprescritível direito do mais forte — no caso as sociedades transnacionais — e das obrigações severas impostas aos pobres". Construído sigilosamente no período de 1995 a 1997, pela OCDE, o acordo ainda está na agenda da burguesia internacional com a finalidade de transformar o exercício do poder em todo o mundo.

Ao estabelecer as diretrizes das multinacionais, o AMI enfatiza a mudança de função do Estado que deverá "aceitar, incondicionalmente, que os litígios sejam submetidos à arbitragem internacional". Com isso, pretende-se dotar as empresas e os investidores privados dos mesmos direitos e estatutos que os governos nacionais para aplicar as suas disposições, como, por exemplo, processar o governo nos tribunais de sua escolha. Trata-se, pois, de garantir direitos para as empresas e para os investimentos internacionais, cabendo aos governos assumir todas as obrigações.

Evidentemente, ao longo dos anos 1990 e 2000, houve um aprofundamento da liberalização financeira e comercial que exigiu negociações em favor das corporações multinacionais, especialmente da União Europeia. A liberalização possibilitou aos países desenvolvidos colocar no mercado latino-americano sua produção; garantiu subsídios à sua produção local e às exportações; controlou a entrada de mercadorias do resto do mundo. Em outras palavras: propõem uma abertura assimétrica preservando alta proteção aos seus interesses.

Apesar de fracassado, o debate sobre o acordo do livre comércio entre os Estados Unidos e a América Latina e no Caribe, a VI Cúpula

América Latina, Caribe e União Europeia, realizada em maio de 2010, na cidade de Madri, propicia sua reabertura no âmbito da Europa e do Mercosul. Sobre a importância da reabertura de negociações, afirma Gambina:

> O suposto atual da reabertura de negociações se justifica na orientação governamental crítica às políticas hegemônicas nos últimos anos frente a ambos os processos de integração. Por um lado, a presidência temporária de José Luis Rodríguez Zapatero, socialista espanhol, e de outro, Cristina Fernández, com um forte discurso contra o neoliberalismo e as políticas hegemônicas na década passada. (Gambina, 2010, p. 1; tradução nossa)

Nestas circunstâncias de ampliação do mercado mundial, de avanço da perspectiva conservadora do neoliberalismo sobre as propostas democráticas, os setores organizados (intelectuais e trabalhadores) em defesa do socialismo vêm articulando novas estratégias. Por exemplo: as alianças entre os países em desenvolvimento da América Latina. Tal aliança visa uma integração entre os países membros da União de Nações Sul-Americanas (Unasul) do qual o Brasil tornou-se signatário no dia 23 de maio de 2008, durante a III Cúpula de Chefas e Chefes de Estado e de governo. Essa aliança parece-nos uma tendência que poderá ser priorizada pelos governos latino-americanos. Concebido por Simon Bolívar, o Banco do Sul teria a função de acumular recursos, seja para enfrentar as eventuais crises financeiras quanto para garantir o desenvolvimento. De acordo com Mello (2010), trata-se de uma programática assentada numa lógica que privilegia projetos de infraestrutura visando a integração produtiva entre os países membros através de empreendimentos conjuntos que partilhem capitais, tecnologias e mão de obra (Mello, 2010, p. 2).

Em julho de 2011, a Unasul reafirmou seu compromisso com o desenvolvimento e a sustentabilidade, visando a consolidação da integração latino-americana para combater a desigualdade social. Defensor da construção de uma estratégia comum e capaz de superar o caráter de fórum político, Gambina acredita que a Unasul propiciará discutir "os limites da ordem capitalista nos países latino-americanos, base imprescindível para pensar uma integração alternativa" (2011).

Quanto às conquistas dos trabalhadores brasileiros apontadas anteriormente, elas mostram que, há ações diversas organizadas pelos setores combativos ligados à Coordenação Nacional de Lutas (Conlutas) e ao movimento Instrumento de Luta e Organização da Classe Trabalhadora (Intersindical), juntamente com o Movimento dos Trabalhadores Sem Teto (MTST), setores do MST e vários partidos de esquerda.

As contradições aqui explicitadas favorecem o crescimento da violação dos direitos humanos, da discriminação racial, da homofobia, da xenofobia e da intolerância, particularmente em relação aos imigrantes trabalhadores, que justificam a dominação dos povos latino-americanos e caribenhos.

Assim, do ponto de vista do Serviço Social, para romper as amarras e garantir trabalho com direitos, há a necessidade de se reafirmar o projeto profissional que sintetiza ganhos teórico-metodológicos e ético-políticos, inaugurados no final dos anos 1970.

Para isso, é mais do que urgente um firme posicionamento na direção de radicalizar a perspectiva crítica de análise dos processos sociais, negando o imediatismo que nos é demandado e as práticas reiterativas que deslocam a problematização das demandas para o campo do tecnicismo, do fragmento e da burocratização das atividades que empobrecem nossas práticas e nossas visões de mundo.

O desafio está em não nos enganarmos a respeito da função social que as categorias jurídicas desempenham neste quadro e pela sua arquitetura ideológica de desenvolvimento da igualdade política e da desigualdade social. Razão pela qual reafirma-se o Projeto Ético-Político como um projeto profissional que parte da crítica das categorias econômicas com o fim de entender o seu rebatimento no cotidiano, momento em que o assistente social se posiciona e responde, consciente ou não, às diferentes manifestações da barbárie.

# Referências bibliográficas

ALMEIDA, D. C. *A fundamentalidade dos direitos sociais*. Disponível em: <http://jus2.uol.com.br/doutrina/texto.asp?id=8613>. Acesso em: 2 maio 2010.

ALMEIDA, J. M. *A reforma trabalhista e sindical em preparação pelo governo federal*: mais ataques aos direitos dos trabalhadores [mensagem pessoal]. Mensagem recebida por <cleusa@ess.ufrj.br> em out. 2006.

AMARAL, A. S. *Qualificação dos trabalhadores e estratégia de hegemonia: o embate de projetos classistas*. Tese (Doutorado em Serviço Social) — Universidade Federal do Rio de Janeiro. Programa de Pós-Graduação em Serviço Social. Rio de Janeiro, 2005. 325f.

______. *Os impactos da atual política de educação na área de Serviço Social*: questões e desafios aos cursos de pós-graduação e de graduação. Palestra proferida no Seminário Regional de Pós-Graduação e Oficina Regional de Graduação da Associação Brasileira de Ensino e Pesquisa em Serviço Social (Abepss), Natal, 2008.

BANCO MUNDIAL. *Promover el desarrollo social*: contribución del Banco Mundial a la Cumbre social. Washington D. C., 1995.

BERHING, E. *O Brasil em contra-reforma*: desestruturação do estado e perda dos direitos. São Paulo: Cortez, 2003.

BERHING, E.; SANTOS, S. M. M. Questão social e direitos. In: CONSELHO FEDERAL DE SERVIÇO SOCIAL; ASSOCIAÇÃO BRASILEIRA DE ENSINO E PESQUISA EM SERVIÇO SOCIAL. *Serviço Social*: direitos sociais e competências profissionais. Brasília: CFESS/Abepss, 2009. p. 267-283.

BIONDI, Aloysio. *O Brasil privatizado*: um balanço do desmonte do Estado. São Paulo: Editora Fundação Perseu Abramo, 1999.

______. *O Brasil privatizado II*: o assalto das privatizações São Paulo: Fundação Perseu Abramo, 2003.

BOSCHETTI, I. Seguridade social e projeto ético-político do Serviço Social: que direitos para qual cidadania? *Serviço Social & Sociedade*, São Paulo, ano 25, n. 79, p. 108-132, 2004. (Especial: Serviço Social formação e projeto político.)

BRAGA, R. *Globalização ou neocolonialismo?* O FMI e a armadilha do ajuste. Disponível em: <http://www.resistir.info/links/links_autor_ate_31dez03.html#R>. Acesso em: 15 out. 2003.

COUTINHO, C. N. *A época neoliberal*, 2007. Disponível em: <www.acessa.com/gramsci/?page=visualizar&id>. Acesso em: 11 out. 2008.

FERRARI FILHO, F.; PAULA, L. F. A crise das finanças desregulamentadas: o que fazer? *Revista de Economia Política*, São Paulo, v. 29, n. 1, jan./mar. 2009. Disponível em: <http://www.scielo.br/scielo.php?lng=en>. Acesso em: 19 jul. 2010.

FOLHA DE S.PAULO — Dinheiro. La Crise econômica gerou 9 milhões a mais de pobres na América Latina, 23 fev. 2010. Disponível em: <http://www1.folha.uol.com.br/folha/dinheiro/ult91u697576.shtml>. Acesso em: 23 fev. 2010.

FORTI, V. L.; GUERRA, Y. (Org.). *Ética e direitos*: ensaios críticos. 2. ed. Rio de Janeiro: Lumen Juris, 2009. v. 1, p. vii.

GAMBINA, J. *¿ALCA con la Unión Europea?*, 2010. Disponível em: <http://colombiadesdeafuera.wordpress.com/2010/05/17/%C2%BFalca-con-la-union-europea-por-julio-gambina/>. Acesso em: 15 out. 2010.

______. *Integração sul-americana*: um modelo em discussão. Disponível em: http://www.cartamaior.com.br/templates/materiaImprimir.cfm?materia_id=17946. Acesso em: 28 set. 2011.

GUANDIALINI, G.; SVERBERI, B.; BORSATO, C. O Brasil e a crise mundial: dez razões para o otimismo. Revista *Veja*, São Paulo, edição 2102, ano 42, n. 9, p. 82, mar. 2009. Disponível em: <http://veja.abril.com.br/040309/p_082.shtml>. Acesso em: 10 jun. 2010.

GUERRA, Y. A. D. Direitos sociais e sociedade de classes: o discurso do direito a ter direitos. In: GUERRA, Y.; FORTI, V. L. (Orgs.). *Ética e direitos*: ensaios críticos. Rio de Janeiro: Lumen Juris, 2009. v. 1, p. 5-158.

HALEVI. J. *Grécia, à beira do abismo, refém da Alemanha*. Disponível em: <http://www.esquerda.net/content/view/15122/26>. Acesso em: 24 fev. 2010.

LEHER, R. *Feições da mercantilização da educação e neocolonialismo*. Rio de Janeiro. Disponível em: <http://www.lpp-uerj.net/outrobrasil>. Acesso em: 12 dez. 2005.

MARCONSIN, C. *Cerco aos direitos trabalhistas e crise do movimento sindical no Brasil contemporâneo*. Tese (Doutorado em Serviço Social) — Universidade Federal do Rio de Janeiro. Programa de Pós-Graduação da Capes. Rio de Janeiro, 2009. p. 276.

MARQUES, A. M. A. Notações sobre o princípio protetor no direito do trabalho na contemporaneidade e a precarização do labor humano. *Revista Jurídica*, Brasília, v. 10, n. 91, p. 1-31, jun./set. 2008. Disponível em: <www.planalto.gov.br/revistajuridica>. Acesso em: 10 abr. 2010.

MELLO, R. E. S. *A iniciativa do Banco do Sul*. Disponível em: <http://www.equit.org.br/docs/artigos/bancodosul.pdf.>. Acesso em: 10 out. 2010.

MERQUIOR, J. G. *O liberalismo antigo e moderno*. Rio de Janeiro: Nova Fronteira, 1991.

MOTA, A. E. *Cultura da crise e seguridade social*: um estudo sobre as tendências da previdência e da assistência social brasileira nos anos 80 e 90. São Paulo: Cortez, 1995.

NETTO, J. P; COUTINHO, R. *Dicionário de filosofia do direito*. Rio de Janeiro: Renovar, 2006.

______. *Capitalismo monopolista e serviço social*. São Paulo: Cortez, 1992.

______. *Abertura da XIX Conferência Mundial da Federação Internacional dos Trabalhadores Sociais*, 2008, Salvador. Disponível em: <http://www.cfess.org.br/pdf/jose_paulo_netto.pdf>. Acesso em: 15 jan. 2009.

ORGANIZACIÓN MUNDIAL DEL COMERCIO (OMC). *Informe sobre el comercio mundial 2008*: El comercio en un mundo en proceso de globalización. Genebra: OMC, 2008.

RODRIGUES, N. *Magistratura e neoliberalismo*: os juízes do trabalho e a ideologia da destruição. Dissertação (Mestrado em Ciências Jurídicas e Sociais) — Universidade Federal Fluminense. Programa de Pós-Graduação em Sociologia e Direito, Niterói, 2007. 181f.

ROUANET, S. P. *Mal-estar na modernidade*. São Paulo: Companhia das Letras, 1993.

SANTOS, C.; MARCONSIN, C. A acumulação capitalista e os direitos do trabalho: contradição histórica que preside a seguridade social. In: BERHING,

E.; ALMEIDA, M. H. T. (Org.). *Trabalho e seguridade social:* percursos e dilemas. São Paulo: Cortez, 2008.

SANTOS, C. et al. *PAC*: uma orientação neoliberal para as políticas sociais: gestão dos direitos ou dos negócios do social? *Ser Social*, Brasília, v. 1, n. 2, p. 116-146, jan./jun. 2010a.

SANTOS, C. et al. *Romper as amarras e avançar na direção da garantia do trabalho com direitos.* Conferência proferida na mesa de abertura do I Encontro Capixaba de Assistentes Sociais, Vitória: CRSS, 17ª Região, 2010b.

TAVARES, M. A. Acordo de investimentos, privatização e cidadania. *Folha de S.Paulo*, 1° mar. 1998. Disponível em: <http://www.folha.uol.com.br>. Acesso em: 12 jul. 2008.

TOUSSAINT, E. Una mirada al retrovisor: el neoliberalismo desde sus orígenes hasta la actualidad. *Periferias*, revista de Ciencias Sociales, Buenos Aires, ano 14, n. 19, 1° sem. 2010. Disponível em: <http://www.fisyp.org.ar>. Acesso em: 10 jul. 2010.

TUMOLO, P. S. *Da contestação à conformação*: a formação sindical da CUT e a reestruturação produtiva. Campinas: Ed. da Unicamp, 2002.

VALENTE, J. Crise econômica atinge finanças e credibilidade da grande mídia. *Observatório do Direito a Comunicação*, 27 jan. 2009. Disponível em: <http://www.direitoacomunicacao.org.br/content.php?option=com_content&task=view&id=4626>. Acesso em: 20 set. 2010.

VERLAINE, M. *27 razões para os trabalhadores aprovarem o governo Lula*. 2010. Disponível em: <www.diap.org.br>. Acesso em: 10 maio 2010.

# PARTE II

# O NOVO DESENVOLVIMENTISMO E AS POLÍTICAS SOCIAIS NA AMÉRICA LATINA*

*Ana Elizabete Mota***
*Ângela Santana do Amaral****
*Juliane Feix Peruzzo*****

## 1. A conjuntura latino-americana

A partir do final da década de 1980, o movimento das esquerdas latino-americanas orienta-se no sentido da superação das ditaduras militares e da resistência ao neoliberalismo. Tal movimento culminou com eleições parlamentares que levaram ao poder governos de esquerda e centro-esquerda em países da região andina e cone-sul, como são exemplares a situação do Brasil, Argentina, Uruguai, Bolívia, Equador e Venezuela.[1]

---

* Texto revisto, atualizado e ampliado após integrar a coletânea As Ideologias da Contrarreforma e o Serviço Social, publicada em 2010 e não reeditada.

** Professora titular do Departamento de Serviço Social da Universidade Federal de Pernambuco/Brasil.

*** Professora adjunta do Departamento de Serviço Social da Universidade Federal de Pernambuco/Brasil.

**** Professora adjunta do Departamento de Serviço Social da Universidade Federal de Pernambuco/Brasil.

1. Vale lembrar que as sucessivas eleições de Hugo Chávez Frias, na Venezuela, desde 1998, a vitória no Brasil de dois governos de Luis Inácio Lula da Silva, o governo de Néstor Kirchner à

O cenário político e econômico desses países já configurava naquele período um processo de crise capitalista — iniciada nos anos 1970 do século XX — cujos meios de enfrentamento determinaram mudanças, embora mantidas as particularidades de cada país.

Estas mudanças afetaram as tradicionais modalidades de produção material, redefinindo os espaços e tempos, a organização do território e do Estado, demarcando um conjunto de aportes teóricos e metodológicos que são compatíveis com as transformações em curso desde os anos 1980. Trata-se do que alguns autores vêm conceituando como as bases da contrarreforma neoliberal do Estado, orientada por ideologias que afirmam o fim da história, da centralidade do trabalho e do Estado regulador, ao tempo em que defende o mercado como mecanismo de regulação, entre outras argumentações. (Harvey, 2006; Vasapollo, 2004a; Vasapollo, 2004b; Vasapollo, 2005)

As saídas adotadas pelos capitais internacionais para restaurar/aumentar os níveis de acumulação e valorização em todos os países de economia capitalista vão desde o desenvolvimento de novas tecnologias, restrição de direitos trabalhistas e outras conquistas sociais até uma forte ofensiva, junto aos países periféricos, no sentido de estes contribuírem, de modo mais direto, na transferência de excedentes do valor. Tais iniciativas terão sua maior expressão na emergência e espraiamento de uma nova etapa do capitalismo — o especulativo — na qual o capital produtivo está subsumido ao capital fictício, restringindo, significativamente, a expansão do capital substantivo na sua capacidade de remuneração. Nos termos de Carcanholo e Nakatani (2007, p. 6)

> o capital especulativo se apropria cada vez mais de um excedente para cuja produção em nada contribui; ao mesmo tempo, o capital substantivo se vê limitado em sua expansão (o desemprego de massas consideráveis de assalariados é a manifestação mais evidente disso).

Casa Rosada, em 2003, a chegada no poder da Frente Amplia representada por Tabaré Vázquez, no Uruguai em 2004, a ascensão de Evo Morales à presidência da Bolívia em 2005, e, em 2006, as conquistas de Rafael Correa no Equador e de Daniel Ortega, na Nicarágua, além da acirrada disputa no Peru e do processo eleitoral no México, representam uma transformação de enorme importância para o quadro político latino-americano.

Na América Latina, de modo geral, o desenvolvimento dessa etapa do capitalismo se deparou com condições históricas particulares, principalmente no que diz respeito aos projetos de governantes que durante as eleições realizadas nos anos 1990 — auge da expansão do capital parasitário — construíram discursos que tinham como pilares fundamentais o crescimento econômico com desenvolvimento social. Não obstante tal programática, os países da região não puderam fugir do movimento de internacionalização da economia, incorporando-se à dinâmica mais geral dos processos especulativos.

Nos anos 2000, os governantes ou candidatos que pleiteavam a representação dos chamados *setores progressistas* da sociedade chegam ao poder com posicionamentos anti-imperialistas e a defesa do desenvolvimento nacional, compreendido como um meio de autonomia dos estados nacionais. Não se trata de uma repetição do desenvolvimentismo nacional dos anos 1960, mas da defesa de um desenvolvimento autossustentável desde o ponto de vista econômico e social.

Esta perspectiva vem sendo denominada de *novo desenvolvimentismo* e tem suas bases de fundamentação, embora sob outras determinações, no chamado nacional-desenvolvimentismo que orientou a economia dos países subdesenvolvidos, no período de 1940 até meados da década de 1970, sob orientação da Comissão Econômica para a América Latina e Caribe (Cepal).

Naquele período, o diagnóstico da Cepal era que as economias dos países não desenvolvidos tinham uma estrutura econômica pouco diversificada e integrada, ainda que apresentassem um setor agroexportador dinâmico. Porém, este não estava sendo capaz de transferir progresso técnico para os demais setores da economia, nem mesmo de absorver a força de trabalho e de proporcionar ganhos reais de salário, como nos países desenvolvidos, cuja estrutura econômica, baseada em produtos industriais, tinha capacidade de generalizar o progresso técnico e permitir ganhos reais de salários.

Para alterar este cenário, o diagnóstico cepalino indicava, para os países subdesenvolvidos, a adoção de políticas de diversificação econômica, basicamente via industrialização, como meio para que o mercado interno passasse a ser o motor da acumulação e do crescimento, em lugar da demanda externa de produtos primários. No entanto, não bastava somente a ação do mercado: seria importante a intervenção do Estado no planejamento, na indução, no financiamento e como investidor direto, para que o processo de industrialização se efetivasse. Na observação de Belluzzo (2009, p. 4), nos países da periferia onde predominava a economia exportadora de produtos primários foram intensos os movimentos em prol do desenvolvimento industrial. "A industrialização era vista como a única resposta adequada aos inconvenientes da dependência da demanda externa. A renda nacional dependia da exportação de produtos sujeitos à tendência secular de queda de preços e flutuações cíclicas da demanda."

De maneira sintética, poder-se-ia caracterizar o desenvolvimentismo como sendo "o projeto de superação do subdesenvolvimento através da industrialização integral, por meio de planejamento e decidido apoio estatal" (Bielschowsky, 1996, p. 33). Ou seja, uma ideologia econômica que sustentava o projeto de industrialização integral, com participação do Estado como forma de superar o atraso e a pobreza dos países subdesenvolvidos.

Ao final dos anos 1980, com a emergência do neoliberalismo, esse debate foi reposicionado no âmbito da Cepal, em face das reformas de mercado e crescente financeirização da economia. Nesse período, as discussões sobre o desenvolvimento econômico e social são orientadas pelas reformas estruturais na economia, especialmente pela política de privatização dos serviços públicos, reforma do Estado e focalização de programas sociais para os segmentos mais vulneráveis da sociedade.

Embora reconhecendo que a agenda do Consenso de Washington não tenha alterado o quadro de recrudescimento da questão social nem tampouco as possibilidades de superação do subdesenvolvimento e enfrentamento da desigualdade — que permanecia e se aprofundava nos países latino-americanos — a Cepal passa a se alinhar às propostas de mercado, posição denominada por Carcanholo (2010, p. 132) de uma "perspectiva revisionista".

Portanto, é neste cenário que surge o novo-desenvolvimentismo, caracterizado por Castelo (2010, p. 194), como sendo uma espécie de Terceira Via,

> [...] uma estratégia de desenvolvimento alternativo aos modelos em vigência na América do Sul, tanto ao "populismo burocrático", representado por setores arcaicos da esquerda e partidários do socialismo quanto à ortodoxia convencional, representada por elites rentistas e defensores do neoliberalismo [...] cujo principal objetivo é delinear um projeto nacional de crescimento econômico combinado com uma melhora substancial nos padrões distributivos do país [...] um determinado padrão de intervenção do Estado na economia e na "questão social. (Grifos do autor)

A ideia-força que a Cepal desenvolve é que não existe conflitualidade entre dinamismo econômico e igualdade social. E, portanto, as condições para que essa relação seja equilibrada dependerão das iniciativas que potencializem capacidades humanas e mobilizem energias a partir do Estado. "No horizonte estratégico, do longo prazo, igualdade, crescimento econômico e sustentabilidade têm de ir juntos" (Cepal, 2010, p. 7).

Invoca-se, pois, o papel do Estado para dinamizar o setor produtivo e para cumprir as funções de provisão de bens públicos e de proteção social de caráter universalista e redistributivista. Os argumentos da Comissão vão desde a necessidade de construir pactos sociais para responder aos desafios do desenvolvimento até o posicionamento de conferir centralidade, na vida social, à solidariedade social (Idem, p. 9).

Por sua vez, na perspectiva de buscar minorar e precaver possíveis impactos das reformas orientadas pela ideologia neoliberal na América Latina, o Banco Mundial incorpora, na sua agenda de proposições, elementos de natureza política e social para além dos econômicos (PNUD, 2009). Um dos grandes elaboradores da perspectiva do crescimento econômico com desenvolvimento social foi o economista Amartya Sen, então membro da presidência do próprio Banco Mundial. A tese de Sen (2000) é de que o crescimento tem como referência central as variações positivas do Produto Interno Bruto e também as atividades produtivas, especialmente industriais, e que este processo elevaria as rendas privadas. Porém, somente o aumento das rendas privadas, exclusivamente, não daria conta de provocar o desenvolvimento social.

Para o Autor, cuja análise foi adotada pelo Banco Mundial, a noção de desenvolvimento requisita, necessariamente, que as principais fontes de privação de liberdade, pobreza, carência de oportunidades econômicas e destituição social sistemática, negligência dos serviços públicos e intolerância ou interferência excessiva de Estado repressivo sejam removidas.

No entanto, Amartya Sen destaca como sendo uma das piores privações a restrição dos indivíduos ao livre mercado.

> Restrições arbitrárias ao mecanismo de mercado podem levar a uma redução de liberdade devido aos efeitos, consequências da ausência demercados. Negar às pessoas as oportunidades econômicas e as consequências favoráveis que os mercados oferecem e sustentam pode resultar em privações. (Sen, 2000, p. 41)

Ainda segundo Sen (2000), a privação de liberdade econômica pode gerar a privação de liberdade social, da mesma forma que a privação de liberdade social ou política pode gerar a privação de liberdade econômica. Para ele, este círculo vicioso somente poderá ser revertido sob a orientação do desenvolvimento como liberdade. Suas proposições[2] sinalizam que a dimensão da liberdade individual é o "principal fim e o principal meio do desenvolvimento" (Sen, 2000, p. 10).

Para consecução deste objetivo, se faz necessário um Estado e um mercado fortes, capazes de permitir aos governos a implementação de políticas macroeconômicas que possibilitem tanto medidas de promoção do pleno emprego, em contextos recessivos, quanto políticas industrial e de comércio exterior para estimular a competitividade da indústria e melhorar a inserção do país no comércio internacional. Neste sentido, é fundamental a realização de uma transformação produtiva que resulte na elevação da produtividade da força de trabalho e que dê sustentação a uma competitividade internacional autêntica, apoiada na incorporação de progresso técnico e em práticas gerenciais inovadoras.

Os defensores do neodesenvolvimentismo sustentam que o consenso neoliberal e seus preceitos privatizantes de desregulamentação do trabalho, enxugamento do Estado, dentre outros, não conseguiram

2. Sobre o pensamento e as proposições de Amartya Sen consultar o ensaio de autoria Cézar Henrique Maranhão, assim como o de Ana Paula Mauriel, ambos publicados neste compêndio.

resolver questões centrais que afetam a humanidade. Assim, na vaga da crise que atinge todas as dimensões da vida social, recupera-se a possibilidade de elaborar estratégias de desenvolvimento nacional, que reponha temas, a exemplo do impacto da mudança climática, justiça ecológica, reconstrução dos bens comuns, pós-desenvolvimento, *buen-vivir*, democracia ecológica e economia do cuidado (Romano, 2009).[3]

Entre outras propostas, os adeptos desse novo-desenvolvimentismo consideram que algumas políticas e ações são fundamentais para repor na agenda dos países da região os mecanismos de distribuição dos recursos, de modo a enfrentar a questão da desigualdade, agora com foco na discussão da *oportunidade*. Assim, tais iniciativas devem: promover a redução da desigualdade com redistribuição, reconhecimento e representação; propiciar o investimento em políticas sociais e educacionais como fatores estratégicos no sentido da inclusão econômica formal de segmentos da população com baixíssimos rendimentos e para a melhoria na distribuição de renda, no sentido de minimizar as assimetrias das desigualdades causadas pela globalização do mercado (Sicsú, Paula e Michel, 2005).

Compreendemos que não está em andamento um novo ciclo de *substituição de importações* que supunha, entre outras questões, a existência de estados e burguesias nacionais autônomos. Não há mais como pensar em burguesias nacionais diante da intrínseca relação entre o que foi esta burguesia em alguns países latino-americanos que, em algum momento, tiveram a experiência de desenvolvimento de uma indústria nacional e a internacionalização do capital. Exemplo disso foram as fusões e compras de empresas por capitais estrangeiros que se realizaram em todo o continente, promovendo a desnacionalização do parque industrial destes países. Ademais, também não parece plausível alimentar, na atual fase do capitalismo, a *nostalgia* de políti-

3. Nesses temas, chama atenção a ênfase que é dada à promoção da justiça ecológica, diante da responsabilidade histórica do mundo rico e os problemas ambientais que ele cria; a crítica que é feita à *commodificação* do mundo e das relações predatórias do capital com a natureza; o princípio da prosperidade que deve orientar o crescimento, cujo resultado deve possibilitar a inclusão e a construção de um novo paradigma: o do "ser", do "afeto", do "cuidado" (Romano, 2009).

cas keynesianas. O pleno emprego, o estabelecimento de padrões de trabalho eficientes e dignos, a expansão dos serviços públicos não são compatíveis com a atual fase do desenvolvimento capitalista. Aqui, o fetiche do novo desenvolvimentismo se expressa com força vital:

> na visão novo-desenvolvimentista, a concorrência é necessária porque estimula a inovação por parte dos empresários que tentam maximizar o lucro, o que torna o capitalismo dinâmico e revolucionário, e estabelece remunerações e riquezas diferenciadas aos indivíduos de acordo com suas habilidades. (Sicsù; Paula e Michel, 2005, p. XL)

Note-se que os estudos da Cepal — principal organismo formulador das propostas nacional-desenvolvimentistas para os países latino-americanos na década de 1960 — que reconhecia no Estado um papel estratégico para lograr o desenvolvimento econômico e social, via industrialização, abandonaram essa perspectiva.[4]

Na atualidade, este organismo propõe um Estado que se preocupe com a definição de marcos regulatórios para a livre expansão dos mercados privados, assegurando, assim, a continuidade do processo de acumulação capitalista na região (Carcanholo, 2010).

Como o ponto de partida da Comissão é o ambiente e a inexorabilidade das reformas, o que parece se consolidar na agenda política é a tentativa de adequar o governo da economia com o governo das massas (Gramsci, 2000), aqui tomados como a conciliação entre crescimento econômico e desenvolvimento social; ou, em outros termos: valorização do capital e equidade social, pares conceituais incompatíveis na lógica do capital.

4. Para Oliveira (2008): mientras la situación anterior se caracterizaba por un "intercambio desigual" entre productores de materias primas (América Latina) y productores de bienes manufacturados (el centro dinámico), que podía ser vencido por la industrialización, propuesta cepalina por excelencia, la globalización es, sobre todo, un sistema financiero. La mayor contradicción no radica en que son las propias multinacionales las que están presentes en la industrialización sustitutiva de importaciones, lo que agrava la dependencia financiera y es uno de sus elementos estructurales, pero es que el dinero global, el dólar y el euro éste en menor escala son los que conforman el principio y el resultado del funcionamiento de las economías de la periferia latinoamericana. En otras palabras, quien financia la actividad productiva latinoamericana es el propio dinero internacional. Y no hay "industrialización sustituta" del dinero internacional.

No tempo presente, o que se apresenta na conjuntura é o fato de que o discurso dos estados nacionais autônomos sucumbe às investidas das empresas transnacionais que executam projetos de *desenvolvimento* nas regiões do continente, ampliando a dilapidação do meio ambiente, mercantilizando recursos naturais e minerais, expulsando os povos originários das suas propriedades. Em contrapartida, as ditas corporações financiam projetos sociais ou pactuam com Organizações Não Governamentais (ONG) e fundações de direito privado as *ações de sustentabilidade socioambiental* na tentativa de compensar a destrutividade ambiental e social dos seus empreendimentos.

Emblemático dessa discussão é o papel que as transnacionais assumem no continente, inaugurando o chamado *novo-extrativismo* e ampliando setores extrativistas já existentes. A presença dessas empresas na América Latina tem causado impactos ambientais e sociais gravíssimos, além do *desplazamiento* de populações originárias, em nome do desenvolvimento econômico e das possibilidades de inserção destes países na economia globalizada, via exportação dos recursos naturais. Apesar das resistências e das lutas travadas pelas populações atingidas, em defesa da desmercantilização deste processo de expropriação, os governos vêm levando adiante projetos que não questionam as regras da Organização Mundial do Comércio (OMC) e garantem o livre fluxo de capitais. Segundo Gudymnas (2009),

> no Chile, os lucros remetidos ao exterior pelas empresas mineradoras estrangeiras passaram de 4,438 bilhões de dólares no início do governo de Ricardo Lagos para mais de 13 bilhões ao término de seu mandato, e dali voltaram a crescer com Michele Bachelet a mais de 25 bilhões de dólares. Neste país, como na Argentina, Brasil ou Uruguai, as empresas ainda desfrutam de benefícios tributários.[5]

5. As exportações provenientes de minas e pedreiras dos países do Mercado Comum do Sul (Mercosul) ampliado (Argentina, Bolívia, Brasil, Chile, Paraguai e Uruguai) passaram da ordem de 20 bilhões de dólares em 2004 para mais de 46 bilhões em 2007, de acordo com relatórios da Cepal. O Brasil é um exemplo dessa tendência: no início da administração Lula, em 2003, as exportações provenientes de minas e pedreiras superavam os 6 bilhões de dólares, para subir a mais de 21 bilhões de dólares em 2007.

Em contraposição à destrutividade e à exploração dos recursos naturais, propõe-se, em quase toda América Latina, a apropriação da renda proveniente da exploração destes recursos para financiar o Estado e seus programas sociais, legitimando-se os planos extrativistas, através do discurso que propaga a aceitação do sacrifício da natureza, a manutenção de postos de trabalho e o combate à pobreza.

Esta mesma equação — *mutatis mutandis* — vem aparelhando a direção política dos governos de esquerda e centro-esquerda que alimentam a hipótese de criação de um modelo de desenvolvimento nacional (leia-se, crescimento econômico) em articulação com políticas sociais compensatórias, ou seja, instituindo, tardiamente, um estado social-democrático e de bem-estar na América Latina. Nesta medida, o argumento veiculado supõe a existência de um novo mito: o do crescimento econômico com desenvolvimento social e ambiental como um projeto de superação das históricas desigualdades sociais.

Embora este modelo, particularmente a defesa da intervenção do Estado, esteja além do neoliberalismo à moda do Consenso de Washington, ele não o supera, nem tampouco estaria além do capitalismo, ainda que possua expressões de resistência ao imperialismo norte-americano, sob o argumento da autonomia dos povos, de que são exemplo o projeto Aliança Bolivariana para as Américas (Alba), a criação do Sucre e União de Nações Sul-Americanas (Unasul), entre outros.

Em recente publicação, Martins (2011, p. 313-314), ao discorrer sobre os novos padrões de desenvolvimento na América Latina, destaca a existência de um verdadeiro consenso popular antineoliberal que provocou mudanças políticas por meio do ressurgimento de "nacionalismos de base popular [...] que adaptam a macroeconomia liberal a políticas externas independentes e sociais compensatórias".

Todavia, é necessário ressaltar que a realidade daquele modelo não indica possibilidades de êxito porque não tem sido possível manter o crescimento econômico com maior e melhor distribuição da riqueza.

Mantém-se a concentração da riqueza e, na América Latina, em particular, constata-se que mais de 40% de sua população é pobre e entre 15% a 20% dela são indigentes; persistem as desigualdades sociais, porém, o que muda é a criação de outros meios de enfrentamento da pobreza através de políticas de inclusão, por cotas, ou de mínimos sociais. Trata-se da expansão de políticas compensatórias, reconhecidas através dos chamados subsídios dirigidos aos mais pobres.

Segundo a Cepal (2010), no Relatório do Programa de Assentamentos Humanos da Organização das Nações Unidas (ONU Habitat), o problema da má distribuição de renda afeta a América Latina como um todo. Os 20% latino-americanos mais ricos concentram 56,9% da riqueza da região. Os 20% mais pobres, por sua vez, recebem apenas 3,5% da renda, o que faz do Continente a região mais desigual do mundo. Sendo que o país com menor desigualdade de renda na América Latina é o mais desigual do que qualquer país da OCDE, como se pode observar no quadro a seguir:

**Quadro 1**

Percentual de ricos e pobres em alguns países da América Latina*

| Países | Informações |
|---|---|
| Brasil | Os 10% mais ricos concentram 50,6% da renda, enquanto os 10% mais pobres ficam com apenas 0,8%. |
| México | Os 10% mais ricos recebem 42,2% da renda, enquanto os 10% mais pobres ficam com apenas 1,3%. |
| Argentina | Os 10% mais ricos concentram 41,7% da renda, e os 10% mais pobres, 1,1%. |
| Venezuela | Os 10% mais ricos têm 36,8% da renda e os 10% mais pobres, 0,9%. |
| Colômbia | Os 10% mais ricos têm 49,1% da renda e os 10% mais pobres, 0,9%. |

*Fonte*: Cepal. Relatório Programa de Assentamentos Humanos da Organização das Nações Unidas (ONU Habitat), 2010.

De acordo com Katz (2009), a América Latina suporta um abismo de desigualdades sociais superior ao de qualquer outra zona do planeta. A diferença que separa os 10% mais ricos dos 10% mais pobres alcança 157 vezes na Bolívia, 57 vezes no Brasil, 76 vezes no Paraguai, 67 vezes na Colômbia, 46 vezes no Equador e 39 vezes no Chile. O caso brasileiro é mais significativo pela dimensão e poderio econômico do país. Aqui, os 10% mais ricos possuem quase 75% da riqueza total, enquanto os 90% mais pobres ficam somente com os 25%.

O que chama atenção nestes dados é o fato de que não estejam se desenvolvendo reformas substantivas que revertam a *destruição neoliberal das políticas* ou a sua *contrarreforma*. O que o cenário continental mostra é a expansão de políticas de exceção, de ingressos, em substituição ao direito ao trabalho.

Segundo estudos de Stein (2008), os primeiros programas nacionais de transferência de renda datam do final da década de 1980, onde se destacam: em 1989, o Programa Beca Alimentaria na Venezuela; em 1990, o Programa de Auxílio à Família (Praf) em Honduras; em 1997, o Programa de Educação, Saúde e Alimentação (Progresa), no México; em 1998, o Bono Solidário no Equador.

A partir dos anos 2000, estas iniciativas se ampliam, expandindo-se em praticamente todos os países da América Latina e Caribe, como informa o quadro a seguir:

**Quadro 2**
Programas de transferência de rendas na América Latina*

| País | Programas e ano de criação |
|---|---|
| **Argentina** | • Asignación Universal por Hijo para Protección Social (2009-)<br>• Familias por la Inclusión Social (2005-2009)<br>• Jefas y Jefes de Hogar Desocupados (2002-2005)<br>• Programa de Ciudadanía Porteña (2005-) |
| **Bolívia** | • Bono Juancito Pinto (2006-)<br>• Bono Madre Niña-Niño Juana Azurduy (2009-) |
| **Brasil** | • Bolsa Alimentação (2001-2003)<br>• Bolsa Escola (2001-2003)<br>• Bolsa Familia (2003-)<br>• Cartão Alimentação (2003)<br>• Programa de Erradicação do Trabalho Infantil (Peti) (1997-) |
| **Chile** | • Chile Solidario (2002-) |
| **Colômbia** | • Familias en Acción (2001-)<br>• Red Unidos (Ex Red Juntos) (2007-)<br>• Subsidios Condicionados a la Asistencia Escolar (2005-) |
| **Costa Rica** | • Avancemos (2006-)<br>• Superémonos (2000-2002) |
| **Equador** | • Bono de Desarrollo Humano (2003-)<br>• Bono Solidario (1998-2003) |

| El Salvador | • Comunidades Solidarias (ex Red Solidaria) (2005-) |
|---|---|
| Guatemala | • Mi Familia Progresa (2008-)<br>• Protección y Desarrollo de la Niñez y Adolescencia Trabajadora (2007-2008) |
| Honduras | • Bono 10.000 Educación, Salud y Nutrición (2010-)<br>• Praf/BID Fase II (1998-2005)<br>• Praf/BID Fase III (2006-2009)<br>• Programa de Asignación Familiar (Praf) (1990-) |
| Jamaica | • Programme of Advancement Through Health and Education (Path) (2001-) |
| México | • Oportunidades (Programa de Desarrollo Humano, ex Progresa) (1997-) |
| Nicarágua | • Red de Protección Social (2000-2006)<br>• Sistema de Atención a Crisis (2005-2006) |
| Panamá | • Bonos Familiares para la Compra de Alimentos (2005-)<br>• Red de Oportunidades (2006-) |
| Paraguai | • Abrazo (2005-)<br>• Tekoporâ (2005-) |
| Peru | • Juntos (Programa Nacional de Apoyo Directo a los más Pobres) (2005-) |
| República Dominicana | • Programa Solidaridad (2005-) |
| Trinidad e Tobago | • Targeted Conditional Cash Transfer Program (TCCTP) (2005-) |
| Uruguai | • Asignaciones Familiares (2008-)<br>• Plan de Atención Nacional a la Emergencia Social (Panes) (2005-2007)<br>• Tarjeta Alimentaria (2006-) |

*Fonte*: Base de dados de programas de proteção social não contributiva, División de Desarrollo Social, Cepal, 2011.

Segundo informações apresentadas no Quadro 2 são 18 países latino-americanos que possuem atualmente programas em funcionamento: Argentina, Bolívia, Brasil, Chile, Colômbia, Costa Rica, Equador, El Salvador, Guatemala, Honduras, Jamaica, México, Panamá, Paraguai, Peru, República Dominicana, Trinidad e Tobago e Uruguai, ficando de fora somente a Nicarágua.

Dados da Cepal (2011) informam que os programas governamentais destinados para os setores mais pobres que, em 2005, beneficiavam 14% da população, atingem, atualmente, cerca de 113 milhões de latino-americanos, o que equivale a 19% da população da região, Sendo que o gasto com os programas de transferência condicionadas que representavam um investimento de 0,24% do PIB, se elevou, em 2009, para em média 0,40% do PIB dos países da região.

Os programas com maior número de beneficiários em termos absolutos são o "Bolsa Família", do Brasil, que atinge 52 milhões de pessoas, o "Oportunidades", do México, que atende 27 milhões, e o "Familias en Acción", da Colômbia, que abrange 12 milhões de pessoas. O "Bono de Desarrollo Humano", do Equador, é o que cobre a maior porcentagem de população em um país, perfazendo um total de 44%. (Cepal, 2011)

Recomendados e elogiados pelos organismos internacionais como exemplos de medidas de enfrentamento da pobreza e desigualdade, tais programas, além de primar pela modernização dos instrumentais técnicos para refinar a seletividade e manter a focalização nas camadas mais pobres são considerados como capazes de atuar no fomento ao capital humano, através da educação, saúde e nutrição e na ampliação de oportunidades de trabalho geradas pelo próprio esforço dos beneficiários.

> Las transferencias de ingresos, si son constantes en el tiempo, proveen un piso básico de protección para los pobres, que al tener garantizados niveles mínimos de subsistencia, tendrán mayores oportunidades de insertarse en el mercado laboral. Considerando los bajos montos de las transferencias monetarias de los PTC, no se aprecian efectos negativos sobre la oferta laboral, por lo que los pobres y vulnerables siguen buscando salir de esa condición con su propio esfuerzo. De hecho, gracias a las transferencias no contributivas, podrían tener un mayor poder de negociación en relación con salarios muy bajos, así como más oportunidades de invertir en actividades productivas. (Cepal, 2011b)

Os dados oficiais revelam que, no caso do Paraguai e México, as transferências de renda têm efeitos positivos no que se refere ao estímulo ao trabalho, contrariando a difusão da cultura do não trabalho, discurso que, segundo os governos, tem pautado os oposicionistas na sua crítica aos referidos programas.

No balanço dos defensores desses programas, o "Oportunidades", do México,

> estimulou o aumento de 42,3% na participação de famílias em pequenos negócios, entre 1997 e 1999, principalmente em atividades considera-

das femininas. No Tekoporã, programa paraguaio, o investimento em atividades agrícolas produtivas aumentou 13 pontos percentuais nos primeiros 18 meses de operação (Proteção..., 2009).

Vale notar que os dados sobre os efeitos dos programas de transferência de renda apostam, essencialmente, na tessitura dos mecanismos ideológicos que dão sustentação aos governos *de esquerda e centro-esquerda*. A despeito da crise dos finais dos anos 1990, que se estende na primeira década dos anos 2000, ter colocado em xeque os longos 30 anos de destrutividade neoliberal, o que se parece evidente é que as reformas econômicas já se integraram à dinâmica dos países latino-americanos como um elemento irreversível.

Assim, tais governos trabalham no campo da governabilidade e da legitimação das escolhas menos deletérias às populações e de acordo com as programáticas que defenderam nas suas eleições. Para tal, precisavam intervir junto às classes subalternas no sentido de edificar uma reforma intelectual e moral, através da conformação de um amplo consenso de classes em torno da promessa do nacional-desenvolvimentismo. Só que agora, num contexto de crise, o modelo de produção vigente elimina sistematicamente postos de trabalho, amplia a financeirização da economia, aprofunda e retoma processos de recolonização e espoliação por despossessão nos países periféricos (Harvey, 2005).

Para Sampaio Junior (2007, p. 147; grifos nossos) "A comunidade internacional reduziu tudo que estiver fora dos megablocos regionais a cobiçados *mercados emergentes* ou reles *zonas de pobreza*". Na nova divisão internacional do trabalho, cabem às economias periféricas fundamentalmente três papéis: franquear seu espaço econômico à penetração das grandes empresas transnacionais; coibir as correntes migratórias que possam causar instabilidade nos países centrais; e aceitar a triste e paradoxal função de pulmão e depósito de lixo da civilização ocidental.

Nessa perspectiva, emerge, sob o signo do novo-desenvolvimentismo, a ideologia do autoemprego, do empreendedorismo, dos negócios próprios, da necessidade de acumular um capital social robusto.

As características gerais desse processo assumem a premissa de que capital e trabalho não são incompatíveis e que o Estado condensaria os interesses de acumulação e, ao mesmo tempo, mediaria os conflitos distributivos, atendendo às demandas das classes subalternas. Aqui, vontade coletiva geral e Estado ampliado são conceitos que se movem no campo do abstrato e genérico.

É óbvio que estas políticas permitem o aumento do consumo das famílias pobres, porém, são iniciativas que não interferem na origem das desigualdades.

Segundo o Instituto Brasileiro de Geografia e Estatística (IBGE) (Pesquisa Nacional por Amostra de Domicílio, 2010) ocorreu um crescimento de 4,1% do consumo das famílias em todas as classes sociais, especialmente naquelas com remuneração mais baixa. Mas, se considerada a variação acumulada do PIB industrial na comparação entre 2010 e 2011, pode-se verificar um declínio de 10,4% para 1,6%, e a queda do ritmo de crescimento do consumo das famílias de 6,9% para 4,1% (Ipea, 2012).

Este crescimento do consumo, analisado isoladamente, está relacionado, segundo os analistas do próprio IBGE, ao aumento no salário do trabalhador e aos incentivos de programas de transferência de renda. A nosso ver, estas estatísticas, além de exigirem uma análise de série histórica, deveriam ser apresentadas considerando outras variáveis, a exemplo do acesso ao crédito e capacidade de endividamento das famílias.

A propósito, recente pesquisa revela que, no Brasil, houve significativas mudanças no padrão de consumo da classe trabalhadora. Foram incorporadas 16 milhões de famílias ao mercado de consumo. Com isso, houve uma grande facilidade de acesso ao crédito. Mas, dados recentes da Confederação Nacional do Comércio (CNC) são elucidativos do que representa a política de crédito para a população brasileira: 57,4% tem algum tipo de dívida. Destes, 70,85 devem no cartão de crédito.

Estas políticas compensatórias e focalizadas, conceituadas como de enfrentamento à pobreza, são apoiadas, em geral, pelas classes dominantes. Note-se que as políticas sociais mais estruturadoras, como a saúde, as aposentadorias, a educação, entre outras que os governos neoliberais transformaram em serviços mercantis, são objeto de uma forte reação da direita continental, historicamente patrimonialista, oligárquica e antirreformista, frente a qualquer iniciativa de universalização.

Qualquer ação que permita democratizar o acesso a bens e serviços públicos, assim como instituir mecanismos de controle no âmbito da sociedade, é suficiente para desencadear a ofensividade da direita com o apoio dos Estados Unidos, contra o que eles identificam de *populismo radical.*

É evidente que, como agora, os Estados Unidos não têm mais hegemonia absoluta nas relações comerciais com a América Latina, produto do ingresso da Índia e China no mercado mundial; por isso, seu novo pan-americanismo não se faz mais com a ajuda para o combate à pobreza e ao comunismo, como nos anos 1960, em plena guerra fria. Agora, sua ofensividade é declarada pela defesa da *paz, contra o terrorismo* e através da *criminalização das lutas sociais,* mediante a *militarização preventiva,* como é o caso da região andino-amazônica, com a instalação das sete bases militares na Colômbia.[6]

Entre outros aspectos, é necessário assinalar que houve, de fato, um crescimento econômico na economia do subcontinente, em especial, com as exportações de *commodities* (soja, milho, trigo, cana-de-acúcar, petróleo, níquel, cobre, latão) para a Índia e para a China. Esta chamada "primarização" (Petras e Veltemeyer, 2009, p. 10-12) da economia permitiu a expansão de empresas agrominerais nacionais e estrangeiras, cujos grupos de proprietários têm o poder no setor financeiro junto aos governos nacionais e regionais, mudando os eixos do poder político.

No Brasil, por exemplo, os estudos de Gonçalves (2008) sustentam que o Banco Nacional de Desenvolvimento Econômico e Social (BNDES) financiou o retrocesso do aparelho produtivo, posto que focou seus investimentos na exportação de produtos primários, configurando o projeto de reprimarização da economia. Esta parece ser uma tendência das economias latino-americanas, que se veem fortemente impelidas a exportar produtos básicos. Tal processo é acompanhado pela desindustrialização das economias, embora alguns setores possam se desenvolver, sob o ponto de vista da incorporação da tecnologia e das inovações.

---

6. Exemplos da reconfiguração dessa estratégia foram os diversos acordos militares firmados entre a Casa Branca e governos latino-americanos e caribenhos, além da implantação de novos Centros Operativos de Avançada (FOL) em El Salvador, Honduras, Colômbia, Equador e Peru e da presença de bases militares em Cuba e Costa Rica (Salazar, 2009).

No entanto, concordamos com Marini (2005, p. 171), ao afirmar que:

> Partindo então do modo de circulação que caracteriza a economia exportadora, a economia industrial dependente reproduz, de forma específica, a acumulação de capital baseada na superexploração do trabalhador. Em consequência, reproduz também o modo de circulação que corresponde a esse tipo de acumulação, ainda que de maneira modificada: já não é a dissociação entre a produção e a circulação de mercadorias em função do mercado mundial o que opera, mas a separação entre a esfera alta e a esfera baixa da circulação no interior mesmo da economia, separação que, ao não ser contraposta pelos fatores que atuam na economia capitalista clássica, adquire um caráter muito mais radical.

No âmbito da América Latina, cabe também ressaltar o papel da Integración de la Infraestructura Regional Suramericana (IIRSA), megaprojeto subscrito por doze países sul-americanos que envolve ações relacionadas a obras infraestruturais nas áreas fluvial, marítima, energética e de comunicação do continente. Este projeto obedece ao modelo de liberalização dos mercados, privatização e vem impulsionar a exportação de matérias-primas, reforçando, assim, a dinâmica e a funcionalidade dos recursos naturais e da força de trabalho do continente para o processo de internacionalização do capital, no interior da divisão internacional do trabalho.

Como já vimos, o crescimento alcançado pela América Latina se apoia, por um lado, na crescente exploração de *commodities* e, fundamentalmente, na superexploração do trabalho como estratégia de geração de excedente na periferia do capitalismo a ser apropriado no centro deste. Esta, aliás, tem sido a marca da dinâmica do crescimento que já anunciava Marini (2005 e 1991): a geração do excedente não se dá, nos países periféricos, por conta da criação de níveis avançados de tecnologia, mas através da superexploração da força de trabalho. Superexploração que combina aumento na intensidade do trabalho e prolongamento da jornada de trabalho, além da apropriação, por parte dos capitalistas, de parcela do fundo de consumo do trabalhador. Isso significa que

> são negadas ao trabalhador as condições necessárias para repor o desgaste de sua força de trabalho: nos dois primeiros casos, porque ele é obrigado a um dispêndio de força de trabalho superior ao que deveria proporcionar normalmente, provocando-se assim seu esgotamento prematuro; no último, porque se retira dele inclusive a possibilidade de consumir o estritamente indispensável para conservar sua força de trabalho em estado normal. (Marini, 1991, p. 126)

Por isso, a necessidade de intervenção do Estado no sentido de promover ações voltadas à complementação para o mercado de consumo da classe trabalhadora, contendo desta forma possíveis descontentamentos de classe, bem como gerando expansão subimperialista a partir da expansão de novos mercados nos países menos desenvolvidos. (Mantega, 1985)

Estas considerações não elidem a existência de novas respostas políticas aos 20 anos do neoliberalismo no subcontinente, porém, elas não superam a herança e a cultura neoliberal com a destruição dos direitos e das políticas que, junto com as ideias pós-modernas e a cooptação dos movimentos sociais, têm destruído as ideologias classistas em favor de outra concertação de classes, cujos marcos são: convivência solidária, sem discriminações, garantia dos mínimos sociais, recuperação do bem público universal, e do apelo à ampliação das capacidades humanas. Na trilha do pensamento de Sen, tais capacidades são expressas no direito de ter uma vida longa e saudável, ser instruído, ter acesso aos recursos que possibilitem ter um nível de vida digno e ser capaz de participar da vida da comunidade. São, ainda, responsáveis pela condição de equidade que as pessoas, individualmente, acionariam para serem plenas e criativas nas suas intervenções na sociedade (Veiga, 2006).

Os fundamentos ideopolíticos que estão implicados nesses mecanismos ideológicos e que determinam os modos de ser e de viver no capitalismo contemporâneo são amplamente justificados no discurso da esquerda nesses países. Na ausência de uma leitura crítica da realidade e de projetos que deem sentido e direção para além do capital, incorporam-se os limites macroeconômicos e até uma certa romantização da sociedade, ao conceber a possibilidade de convivência de interesses entre o que antes era considerado por essas mesmas esquerdas, como antagonismo de classe.

Admite-se, nesse contexto do modelo social-desenvolvimentista, que não haverá, pelo menos no caso do Brasil, a expropriação dos ricos. Entrevista concedida pelo economista Marcio Pochmann, presidente do Instituto de Pesquisas Aplicadas do Brasil, vinculado ao Ministério de Planejamento, afirma que os principais elementos de convergência política entre os setores dominantes da economia e os pobres são o convencimento e o diálogo.

> [...] aqueles segmentos que eram partícipes da macroeconomia financeira, a financeirização da riqueza, estão cedendo gradualmente para o investimento produtivo e variado. Os pobres estão vivendo melhor, mas os ricos estão extremamente bem e não têm do que reclamar.

E continua o economista:

> E é compatível nesse sistema você fazer esta mudança, sem expropriação, sem radicalismo. Você faz esta negociação, uma frente que une os mais diferentes lados. (Pochmann, 2010)

Do nosso ponto de vista, está em curso um processo de *repolitização regressiva* da política que se faz com os argumentos antineoliberais, anti-imperialistas, porém, em defesa do nacional-capitalismo, cuja principal mediação não são reformas sociais com impacto na redistribuição da renda. A intervenção social dos governos progressistas, vale dizer, nesses países em que a ideia de progresso se vincula a processos de modernização, sem que se alterem os pilares das relações sociais capitalistas, se dá nas políticas compensatórias de enfrentamento da pobreza, feitas com o uso de novas pedagogias de concertação de classes. Esta concertação tem por base uma "*alianzaproductiva*" (Petras e Veltmeyer, 2009, p. 16) que permitiria o controle dos ingressos gerados pela primarização com a extensão do bem-estar para os pobres.

Sob esta perspectiva, aloja-se a despolitização das lutas e do caráter de classes das desigualdades sociais que passam a ser entendidas ora como exclusão, ora como evidência da desfiliação em relação à proteção estatal, ambas confluindo na defesa de estratégias de inserção — particularmente o acesso ao crédito e ao mercado consumidor —, permitindo que o existente se transforme em ideal, sitiando, assim, a construção de projetos societais emancipatórios, posto que a manutenção da ordem, sem pobreza absoluta, deve se transformar no ideário social das classes subalternas.

## 2. Considerações finais

O percurso de análise desenvolvido neste texto revela que o debate do novo desenvolvimentismo ganha força na América Latina, fundamentando os modelos econômicos e trazendo para a esfera da política a construção de mecanismos ideológicos justificadores dos ajustes econômicos e reformas em curso. Como sustenta Dias (1999, p. 14), "...é absolutamente vital ao capital — e aos capitalistas — redesenhar não apenas sua estruturação econômica, mas sobretudo, reconstruir permanentemente a relação entre as formas mercantis e o aparato estatal que lhe dá coerência e sustentação".

A correlação de forças presente nessas sociedades levou os chamados governos progressistas a incorporarem nas suas plataformas políticas o debate da questão social nesses países, amparado no discurso do desenvolvimento com sustentabilidade[7] — apoiado em valores de justiça social, equidade e oportunidade. Aqui está localizado o acerto de contas da esquerda com a repartição das riquezas socialmente produzidas e o seu compromisso com a diminuição das desigualdades históricas enfrentadas nas sociedades latino-americanas. Daí, o foco no discurso redistributivista, mas, descolado da dinâmica capitalista na sua totalidade e das suas estratégias para expandir-se e reproduzir-se, tendo a América Latina como espaço estratégico de acumulação.

7. Sobre este tema consultar o ensaio de Maria das Graças e Silva sobre os conceitos de sustentabilidade ambiental e insustentabilidade social, publicado neste volume.

Assim, a crescente financeirização da economia, aliada às dificuldades de interpelar a política econômica mundial, e, ao mesmo tempo, implementar políticas sociais, colocou os governos progressistas diante de alternativas que são incompatíveis com qualquer iniciativa de universalização de direitos, restringindo-se a medidas de combate à pobreza que não potencializam a organização e consciência classista, não afetam a dinâmica de acumulação do grande capital e não atacam os determinantes das desigualdades sociais.

Enquanto isso, caminham, a passos largos, a lógica extrativista, a presença das transnacionais e a expansão do agronegócio e do grande latifúndio em qualquer compromisso com o desenvolvimento social dos países onde se instalam os megaprojetos desenvolvimentistas, ampliando a mercantilização da terra, o *agrobusiness* e os tratados de livre-comércio (TLC).

As escolhas políticas dos governantes latino-americanos, guardadas as particularidades de cada país, mais do que investirem em uma proposta anticapitalista de desenvolvimento, como apregoam em seus vários discursos, parecem reafirmar a ideologia do crescimento econômico na suposição de que o mesmo leva, invariavelmente, ao desenvolvimento social, operando um esgarçamento entre a esfera da economia e da política. Fato, aliás, constatável, quando observamos que a política social em expansão no subcontinente é a da assistência social, via transferência de rendas. O que se evidencia é que para impedir que o capital se desenvolva sem quaisquer constrangimentos, há que se compensar tais ajustes no campo político-social.

Como trabalhamos nesse texto, não podemos desconhecer que tais governos lograram avanços nos conteúdos, na abrangência e na institucionalidade de programas sociais compensatórios. Todavia, permanecem as *veias abertas* da América Latina, porque o fetiche do novo-desenvolvimentismo é que ele não comporta crescimento com equidade, com sustentabilidade ambiental nem tampouco com enfrentamento das desigualdades sociais.

Concordamos com Katz (2010) ao afirmar que a

> América Latina cumplió un papel de vanguardia en la resistencia contra el neoliberalismo, pero la crisis actual plantea otro desafío: ocupar un rol de avanzada en la batalla contra el capitalismo. Este sistema es el responsable de los descalabros actuales y su continuidad exigirá mayores sufrimientos populares. Sólo un camino erradicación de la explotación, el desperdicio y la desigualdad vigentes permitirá contrarrestar la miseria y el paro que augura la debacle en curso. Este sendero exige adoptar medidas antiliberales y anticapitalistas.

Ao postular que a nova economia política dos países latino-americanos permite a expansão do bem-estar pela via do consumo, promovido pela transferência de renda, aliadas ao investimento econômico, os defensores do novo — desenvolvimentismo — guardadas as suas distintas concepções e enfoques sobre a leitura que fazem da realidade — confluem na ideia de que o debate sobre o Estado e sua relação com o mercado são temas centrais da agenda política desses países. Evidente que este não é um debate novo, mas no contexto atual, as análises em torno do tema estão saturadas de determinações que tornam muito mais complexas as alternativas de construção de um projeto de desenvolvimento para o continente.

Projeto este que tenha como princípio a afirmação de que a América Latina não pode reproduzir as formas históricas de dependência e de aprofundamento da superexploração do trabalho a que seus países estão submetidos, em face da nova divisão internacional do trabalho. E, principalmente, não pode conciliar com a burguesia medidas paliativas de combate à pobreza, que, em nome da diminuição/superação da desigualdade, reduzem a programática das lutas sociais às conquistas na ordem, construindo assim uma estratégia de socialização da sociedade de acordo com as necessidades e projetos das classes dominantes.

## Referências bibliográficas

BELLUZZO, L. G. Um novo estado desenvolvimentista? *Le Monde Diplomatique*. Brasil, São Paulo, ano 3, n. 27, p. 4-5, out. 2009.

BIELSCHOWSKY, R. *Pensamento econômico brasileiro*: o ciclo ideológico do desenvolvimento. 3. ed. Rio de Janeiro: Contraponto, 1996.

CARCANHOLO, M. Neoconservadorismo com roupagem alternativa: a Nova Cepal dentro do Consenso de Washington. In: CASTELO, R. (Org.). *Encruzilhadas da América Latina no século XXI*. Rio de Janeiro: Pão e Rosas, p. 119-139, 2010.

CARCANHOLO, R. A.; NAKATANI, P. *Capitalismo especulativo y alternativas para América Latina*. Buenos Aires: Herramienta, 2007. v. 35, p. 27-51.

CASTELO, R. O novo desenvolvimentismo e a decadência ideológica do estruturalismo latino-americano. In: ______ (Org.). *Encruzilhadas da América Latina no século XXI*. Rio de Janeiro: Pão e Rosas, 2010. p. 191-211.

COMISSÃO ECONÔMICA PARA A AMÉRICA LATINA E O CARIBE (Cepal). Relatório Programa de Assentamentos Humanos da Organização das Nações Unidas (ONU Habitat), 2010. Disponível em: <http://www.cepal.org/>. Acesso em: 14 ago. 2010.

______. Relatório Preliminar das Economias da América Latina e Caribe, 2009. Disponível em: <http://www.cepal.org/>. Acesso em: 14 ago. 2010.

COMISSÃO ECONÔMICA PARA A AMÉRICA LATINA E O CARIBE (Cepal). Base de Dados de Programas de Proteção Social não contributiva da América Latina e Caribe, 2011. Disponível em: <http://www.cepal.org/>. Acesso em: 1º jun. 2012.

______. Programas de Transferências Condicionadas — Balance de la experiência reciente em América Latina y Caribe. In: CECCHINMI, Simone; MADARIAGA, Aldo. *Cuadernos de la Cepal*, Cepal, Nações Unidas, Santiago do Chile, n. 95, 2011b.

______. *A hora da igualdade. Brechas por selar, caminhos por abrir.* Brasília, 2010.

DIAS, E. *A liberdade (im)possível na ordem do capital*: reestruturação produtiva e passivização. 2. ed. Campinas: Unicamp, 1999. (Textos didáticos, n. 29.)

GONÇALVES, R. Blindagem do Brasil à crise externa é de "papel crepom". *Correio da Cidadania*. Entrevista concedida a Valeria Nader, 2 out. 2008. Disponível em: <http://outrapolitica.wordpress.com/2008/10/07/blindagem-do-brasil-a-crise-externa-e-de-%e2%80%98papel-crepom%e2%80%99/>. Acesso em: 15 set. 2010.

GRAMSCI, A. *Cadernos do cárcere*: americanismo e fordismo. Rio de Janeiro: Civilização Brasileira, 2000. (Temas de cultura. Ação católica, v. 4.)

GUDYMNAS, E. *O novo extrativismo progressista na América do Sul*, dez. 2009. Disponível em: <www.correiodacidadania.com.br>. Acesso em: maio 2010.

HARVEY, D. *O novo imperialismo*. Tradução Adail Sobral e Maria Stela Gonçalves. 2. ed. São Paulo: Loyola, 2005.

______. *A produção capitalista do espaço*. São Paulo: Annablume, 2006.

IBGE. Pesquisa Nacional por Amostra de Domicílio. Disponível em: <http://www.ibge.gov.br>. Acesso em: out. 2010.

IPEA. *Boletim Conjuntura em Foco*. Brasília, ano 4, n. 18.

KATZ, C. *Integración o unidad latinoamericana*. Disponível em: <http://lahaine.org/katz/b2-img/katz_integ.pdf>. Acesso em: 4 out. 2009.

______. *America Latina frente a la crisis global*. Disponível em: <http://lahaine.org/katz/b2-img/katz_integ.pdf>. Acesso em: 30 jul. 2010.

MANTEGA, G. *A economia política brasileira*. 3. ed. São Paulo/Petrópolis: Polis/Vozes, 1985.

MARINI, R. M. *Dialéctica de la dependência*. México: Ediciones Era, 1991.

______. *Dialética da dependência*. In: TRANSPADINI, R.; STEDILE, J. P. (Org.). *Ruy Mauro Marini*: vida e obra. São Paulo: Expressão Popular, 2005. p. 181-194.

MARTINS, C. *Globalização, dependência e neoliberalismo na América Latina*. São Paulo: Boitempo, 2011.

OLIVEIRA, F. de. *América Latina ¿Si no existe Estado Nacional de qué sirve conquistar el poder?* Disponível em: <www.fzln.org.mx>. Acesso em: set. 2008.

PETRAS, J.; VELTMEYER, H. *Espejismos de la izquierda en América Latina*. Mexico: Lumen, 2009.

POCHMANN, M. Questão tributária. Revista *Caros Amigos*. Entrevista concedida a Tatiana Merlino, ano 19, n. 161, p. 16, 2010. Disponível em: <http://samambaianews.blogspot.com/2010/08/marcio-pochmann-na-caros-amigos.html>. Acesso em: out. 2010.

PROGRAMA DAS NAÇÕES UNIDAS PARA O DESENVOLVIMENTO (PNUD). Relatório de desenvolvimento humano 2009. *Ultrapassar barreiras*: mobilidade e desenvolvimento humanos, 2009. Disponível em: <http://www.pnud.org.br/rdh/>. Acesso em: out. 2010.

PROTEÇÃO SOCIAL 4: *Programas de transferência de renda avançam na América Latina*. Disponível em: <http://www.previdenciasocial.gov.br>. Acesso em: set. 2009.

ROMANO, J. De volta para o futuro. *Le Monde Diplomatique*. Brasil. São Paulo, ano 3, n. 27, p. 8-9, out. 2009.

SALAZAR, L. S. Crise e recomposição do sistema de dominação global dos Estados Unidos: a nova ordem pan-americana. Revista *Outubro*, São Paulo, n. 18, p. 99-122, 2009.

SAMPAIO JÚNIOR, P. Globalização e reversão neocolonial: o impasse brasileiro. In: HOYOS VÁSQUEZ, G. *Filosofía y teorías políticas entre la crítica y la utopía*. Buenos Aires: Consejo Latinoamericano de Ciencias Sociales, 2007. p. 143-155

SEN, A. *Desenvolvimento como liberdade*. São Paulo: Companhia das Letras, 2000.

SICSÚ, J.; PAULA, L. F.; MICHEL, R. (Org.). *Novo-desenvolvimentismo*: um projeto nacional de crescimento com equidade social. Rio de Janeiro: Fundação Konrad Adenauer, 2005.

STEIN, R. H. Configuração recente dos programas de transferência de renda na América Latina: focalização e condicionalidade. In: BOSCHETTI, Ivanete et al. (Org.). *Política social no capitalismo*: tendências contemporâneas. São Paulo: Cortez, 2008. p. 196-219.

VASAPOLLO, L. *Novos desequilíbrios capitalistas*: paradoxos do capital e competição global. Londrina: Práxis, 2004a.

______. *O trabalho atípico e a precariedade*. São Paulo: Expressão Popular, 2005.

______ (Coord.). *A Europa do capital*: transformações do trabalho e competição global. São Paulo: Xamã, 2004b.

VEIGA, J. E. Neodesenvolvimentismo: quinze anos de gestação. *São Paulo em Perspectiva*, São Paulo, v. 20, n. 3, p. 83-94, jul./set. 2006. Disponível em: <http://www.seade.gov.br>. Acesso em: jul. 2010.

# POBREZA, SEGURIDADE E ASSISTÊNCIA SOCIAL: desafios da política social brasileira

*Ana Paula Ornellas Mauriel**

## 1. Introdução

Nas duas últimas décadas testemunhou-se um significativo avanço do protagonismo político e profissional do Serviço Social manifesto, particularmente, nas lutas dos profissionais pela construção de direitos sociais na esfera pública, especialmente no âmbito da Seguridade Social.

As políticas sociais, contudo, por carregarem as contradições inerentes ao capitalismo, representam formas históricas resultantes de lutas sociais e pactuações contínuas e intermináveis que nem sempre são favoráveis aos interesses da maioria da população, particularmente se considerarmos a conformação histórica da proteção social brasileira.

Foi justamente no contexto de lutas sociais para implementação da Seguridade Social brasileira que ganhou terreno a estratégia de combate direto à pobreza. Em meio a um ambiente de desresponsabilização e desoneração do Estado em relação ao enfrentamento da questão social e de fomento à filantropia empresarial e ações das organizações

* Doutora em Ciências Sociais pela Universidade Estadual de Campinas (Unicamp) e professora da Escola de Serviço Social da Universidade Federal Fluminense (UFF)

da sociedade civil para assumir a execução das atividades que antes eram de responsabilidade do poder público, a ampliação das ações de combate à pobreza e sua crescente centralidade na agenda das políticas sociais ocorre simultaneamente ao "desmonte da Seguridade Social" (Werneck Vianna, 2001).

O objetivo do artigo não é discorrer sobre o desmonte da Seguridade Social ou descrever a trajetória de formação institucional das políticas de combate à pobreza, mas apresentar uma reflexão sobre os rumos que o debate sobre política social no Brasil tomou nesse contraditório período dos anos 1990 e 2000, particularmente observando a relação do combate à pobreza com a Política Nacional de Assistência Social.

Um primeiro aspecto que merece destaque é o esmorecimento do debate em torno dos princípios implícitos na concepção de política social presente na Constituição de 1988, que não tratava de combater a pobreza, mas de configurar "políticas destinadas a assegurar direitos e o caráter universalista dos mesmos" (Werneck Vianna, 2008, p. 122). A principal expressão disso é a redução das discussões relativas ao conceito de Seguridade, particularmente no que se refere ao princípio de universalidade.

Werneck Vianna (2008) observa que o sistema de proteção social brasileiro continua universal do ponto de vista do marco legal, mas que tal concepção não conhece existência real, pois o que se verifica é uma crescente tendência de que política social é algum tipo de ação voltada para os pobres ou "excluídos" e, por isso, deve ser focalizada. Diante de tal assertiva, as controvérsias entre universal e focalizado não se resumem a escolhas que governantes fazem diante de recursos parcos e demandas cada vez maiores, nem representam apenas divergências ideológicas, são expressões de concepções teóricas distintas.

Nas duas últimas décadas, a reestruturação da noção de política social em direção aos mais pobres, cada vez mais distante da concepção de Seguridade, aconteceu vinculada a outros aspectos fundamentais: a mudança do estatuto teórico da questão social, que passa a ser cada vez mais reduzida à pobreza (Ivo, 2006; Mauriel, 2008b; Ugá, 2008; Werneck Vianna, 2008 e 2009), vista como ausência de capacidades; e a dimensão internacional da centralidade do combate à pobreza como estratégia de regulação dos custos do trabalho sob a dinâmica da financeirização excludente.

Isso traz sérias implicações simbólicas e práticas para a implementação da Política Nacional de Assistência Social, que, enquanto política pública, constitui-se em um caso paradigmático da mudança de concepção de política social no cenário brasileiro a partir da Constituição de 1988, haja vista que as ações assistenciais foram utilizadas historicamente como instrumento eleitoreiro e moeda de barganha populista.

## 2. Pobreza e política social — um debate necessário

O lugar cada vez mais privilegiado que a pobreza assume no debate sobre política social faz com que as formas assumidas para o enfrentamento da questão social impeçam a generalização dos direitos sociais. O problema não está só na prioridade da pobreza enquanto categoria de análise para pensar as políticas sociais, mas na forma e no tratamento dado aos "pobres", que são renomeados por suas fragilidades, descontextualizados, des-historicizados, aparecendo no discurso tecnocrático reconstituídos por um novo tipo de vigilância moral.

A pobreza aparece distanciada dos debates estruturais e transformada num objeto técnico "em si". Essa mutação, ao mesmo tempo, discursiva e prática, isola a compreensão do pauperismo da dinâmica estrutural de produção da riqueza, fazendo com que o trabalho, nos termos ideológicos dominantes, deixe de ser o centro ordenador das políticas sociais, transformando-as em oportunidades individuais de obtenção de renda (Valla, 2005).

Há uma hipervalorização das análises técnicas da pobreza e as razões ultrapassam a busca da eficácia na implementação dos programas. Trata-se de uma forma particular de desapropriação cultural, política e simbólica (Telles, 2001), em que a questão social tem sido ressignificada pela ação instrumental e por meio de códigos de um "novo" economicismo "solidário" (Menezes, 2007). Esse produtivismo de dados, de avaliações, de registros intermináveis nas e das políticas sociais desconsidera compromissos históricos com a cidadania, especialmente no que se refere aos princípios constitucionais brasileiros.

Esse movimento não pode ser contrarrestado apenas pela multiplicação de conselhos vinculados às políticas sociais, porque as leituras instrumentais da pobreza despolitizam a questão social e a própria ação política. É um plano de fuga que nega os vínculos entre política econômica e política social, relativiza as expressões da questão social no aqui e agora e magnifica uma representação de pobreza que desterritorializa a questão social, pois a definição de pobre e da pobreza pode ser calculada por fórmulas predefinidas e índices que se encaixam em qualquer parte do mundo.

Tais postulados não são frutos de uma cegueira involuntária, como ilustra Saramago em uma de suas obras.[1] Ao contrário, possuem grande eficácia ideológica, pois conseguem deixar difusas as origens da riqueza ("lícita" ou não) e se tornam poderoso obstáculo a alianças políticas e movimentos sociais que se posicionem contra a forma dominante de apropriação de riqueza. Nesse "clima" metafórico, torna-se possível realizar a proteção dos muito ricos.

O que se quer ressaltar, contudo, é que se tem uma concepção teórica subjacente a tudo isso e que precisa ser desvendada e devidamente criticada. Tal perspectiva foi denominada por Werneck Vianna (2008) de "liberal revisitada", por primar por cidadãos autônomos por escolha própria, por pregar a igualdade de oportunidades para que todos possam ser efetivamente livres e por defender que o direito a que todos têm é o direito a "aprender a pescar", ou seja, o direito a um ponto de partida, a uma oportunidade.[2] Nessa tendência de análise, cada um deve ter capacidade de se habilitar, e as oportunidades são criadas para que cada um possa ter um funcionamento capaz de concretizar realizações, o que permitirá medir e avaliar a potencialidade das habilidades de cada indivíduo.

1. Saramago, José. *Ensaio sobre a cegueira*. São Paulo: Companhia das Letras, 1995.

2. Werneck Vianna (2008) ilustra muito bem a diferença entre liberalismo clássico, neoliberalismo e o que está classificando como liberalismo revisitado. Pelo escopo do texto, não foi possível reproduzir os principais aspectos discutidos pela autora.

O expoente com maior proeminência no desenvolvimento dessa perspectiva é o indiano Amartya Sen,[3] cujas ideias conformam base para a teoria do desenvolvimento humano, propagada por organismos econômicos multilaterais como PNUD e Banco Mundial. Um dos principais aspectos do pensamento seniano ligado à política social é sua análise sobre pobreza e desigualdade.

A noção de pobreza para Sen é um desdobramento da sua discussão sobre desigualdade, que tem duas dimensões principais a serem consideradas: a desigualdade econômica (de bens, de renda, de condições materiais efetivas), que traduz uma situação externa aos indivíduos, remete à estrutura; e a desigualdade de capacidades (de potencialidades ligadas às características das pessoas), em que o foco está naquilo que as pessoas podem realizar.

Combater a desigualdade significa alcançar algum patamar de igualdade, mas qual? Sen afirma que temos que igualar as capacidades de funcionar e as vantagens individuais e não a renda.

Da mesma forma que a desigualdade, a pobreza tem duas dimensões dissociadas em sua análise: a pobreza de renda e a de capacidades. A dimensão considerada prioritária é de capacidades individuais para conduzir uma vida em que as necessidades básicas possam ser supridas.

> A dissociação entre pobreza de renda e pobreza de capacidade permite ao autor focalizar o processo de desenvolvimento no indivíduo e não nas condições estruturais, pois primeiro deve-se obter liberdade (capacidades) para depois conseguir auferir renda no mercado. Embora diferentes, pobreza de renda e de capacidades são conexas, pois devemos aumentar capacidades que conduzam a um maior poder de auferir renda, e não "dar" renda para aumentar as capacidades. (Mauriel, 2008a, p. 102)

Ele consegue sair do foco tradicional da renda, dos bens (ter) para o que as pessoas são capazes de fazer com esses bens (ser e fazer).

3. Para mais informações sobre essa perspectiva ver Sen, Amartya. *Letras, desenvolvimento como liberdade*. São Paulo: Companhia das Letras, 2000; e do mesmo autor, *Desigualdade reexaminada*. Rio de Janeiro: Record, 2001.

Ora, até bem recentemente, o bem-estar das pessoas era avaliado pela quantidade de bens e serviços a que tinham acesso, o que era medido basicamente pela variável renda. Ao se concentrar nas capacidades dos indivíduos, passa a considerar características ligadas às pessoas e aquilo que conseguem realizar ou não.

As capacidades de escolha conformam liberdades substantivas que se traduzem como oportunidades reais dos indivíduos promoverem seus objetivos (*achievement* ou realizações). A noção de capacidades para Sen é elaborada e pressupõe um indivíduo com capacidade de se capacitar/habilitar.[4] Desenvolvimento, portanto, significa eliminar privações de liberdade ou aumentar as capacidades.

O exercício de liberdade individual é influenciado por condições habilitadoras (como saúde e educação básicas) que devem ser garantidas para que cada indivíduo possa se desenvolver ou habilitar-se para o exercício da cidadania.

> Desenvolvimento como aumento da liberdade dos indivíduos significa expansão das capacidades para as pessoas levarem o tipo de vida que valorizam (liberdade como fim). Porém, as liberdades reais desfrutadas pelas pessoas, ou suas capacidades individuais de escolha, dependem de disposições econômicas, sociais e políticas, daí a importância do papel instrumental das liberdades (liberdade como meio). (Mauriel, 2008a, p. 100)

Portanto, combater a pobreza significa desenvolver capacidades enquanto liberdades de escolha e o Estado tem papel fundamental em garantir condições mínimas para esse "empoderamento".

Em prefácio redigido recentemente à publicação brasileira,[5] Amartya Sen reafirma que a ampliação de benefícios sociais só pode ser garantida mediante a capacitação ou "empoderamento" das pessoas, principalmente as mais afetadas pela miséria. Desenvolver capacidades efetivas para usufruir liberdades substantivas básicas constitui condição

4. O termo utilizado por Sen é *capability* (capacidade de se habilitar) que difere de *capacity* (capacidade).

5. Green, Duncan. Da pobreza ao poder: como cidadãos ativos e estados efetivos podem mudar o mundo. São Paulo/Oxford: Cortez: Oxfan International, 2009.

necessária para realizar mudanças sociais. Para ele, as ações de "empoderamento" ajudam a fazer frente ao pessimismo generalizado sobre os esforços públicos, pois "o mundo precisa de esperança e de *know-how*".

Na concepção de política social inspirada nessa vertente de pensamento, sistemas universais têm lugar, mas somente aqueles que propiciam a capacitação dos indivíduos para o exercício da autonomia. Por exemplo, um sistema público gratuito de educação é relevante, mas de nível fundamental; um sistema de saúde público também é aceito, mas prioritariamente voltado para a promoção da saúde. Os sistemas públicos, portanto, não se destinam aos pobres, são para todos, assim como os sistemas privados, porém, o que vai definir (em tese) é a escolha dos indivíduos com base na competição entre a oferta pública e a privada (Werneck Vianna, 2008).

Ou seja, na concepção "liberal revisitada", a convivência entre as políticas sociais universais e as focalizadas não é só permitida, mas recomendada. Esse hibridismo é justamente o principal elemento distintivo que vai caracterizar a política social hoje: um mix entre sistemas universais básicos e formas individualizadas de proteção privada.

Essa forma predominante de conceber política social, que incorpora o combate à pobreza como estratégia central de proteção social, tem uma dimensão internacional. Mauriel (2009) observa a relação entre as políticas sociais centradas no combate à pobreza e as decisões estratégicas que vêm sendo tomadas na arena internacional, especialmente pelos Estados, considerados como principais atores das negociações que se relacionam às políticas públicas, e constata que a entrada do combate à pobreza como centro das preocupações da agenda social internacional aconteceu a partir do contexto generalizado de reformas dos sistemas de *welfare* desde os anos 1980 quando, tanto em países centrais como nos periféricos, as políticas públicas governamentais passaram a ser elaboradas com forte referência ao movimento da economia fora de suas fronteiras.

O papel estratégico que o conjunto de ações de combate à pobreza possui hoje para manutenção do atual padrão de acumulação via financeirização caracteriza-se pela regulação dos custos da força de trabalho no mercado mundial, por meio da regulação do comportamento econômico, político e civil dos pobres, garantindo baixo risco de sublevação social e uma forma ideologicamente palatável de inserção precária dessas massas na ordem econômico-financeira contemporânea (Mauriel, 2009, p. 45).

Esse conjunto de questões reafirma a redefinição do padrão de proteção social brasileiro (Pastorini e Galizia, 2006). As principais características que vêm sendo apontadas mostram uma transição contraditória das políticas sociais, de um projeto constitucional inclusivo e redistributivo para uma tendência à assistência mitigadora (Ivo, 2004), com uma complexa clivagem que configura tipos de políticas sociais que podem ser agrupadas segundo diferentes tipos de direitos: a) aquelas que respondem pelos direitos sociais básicos estruturados pelo Estado (Previdência básica; SUS hospitalização e consultas; benefícios e prestações continuadas da Lei Orgânica de Assistência Social — Loas — e seguro-desemprego); b) os programas que garantem os direitos sociais previstos na Constituição, mas são passíveis de corte segundo opção dos governos (programas de reforma agrária; Fundo de Desenvolvimento do Ensino Fundamental (Fundef); Merenda Escolar, entre outros projetos estruturantes); c) e, finalmente, os programas emergenciais para enfrentamento de carências e "situações de vulnerabilidade" social de segmentos populacionais específicos (inclui-se aqui toda uma gama variada de programas focalizados na linha de pobreza que resolvam demandas legítimas não contempladas nos dois grupos anteriores) (Ivo, 2004, p. 60).

As ações focalizadas no combate direto à pobreza possuem, geralmente, caráter transitório e sua continuidade fica à mercê das opções de governos, atendendo uma demanda difusa e não estruturada no aparelho do Estado. Esse conjunto de ações, por sua vez, se ramifica em duas grandes tendências: o empreendedorismo, que corresponde ao estímulo à atividade empresarial empreendedora como instrumento de inclusão social (como exemplos tem-se o Proger, Proger Jovem Empreendedor, ProJovem, Programa Nacional de Microcrédito Produtivo Orientado etc.);[6] e o "novo" assistencialismo condicionado, que se caracteriza pela

6. Seraine (2008) mostra a importância atribuída a essa estratégia como forma de combate ao desemprego no contexto internacional. Menezes (2007) ressalta a relevância crescente da "economia solidária" como projeto político que, ao inscrever os pobres no setor de crédito, incorpora como faceta de seu discurso ideológico a noção de empreendedorismo. Pérola da de-

transferência de renda com condicionalidades (a principal iniciativa é o Programa Bolsa Família)[7] (Werneck Vianna, 2008, p. 133-34).

Esses dois conjuntos de ações de combate à pobreza possuem uma complementaridade entre si e uma coerente relação com as outras políticas sociais, ao promover o alívio imediato da pobreza, ao reforçar o exercício de direitos sociais básicos nas áreas de saúde e educação (com a garantia das condicionalidades) e ao articular-se a programas complementares (principalmente de iniciativas municipais) para geração de renda.

A "gestão estratégica da pobreza", que supõe o fortalecimento da capacidade dos pobres para lutarem contra a pobreza como sujeitos desse processo, aposta no crescimento individual e na melhoria das condições de acesso à produção (incentivo à geração de renda), ao microcrédito e, consequentemente, à mobilidade social (por seus próprios esforços pessoais). Isso significa, sob essa concepção de política social, possibilitar a conquista da cidadania para a parcela mais "vulnerável" da população, conferindo aos pobres uma possibilidade de inserção precária, pois como não é possível construir saídas de integração estrutural via trabalho regular em função do padrão de desenvolvimento global excludente, propõe-se essa forma de acomodação.

## 3. Assistência social: política de Seguridade ou de combate à pobreza?

O circuito se fecha ao observarmos a relação do combate à pobreza concebido enquanto aquisição de capacidades com a Política Nacional de Assistência Social.

---

fesa do empreendedorismo como estratégia de combate à pobreza é o livro de C. K. Prahalad. *A riqueza na base da pirâmide*: como erradicar a pobreza com o lucro. Porto Alegre: Bookman, 2010. O autor defende o uso do *know-how* empresarial e tecnológico para criar esforços conjuntos entre empresas, ONGs e outros atores para criar um "capitalismo de inclusão", na busca da redução da pobreza mediante a criação de um mercado centrado nas necessidades dos pobres, criando uma "comunidade de consumidores ativos e desatendidos".

7. O Programa Bolsa Família agrega, desde 2004, os programas federais de transferência de renda que passaram a proliferar no Brasil principalmente a partir do primeiro mandato do governo de Fernando Henrique Cardoso.

Só é possível pensar a Assistência Social no campo dos direitos, da universalização do acesso e da responsabilidade estatal, quando pensada em sinergia com as políticas que conformam a Seguridade Social. Logo, Assistência Social como política pública e enquanto direito de cidadania, é parte da Seguridade Social. E enquanto componente da seguridade, ela deve funcionar como uma rede de proteção impeditiva da pobreza extrema, além de procurar corrigir injustiças e prevenir situações de "vulnerabilidade e riscos sociais", contribuindo para a melhoria das condições de vida e de cidadania da população pobre mediante três procedimentos: provimento público de benefícios e serviços básicos como direito de todos; inclusão no circuito de bens, serviços e direitos de segmentos sociais situados à margem desses frutos do progresso; e manutenção da inclusão supracitada e estímulo ao acesso a patamares mais elevados de vida e de cidadania, mediante o desenvolvimento de ações integradas no âmbito das políticas públicas (Loas, 1993).

Dessa forma, ela deve funcionar para incluir grupos sociais injustamente impedidos de participar dos circuitos de produção, bens, serviços e direitos existentes na sociedade brasileira. Concebida dessa maneira, a assistência social não estaria desgarrada das demais políticas socioeconômicas, e não contribuiria para desmantelá-las ou substituí-las. Ao contrário, ela funcionaria para fortalecer as condições de eficácia das demais políticas sociais e econômicas, tendo em vista o combate integrado e intersetorial à pobreza e impedindo sua reprodução entre as novas gerações, tal como postula a lei que a regulamenta.

Tal concepção apoia-se na premissa de que, com o reconhecimento da política de assistência social como mecanismo de concretização de direitos sociais, rompe-se com a visão contratualista de proteção social, que sempre exige contrapartidas do beneficiário.

O que se verifica, contudo, é que a tardia institucionalização da Política de Assistência[8] acontece num ambiente onde o tratamento

8. Após dez anos de aprovação da Loas, entre 7 e 10 de dezembro de 2003, ocorreu a IV Conferência Nacional de Assistência Social, em caráter extraordinário, que finalmente indicou a

da questão social centrado no combate à pobreza focalizada só fez aprofundar o processo de desconstrução simbólica e ideológica da Seguridade enquanto base para pensar e construir as políticas sociais, dificultando justamente o caráter intersetorial que tal política deveria ter com as demais políticas públicas.

Ademais, a noção de política social presente na PNAS difere da LOAS em aspectos fundamentais do ponto de vista da concepção de proteção social, como ilustra-se nos trechos comentados a seguir.

> Tudo isso significa que a situação atual para a construção da política pública de assistência social precisa levar em conta três vertentes de proteção social: às pessoas, às circunstâncias, e dentre elas, seu núcleo de apoio primeiro, isto é, a família. A proteção social exige a capacidade de *maior aproximação possível do cotidiano da vida das pessoas, pois é neles que riscos, vulnerabilidades se constituem.* (PNAS, p. 14; grifos nossos)

Sob essa perspectiva, as causas da pobreza aparecem desvinculadas dos seus determinantes estruturais, separando os indivíduos submetidos a essa condição de seus lugares no sistema produtivo priorizando o cotidiano, passando a assistência a constituir um atributo individual para aqueles que "moralmente" têm direito ou potencialidade para se capacitarem.

> A nova concepção de Assistência Social como direito à proteção social, direito à Seguridade Social, tem duplo efeito, um o de suprir sob dado padrão pré-definido um recebimento, e, outro, *desenvolver capacidades para maior autonomia*. Neste sentido, ela é aliada ao desenvolvimento humano e social e não tuteladora ou assistencialista, ou ainda tão só provedora de necessidades ou vulnerabilidades sociais. *O desenvolvimento depende também de capacidade de acesso, vale dizer da redistribuição, ou melhor, distribuição dos acessos a bens e recursos, isto implica em um incremento das capacidades das famílias e dos indivíduos.* (PNAS, p. 14-5; grifos nossos)

---

construção do Sistema Único de Assistência Social. Só em outubro de 2004, o Conselho Nacional de Assistência Social aprovou a Política Nacional de Assistência (PNAS) atualmente em vigor.

> A proteção social básica tem como objetivos *prevenir situações de risco através do desenvolvimento de potencialidades e aquisições*, e o fortalecimento de vínculos familiares e comunitários... (PNAS, p. 34; grifos nossos)

A "nova" concepção de Assistência, como a própria PNAS afirma, corrobora com os princípios e conceitos presentes na teoria do desenvolvimento humano ou desenvolvimento como liberdade de Amartya Sen, base que fundamenta os documentos dos organismos multilaterais como Banco Mundial e Programa das Nações Unidas para o Desenvolvimento (PNUD) e Organização Mundial do Comércio (OMC), a qual coincide com o que Werneck Vianna (2008) classificou como concepção "liberal revisitada".

A Lei n. 12.435, de 6 de julho de 2011, que sanciona o SUAS ao dispor sobre a organização da Assistência Social, altera a Loas justamente em aspectos conceituais fundamentais anteriormente inscritos.

Por exemplo, no art. 2º, parágrafo único, no texto original consta:

> A assistência social realiza-se de forma integrada às políticas setoriais, visando ao enfrentamento da pobreza, à garantia dos mínimos sociais, ao provimento de condições para atender contingências sociais e à universalização dos direitos sociais. (Lei n. 12.435, *DOU*, de 7 jul. 2011)

No texto alterado, o combate à pobreza deixa de ser um dos objetivos e passa a ser o principal motivo de existência da Assistência Social, como citado a seguir:

> *Para o enfrentamento da pobreza, a assistência social realiza-se* de forma integrada às políticas setoriais, garantindo mínimos sociais e provimento de condições para atender contingências sociais e promovendo a universalização dos direitos sociais. (Lei n. 12.435, *DOU*, de 7 jul. 2011; grifos nossos)

Cabe, contudo, esclarecer que a Assistência Social e o combate à pobreza no Brasil não devem ser confundidos como um conjunto único de ações. As diferenciações institucionais e conceituais devem ser sinalizadas no sentido de garantir o caráter contraditório da política social, evitando análises maniqueístas que advogam por um único ângulo, positivo ou negativo, processos complexos que congregam múltiplas clivagens presentes tanto na Política Nacional de Assistência Social como nas ações de combate à pobreza.

A perspectiva do combate à pobreza, ação de caráter temporário e focalizada em determinados segmentos populacionais classificados por critérios variados de "vulnerabilidade", mas sempre condicionados à comprovação de renda insuficiente, tem origem histórica mais recente na condução das agendas sociais internacionais. Cada vez mais distante do enfoque universalista de proteção social, tais programas parecem ganhar autonomia e existência própria quando se observa que sua institucionalização foi acontecendo desarticulada e desvinculada do sistema de Seguridade Social como um todo.[9] Essa tendência de caminhar paralelo não é legatária apenas do caso brasileiro, mas conforma tendência predominante em toda a América Latina (Lavinas, 2004).

O quadro institucional que se apresenta no Brasil, no final da primeira década dos anos 2000, entretanto, apresenta uma estranha aproximação entre combate à pobreza e assistência social, em que diferentes concepções de política de assistência estão postas, cada qual ligada a projetos societários distintos que projetam diferentes horizontes para as políticas sociais e para a sociedade.

Para além das contradições de sentido da Política de Assistência, passível de se perceber quando se compara seu próprio marco legal, ainda deve-se considerar as fragilidades no plano institucional, cujos efeitos aparecem na segmentação da exclusão ao aprofundar um conflito redistributivo de base, entre pobres e quase-pobres (Ivo, 2004). A opção de calcular com precisão crescente "os mais pobres entre os pobres" sedimenta segmentos de "excluídos" da própria proteção social, gerando uma distorção de sentidos na relação entre os cidadãos e o

9. O marco inicial dessa empreitada no Brasil é o Programa Comunidade Solidária. Para maiores detalhes, ver Mauriel, Ana Paula O. *Sonho e realidade na política social do governo FHC*: um estudo sobre a Comunidade Solidária. Dissertação (Mestrado) — Universidade Federal do Rio de Janeiro, Escola de Serviço Social, Rio de Janeiro, nov. 2000.

Estado do ponto de vista dos direitos, criando uma nova estratificação social na base. Isso tem implicações políticas importantes, pois desloca o foco das lutas pelo acesso às riquezas socialmente produzidas, dissociando proteção e direitos sociais.

## Conclusões, ainda que preliminares...

Há mais de uma década, Menezes (1998) já denunciava "a pobre análise da miséria" quando pesquisou a produção teórica das políticas de assistência pública, mostrando que a maioria das leituras sobre política social, em geral, e da assistência, em particular, estava limitada ao horizonte político-institucional, à superestrutura, o que tinha como consequência o politicismo e o reformismo institucional. E isso, afirma a autora, não se deve à falta de fundamentação teórica, mas ao tipo de teoria utilizada.

Hoje, uma perspectiva hegemônica de política social se apresenta como pressuposto, embasada por uma visão reduzida de questão social como pobreza, esta entendida como falta de dotação e de capacidades. Esse "enquadramento" do debate faz com que, novamente, se retome, ainda que por caminhos teóricos renovados, uma concepção superdimensionada das políticas de assistência social no trato à questão social.

Um retrocesso para Werneck Vianna (2009), para quem o debate teórico atual sobre política social e suas estratégias (universais ou focalizadas) deve ter como preocupação (central e não única) a discussão dos fundamentos teóricos que tratam da conciliação entre justiça social e liberdade individual, pois essa formulação remete à percepção da questão social como desigualdade. Pois foi justamente nesse plano de reflexão que a concepção liberal conseguiu "inovar":

> a inovação consiste em resgatar a possibilidade de conciliação entre justiça social e liberdade individual sem descartar a premissa liberal do primado da liberdade sobre a igualdade, ou seja, reiterando como meta a realização da individualidade. (Werneck Vianna, 2009, p. 27).

O pensamento de Amartya Sen e os desenvolvimentos posteriores em forma normativa de recomendações de organismos multilaterais no atual contexto de relações internacionais, em que a importação de modelos externos é a meta a ser atingida, faz com que o alinhamento dos governos às premissas, consideradas vantagens competitivas no mercado global, deva ser seguido à risca como solução para a construção de um padrão de proteção social compatível com o funcionamento do atual padrão de acumulação flexível.

Essa acelerada dinâmica, conduzida pelo pragmatismo, banaliza o conceito de universalização, de cidadania e de justiça social, pois os sistemas classificatórios e os critérios de permanência constituem ferramentas reais de controle dos pobres. Os resultados desses processos, além da reiteração e aprofundamento das desigualdades, aparecem na desmobilização de atores políticos relevantes na luta por direitos.

Nessas circunstâncias, não bastam discursos pré-formatados e estagnados, nem a repetição doutrinária de certezas ou esperanças radicais românticas e messiânicas. Impõe-se a defesa do pensamento crítico para discernir por que tipo de política social trabalha-se para universalizar e por que tipo de direitos está se lutando. Fica aqui o compromisso de resistir e partir para o embate de ideias.

## Referências bibliográficas

BRASIL. Ministério de Desenvolvimento Social e Combate à Fome. Política Nacional de Assistência Social. Brasília, 2004. Disponível em: <www.sedest.df.gov.br/sites/300/382/00000877.pdf>. Acesso em: 17 jun. 2010.

BRASIL. Ministério de Desenvolvimento Social e Combate à Fome. Norma Operacional Básica do Sistema Único de Assistência Social. Brasília, 2005. Disponível em: <www.mds.gov.br/assistenciasocial/financiamento/resolveuid/f074e233a3f456b1a12e38020aed7eac/download>. Acesso em: 17 jun. 2010

______. Lei Orgânica de Assistência Social. Conselho Regional de Serviço Social (Cress). Coletânea de Leis e Resoluções: Lei de Regulamentação da Profissão, Código de Ética, Loas, ECA, SUS e outras. Rio de Janeiro, 1993. [2. ed. 2000.]

BRASIL. Lei n. 12.435, de 6 de julho de 2011. *Diário Oficial da União*, ano CXLVIII, n. 129, de 7 de julho de 2011.

GREEN, Duncan. *Da pobreza ao poder*: como cidadãos ativos e estados efetivos podem mudar o mundo. Prefácio de Amartya Sen. São Paulo: Oxford/Cortez: Oxfan International, 2009.

IVO, Anete Brito Leal. A reconversão da questão social e a retórica da pobreza nos anos 1990. In: CIMADAMORE, Alberto; DEAN, Hartley; SIQUEIRA, Jorge (Orgs.). *A pobreza do Estado*: reconsiderando o papel do Estado na luta contra a pobreza global. Buenos Aires: Clasco, 2006.

______. A reconversão do social: dilemas da redistribuição no tratamento focalizado. *São Paulo em Perspectiva*, v. 18, n. 2, 2004.

LAVINAS, Lena. Universalizando direitos. In: *Observatório da Cidadania*, p. 67--74, 2004. Disponível em: <http://www.socialwatch.org/es/informeImpreso/pdfs/panorbrasileiroe2004_bra.pdf>. Acesso em: 17 jun. 2010.

MAURIEL, Ana Paula Ornellas. *Sonho e realidade na política social do governo FHC*: um estudo sobre a Comunidade Solidária. Dissertação (Mestrado) — Universidade Federal do Rio de Janeiro, Escola de Serviço Social, Rio de Janeiro, nov. 2000.

______. Fundamentos do combate à pobreza na contemporaneidade: Amartya Sen e a perspectiva do desenvolvimento humano. In: SERAINE, Ana Beatriz dos Santos; SANTOS JÚNIOR, Raimundo Batista dos; MIYAMOTO, Shiguenoli. *Estado, desenvolvimento e políticas públicas*. Ijuí/Teresina: Unijuí/Ed. Universitária da UFPI, 2008a.

______. Combate à pobreza e desenvolvimento humano: impasses teóricos na construção da política social na atualidade. Tese (Doutorado) — Unicamp, Instituto de Filosofia e Ciências Humanas, 2008b.

______. Relações internacionais, política social e combate à pobreza. *Em Pauta*, Rio de Janeiro: UERJ, Revan, n. 23, v. 6, jul. 2009.

MENEZES, Maria Thereza C. G. de. *Em busca da teoria*: políticas de assistência pública. São Paulo/Rio de Janeiro: Cortez/UERJ, 1998.

______. *Economia solidária*: elementos para uma crítica marxista. Rio de Janeiro: Gramma, 2007.

PASTORINI, Alejandra; GALIZIA, Silvina. A redefinição do padrão de proteção social brasileiro. *Praia Vermelha*, Rio de Janeiro, UFRJ, ns. 14-15, 1°-2° sem. 2006.

POLÍTICA NACIONAL DE ASSISTÊNCIA SOCIAL. Versão oficial. São Paulo: Cortez, 2004.

PRAHALAD, C. K. *A riqueza na base da pirâmide*: como erradicar a pobreza com o lucro. Porto Alegre: Bookman, 2010.

SARAMAGO, José. *Ensaio sobre a cegueira*. São Paulo: Companhia das Letras, 1995.

Amartya Sen. *Desenvolvimento como liberdade*. São Paulo: Companhia das Letras, 2000.

______. *Desigualdade reexaminada*. Rio de Janeiro: Record, 2001.

SERAINE, Ana Beatriz dos Santos. O empreendedorismo no contexto de reestruturação produtiva: um novo mecanismo institucional para enfrentar o desemprego? In: SERAINE, Ana Beatriz dos Santos; SANTOS JÚNIOR, Raimundo Batista dos; MIYAMOTO, Shiguenoli. *Estado, desenvolvimento e políticas públicas*. Ijuí/Teresina: Unijuí/Ed. Universitária da UFPI, 2008.

TELLES, Vera da Silva. *Pobreza e cidadania*. São Paulo: Editora 34, 2001.

UGÁ, Vivian Dominguez. A questão social como "pobreza": crítica à conceituação neoliberal. Tese (Doutorado) — Iuperj, Rio de Janeiro, 2008.

VALLA, Victor Vicente. Globalização, questão social e a nova pobreza. In: VALLA, Victor Vivente; STOTZ, Eduardo Navarro; ALGEBAILE, Eveline Bertino (Orgs.). *Para compreender a pobreza no Brasil*. Rio de Janeiro: Contraponto/Escola Nacional de Saúde Pública, 2005.

WERNECK VIANNA, Maria Lucia T. As armas secretas que abateram a seguridade social. In: LESBAUPIN, Ivo (Org.). *O desmonte da nação*. Petrópolis: Vozes, 2001.

______. A nova política social no Brasil: uma prática acima de qualquer suspeita teórica? *Praia Vermelha*, Rio de Janeiro, UFRJ, n. 18, 1º sem. 2008.

______. Voz, alívio e oportunidade ou a política social de Arquimedes no Brasil. Receita infalível ou abordagem discutível? *Em Pauta*, Rio de Janeiro, UERJ, Revan, v. 6, n. 23, jul. 2009.

# O CARÁTER PROVISÓRIO DOS MECANISMOS DE REPRODUÇÃO DA FORÇA DE TRABALHO*

*Maria Augusta Tavares***
*Marcelo Sitcovsky****

Questão social e direitos sociais são expressões inerentes à trama contraditória que consubstancia a sociedade capitalista. Em sendo a contradição imanente à ordem, o reconhecimento da primeira não implica a necessária existência da segunda. Paradoxalmente, quando a questão social se intensifica, em lugar de os direitos serem ampliados, estes, ao contrário, são reduzidos; quando não inteiramente suprimidos, como a realidade o demonstra entre o fim do século XX e este início do XXI.

A expressão mais acabada desse movimento contraditório pode ser localizada na crise do *Welfare State*. Como se sabe, o Estado capitalista, na era dos monopólios, passou a intervir diretamente na reprodução da força de trabalho, através das políticas sociais, o que significou para o capital a socialização de parte dos custos da produção; e para os trabalhadores, ganhos civilizatórios, de que são exemplos os direitos trabalhistas e as políticas de seguridade social. Nessas experiências,

---

* Este ensaio integrou a livro Ideologias da Contrarreforma e o Serviço Social, editado pela Editora da UFPE em 2010.

** Professora doutora do Departamento de Serviço Social da UFPB.

*** Professor doutor do Departamento de Serviço Social da UFPB.

que assumiram formas variadas, registra-se a articulação orgânica entre trabalho assalariado e políticas sociais direcionadas aos riscos do trabalho, emblemáticos dos sistemas de seguridade social. Contudo, a partir da crise dos anos 1970, quando o desemprego estrutural agrava a questão social, em lugar da proteção reivindicada pelos trabalhadores, assiste-se à supressão dos direitos, sob o influxo do neoliberalismo.

Desde então, ao contrário do compromisso fordista, pelo qual, segundo Bihr (1999), o proletariado renunciou à aventura histórica em troca da seguridade social, o exame das tendências contemporâneas revela uma agenda regressiva no campo dos direitos. No Brasil, essa regressão se faz acompanhar de uma tendência à informalização do trabalho, o que significa a supressão dos benefícios ocupacionais que, ao menos aos trabalhadores formais, foram concedidos no período fordista. No que se refere ao Brasil, vale ressaltar que embora, rigorosamente, não tenha havido um Estado de bem-estar social, emergiram, à época, benefícios ocupacionais destinados aos trabalhadores empregados com carteira assinada, os quais foram definidores de uma cidadania de empresa, de que não participavam os desempregados e os trabalhadores informais (Mota, 1991). Rompido o compromisso fordista, desemprego e informalidade se expandiram: excluída a possibilidade do salário, há que se oferecer aos desempregados e aos trabalhadores precarizados e informais outros mecanismos de reprodução da força de trabalho. Como disseram Marx e Engels (1998, p. 19), "para oprimir uma classe, é necessário assegurar-lhe ao menos as condições mínimas em que possa ir arrastando a sua existência servil". Nesse sentido, *as condições mínimas* garantidas pelo Estado brasileiro têm sido materializadas via transferência de renda, o que, a nosso ver, caracteriza o Programa Bolsa Família como um mecanismo de reprodução da força de trabalho.

Conforme dados do Governo Federal, o referido programa já abrange mais de doze milhões de famílias, afora a longa fila de espera de outras tantas que também veem nele uma alternativa de sobrevivência. Segundo o IBGE (2008), mais de 44 milhões de brasileiros caminham para a *desproteção* social quando atingirem a velhice. São trabalhadores informais, por conta própria (autônomos), sem carteira assinada, ou seja, aqueles que não contribuem para a previdência social e que representam 47,9% da população ocupada. Em face desse fenômeno, pesquisadores sociais questionam quais as implicações sociais, econômicas e políticas de programas dessa natureza, já que, longe de ser um direito legalmente constituído, consistem tão somente em ações de um determinado governo que sugerem guardar relações com as *novas* formas de assalariamento, reveladoras das tendências à precarização do trabalho. Em suma, questiona-se a sua provisoriedade e a sua função complementar à manutenção do trabalho precário. Ora, com exceção da Lei Geral da Acumulação, o que, no capitalismo, não padece desse caráter provisório? No tocante à natureza das políticas, não são elas, historicamente, artifícios legitimadores da exploração?

Durante o período fordista, quando a intervenção do Estado na reprodução da força de trabalho propiciava a predominância da empresa vertical — cuja produção de A a Z era desenvolvida mediante relações formais — o salário por tempo prometia ser, por excelência, o principal mecanismo de reprodução da força de trabalho. A partir dessa premissa, o trabalho realizado informalmente era visto como uma expressão de atraso e, no sentido de superar tal condição, muitas ações foram empreendidas pelo Estado brasileiro, especialmente nas regiões mais pobres do país, como no Nordeste e no Norte, onde foram criadas, respectivamente, a Superintendência do Desenvolvimento do Nordeste (Sudene) e a Superintendência de Desenvolvimento da Amazônia (Sudam).

Diante da crise, desencadeia-se um processo de reorganização no âmbito da produção e do seu sistema ideológico, pautado em políticas macroeconômicas de liberalização, privatização e desregulamentação, pelas quais se cancelam direitos sociais e trabalhistas. Desmantelam-se, inicialmente, as empresas públicas industriais e financeiras; depois, os serviços públicos infraestruturais, como água, energia, transporte e comunicações, por fim, os serviços públicos de natureza não empresarial, como saúde, educação, segurança social, núcleo essencial do *Welfare State* (Rosa, 2003).

Nesse contexto, desenvolve-se um intenso processo de reestruturação da produção e do trabalho, com vistas a dotar o capital da instrumentalidade necessária à tentativa de recomposição dos patamares de expansão anteriores (Antunes, 2002). Sob os ditames da era Thatcher-Reagan, "o imperialismo recompõe a subalternidade social e material das classes e Estados, integrando-os a um amplo e articulado quadro de dominação", que prevê, dentre outros aspectos, "austeridade salarial, cortes orçamentários na educação e na saúde, privatização de empresas públicas, produção para exportação em prejuízo do mercado interno" (Rosa, 2003, s/p.). Ou seja, sob a égide do mercado aberto, no qual, supostamente, agentes econômicos se encontram e realizam suas trocas mundialmente, as relações entre países centrais e periféricos carregam traços do neocolonialismo. "A análise dos termos em que se pretende a liberalização nos TLC permite uma melhor compreensão da 'troca' pretendida pelo imperialismo: agronegócio *versus* serviços, investimentos e produtos" (Leher, 2005).

Não cabe, aqui e agora, analisar o peso do setor financeiro, do agronegócio e do setor de *commodities* em geral no Governo Lula, muito embora os efeitos decorrentes dessas negociações se façam sentir na política interna do país, que se mostra cada vez mais próxima dos interesses imperialistas. Para o que se quer discutir, atemo-nos a enfatizar que o receituário neoliberal, para além das privatizações das empresas estatais, operou um desmantelamento dos sistemas públicos de seguridade social em todo o mundo e, em sua substituição, articulou um novo padrão de proteção social que combina dois movimentos: de um lado, a mercantilização de direitos sociais, de que são exemplos a saúde e a previdência; de outro lado, a expansão das ações dirigidas à extrema pobreza (vide a prevalência dos programas de transferência de renda).

Nesse sentido, ao mesmo tempo em que se cancelam direitos, sobretudo do trabalho, a exigência de reprodução social suscita o surgimento de outras ações, tendo em vista a preservação da ordem vigente. Graças ao aumento do desemprego, ao emprego precário e à expansão do trabalho informal, os antigos sistemas de seguridade social, especialmente a política previdenciária, já não mais conseguem integrar a força de trabalho, seja ela ocupada ou excedente. Não por acaso, as agências internacionais obrigaram os países latino-americanos a realizar as reformas da previdência e da saúde, processo que foi acompanhado do incentivo à criação e proliferação dos programas de renda mínima. Países como o México, Chile, Argentina e Brasil seguiram as prescrições do Consenso de Washington, realizando os ajustes econômicos, assim como as reformas regressivas no âmbito dos sistemas de proteção social. O resultado foi que, nesses países, como em outros, registrou-se o desenvolvimento de um novo padrão de proteção social alavancado pelos programas de transferência de renda.

A análise do que apresenta a realidade impõe que se considerem os nexos existentes entre a crise como um *continuum* (Mészáros, 2009), a tendência ao trabalho informal (Tavares, 2004), a *revolução silenciosa* que teria sido promovida pelo Programa Bolsa Família (Banco Mundial, 2007) e a busca pela valorização incessante do capital (Marx, 1983).

Considerando, por um lado, a crise em termos estruturais, portanto, a sua prevalência e, por outro, o fim capitalista, é possível supor que a impossibilidade de recomposição dos sistemas de seguridade social, característicos do *Welfare State*, e a generalização do trabalho informal são irrefreáveis. Se há correção nesta assertiva, se o salário já não constitui o mecanismo predominante de reprodução da força de trabalho, quais os limites para a expansão do Programa Bolsa Família? Há condições objetivas de este programa de governo tornar-se *direito de todos e dever do Estado*? Quanto mais o capital suporta de *revolução silenciosa*? Teria chegado a hora de os trabalhadores saírem da sua educada e disciplinada mudez e promoverem a verdadeira revolução?

Na tentativa de colocar em pauta esse debate, pretende-se resgatar em breves linhas a trajetória da formação do salário e dos programas assistenciais de transferência de renda para, nesse processo, demonstrar a interinidade da política, seja ela patrocinada pelo Estado ou apenas por um governo. Em última instância, pretende-se chamar atenção para as lições que a história nos oferece, dado que nela se encontram os fundamentos para romper-se com o que está posto.

## Do salário máximo ao mínimo

Transformar trabalhadores independentes em trabalhadores assalariados pressupunha dinheiro acumulado; mas, principalmente, pressupunha o processo histórico de separação dos meios de produção dos produtores. Em poucas palavras, a propriedade privada, cujos princípios guardam relações de dominação, que, na sociedade capitalista, se materializam na relação salarial.

Separados dos meios de produção e tornados "livres como os pássaros" (Marx, 1984, 268), eis que, nesta sociedade da propriedade privada, os sujeitos que produzem não são nem propriedade nem proprietários: "a propriedade privada está suprimida para nove décimos de seus membros; ela existe precisamente pelo fato de não existir para nove décimos" (Marx e Engels, 1998, p. 24).

Esse revolucionamento cria a base do modo de produção capitalista, que ocorreu, segundo Marx (1984, p. 264), "no último terço do século XV e nas primeiras décadas do século XVI". A partir de então, graças à expulsão violenta do campesinato da base fundiária — sobre a qual o senhor feudal possuía o título — e à usurpação das terras comunais,[1] uma massa de proletários foi lançada no mercado de trabalho pela dissolução dos séquitos feudais.

O processo de expropriação recebe novo impulso, no século XVI, pela Reforma,[2] quando muitos bens da Igreja foram roubados. Suprimidos os conventos, portanto, jogados os seus moradores na proletarização e, ainda, confiscada parte dos dízimos destinada a camponeses empobrecidos, a situação chega a tal ponto que nem a inacessível oligarquia inglesa podia mais ignorar: "O pobre é em toda parte subjugado" (Marx, 1984, p. 266). Assim, no quadragésimo terceiro ano do

1. A propriedade comunal — diferentemente da propriedade do Estado — era uma antiga instituição germânica que continuou a existir com a cobertura do feudalismo. Sua violenta usurpação começa no final do século XV e prossegue no século XVI.

2. Movimento contra a Igreja Católica que eclodiu na Europa, nos séculos XVI e XVII.

reinado da rainha Elisabeth (XVI-XVII), o pauperismo foi oficialmente reconhecido e criado o imposto para os pobres.

Marx (1984, p. 267), citando Cobbett, observa: "Os autores dessa lei se envergonhavam de enunciar suas razões e, por isso, contra toda a tradição, trouxeram-na ao mundo sem nenhum preâmbulo (exposição de motivos)". Essa lei, declarada perpétua, ganhou "em 1834, uma forma nova e mais dura" (Marx, 1984, p. 267). No sul da Inglaterra, vários proprietários fundiários e arrendatários abastados reuniram suas inteligências e formularam dez perguntas sobre a interpretação correta da Lei dos Pobres, e as submeteram a um jurista famoso. Na nona pergunta, propunha-se a construção de uma prisão na paróquia. Ao pobre que não se deixasse encarcerar, estaria negado o auxílio. Aos que se deixassem prender, sua existência seria anunciada à vizinhança para que, mediante propostas lacradas, a exemplo das licitações para compra de bens ou serviços, pudessem ser arrendados, tendo como critério o preço mais baixo pelo qual desejariam tomá-los. Os representantes desses interesses induziriam a Câmara dos Comuns a propor uma lei que permitisse o encarceramento e o trabalho forçado dos pobres, de modo que aquele que se recusasse não teria direito a nenhum auxílio. Nesse sentido, no Parlamento escocês, um republicano propõe que seja restaurada a condição de servidão e tornados escravos todos os que sejam incapazes de prover sua própria subsistência. Providências dessa ordem impediriam que as pessoas em condição de miséria pedissem auxílio, obrigando-se a trabalhar sob quaisquer condições (Marx, 1984, p. 267).

A Revolução Gloriosa (1688), golpe de Estado que consolidou a monarquia constitucional na Inglaterra, baseado num compromisso entre os nobres proprietários fundiários e a burguesia, inaugurou uma era de roubos. Terras do Estado foram presenteadas, vendidas ou anexadas a propriedades privadas, o que explica a base fraudulenta dos domínios da oligarquia inglesa. Esses métodos de apropriação foram amplamente favorecidos pela burguesia nascente, que visava transformar a base fundiária em artigo de comércio, expandir a exploração agrícola e multiplicar a oferta de proletários provenientes do campo (Marx, 1984, p. 268).

No século XVIII, o progresso consiste em a própria lei se tornar veículo do roubo das terras do povo, embora os grandes arrendatários ainda aplicassem os métodos privados. Tudo isso se justificava por uma riqueza que prometia o bem geral. A divisão do trabalho, para Smith, criaria a abundância para todos, inclusive para a população mais pobre. Nas palavras dele: "É a grande multiplicação das produções de todas as artes, consequência da divisão do trabalho, que origina, numa sociedade bem administrada, a opulência generalizada que se estende às camadas mais inferiores da população" (Smith, 1993, v. I, p. 89). Marx (1984, p. 269), na sua crítica à Economia Política, diria que aquele século ainda não havia compreendido "a identidade entre riqueza nacional e pobreza do povo", o que seria magistralmente desvelado por ele no século XIX. Contudo, o desconhecimento da existência da questão social não cancela as suas consequências materiais. A usurpação da terra comunal e a consequente revolução da agricultura tiveram efeitos tão nocivos à classe trabalhadora que, entre 1765 e 1780, o salário caiu abaixo do mínimo, passando a ser complementado pela assistência oficial aos pobres (Marx, 1984, p. 270). Embora não se possa confundir essa assistência aos pobres com os modernos sistemas de seguridade social, uma vez que o Estado capitalista só passou a intervir sistematicamente na reprodução da força de trabalho na passagem do século XIX para o XX, as semelhanças com os atuais mecanismos de reprodução da força de trabalho são inegáveis.

Vê-se que o pensamento burguês muito pouco se renovou. No século XVIII, como no XXI, tanto o salário quanto a assistência, juntos ou isoladamente, estão indissociavelmente ligados à reprodução da força de trabalho. Essa inferência remete aos atuais programas de transferência de renda, que à semelhança do período antes evocado, também atuam como complemento ou substituição ao salário.

Sitcovsky (2010) demonstra que na medida em que cresce o desemprego e se reduzem postos de trabalho formais, os sistemas de seguridade social são reestruturados e se desenvolve a tendência à expansão dos programas assistenciais de transferência de renda. Os dados analisados, na sua tese de doutorado, *Bolsa Família e reprodução da força de trabalho no Brasil: implicações socioeconômicas e políticas*, revelam a unidade entre trabalho precário e o Programa Bolsa Família. Este programa ora cumpre funções econômicas, à medida que complementa os baixos rendimentos, ou se constitui na única renda, com a qual seus beneficiários têm acesso a bens de consumo, ora cumpre funções políticas, uma vez que, em alguns casos, permite aos trabalhadores recusarem remunerações de miséria, historicamente pagas, nas regiões mais pobres do país, sobretudo na zona rural.[3]

A dimensão assumida por esse programa e as formas contemporâneas de trabalho, que, via de regra, lançam o trabalhador na informalidade, remetem obrigatoriamente à maleabilidade da política. Como vimos, o *Welfare State* não resistiu às condições objetivas do desenvolvimento capitalista. Concomitantemente à impossibilidade de valorização do capital, assistimos à regressão das políticas sociais. Portanto, considerada a tendência de concentração e centralização do capital, procede que se problematize o referido programa, enquanto mecanismo de reprodução da força de trabalho.

Embora, na sociedade capitalista, a vida do trabalhador não imponha limites à produção, abandonar à própria sorte os trabalhadores sobrantes implicaria, se não uma ameaça concreta, ao menos o questionamento à legitimidade do sistema. Daí, contrariando os poderes da *mão invisível* que, supostamente, garantiria o equilíbrio social, desde que respeitada a liberdade do mercado, faz-se necessária a intervenção do Estado sobre o trabalho, iniciando-se pelo regime de assalariamento. Dir-se-ia que, separados os produtores dos meios de produção, o direito ao salário consubstancia o primeiro compromisso da sociedade capitalista para com os trabalhadores. Mas, faz-se necessária uma ressalva: à semelhança do fordista, esse também "não é resultado de duas vontades livres, que se engajam reciprocamente de maneira clara e refletida uma em relação à outra" (Bihr, 1999, p. 36).

Como a história demonstra, o proletariado não foi absorvido pela manufatura nascente na mesma velocidade em que se decretara a sua liberdade e em que este foi lançado à exploração capitalista. Tampouco o

3. Essa discussão, em detalhes, também pode ser encontrada na tese referida.

proletariado conseguiu enquadrar-se facilmente à disciplina das novas relações de produção. Daí muitos se converterem em mendigos, assaltantes, vagabundos, razão pela qual, no final do século XV e durante o século XVI, surge uma legislação sanguinária contra a vagabundagem. "A legislação os tratava como criminosos 'voluntários' e supunha que dependia de sua boa vontade seguir trabalhando nas antigas condições, que já não existiam" (Marx, 1984, p. 275).

Os velhos e incapacitados para o trabalho tinham uma licença para mendigar. Para os válidos, açoitamento e cárcere. Açoitados até sangrar, eram obrigados a jurar que retornariam à terra natal, ou ao lugar onde moraram nos últimos três anos e se porem ao trabalho. Se apanhados pela segunda vez, eram novamente açoitados e tinham uma orelha cortada. Na terceira reincidência, eram executados (Marx, 1984, p. 275).

Um estatuto do governo de Eduardo VI (1547) estabelece que se alguém se recusar a trabalhar e for denunciado, deverá tornar-se escravo de quem o denunciou como vadio. O dono tem amplos poderes sobre o escravizado, podendo até matá-lo. Todas as pessoas têm direito de tomar os filhos dos vagabundos e mantê-los como aprendizes – os rapazes até 24 anos, as moças até 20. Se fugirem e forem pegos, tornar-se-ão escravos dos mestres. Estes também podem acorrentá-los, açoitá-los e ainda marcá-los com um anel de ferro no pescoço, nos braços ou nas pernas. O estatuto ainda prevê que certos pobres devem ser empregados pela comunidade ou pelos indivíduos que lhes deem de comer e beber e desejem encontrar trabalho para eles (Marx, 1984, p. 275-276).

Outros estatutos de conteúdos idênticos foram formulados nos governos seguintes. Leis semelhantes vigoraram na França. No reinado de Luís XVI, em 1777, todo homem com boa saúde, de 16 a 60 anos, sem meios de sobrevivência e sem exercer uma profissão, devia ser mandado para as galés. Observa-se, nessa discussão empreendida por Marx sobre o assalariamento dos expropriados, que procedimentos análogos foram adotados em vários países europeus. E, se não no todo, ao menos no tocante ao limite da idade para o economicamente ativo, a discussão remete aos dias atuais. Respeitadas as especificidades históricas, um conjunto de fatores conduz à interpretação de que, hoje, se deve trabalhar para além dos 60 anos. Aludindo-se, principalmente, às alterações na longevidade, com usufruto de um maior tempo de não trabalho, o direito à aposentadoria tem sido questionado, de modo que o provável elastecimento da vida seja compensado por um encurtamento daquele benefício. E não se trata de uma particularidade da América Latina ou do chamado Terceiro Mundo. Ao contrário, trata-se de uma das mais recentes medidas do governo francês.

Retomando o início dessa história, vemos que a disciplina necessária ao trabalho assalariado foi imposta por leis terroristas, "por meio do açoite, do ferro em brasa e da tortura" (Marx, 1984, p. 277). Mas isso ainda era insuficiente. Não bastava ser forçado a vender voluntariamente sua força de trabalho. Era imprescindível que as exigências do modo de produção capitalistas fossem reconhecidas como leis naturais. A educação, a tradição e os costumes tratarão disso, ratificando Marx e Engels (1984, p. 23), em uma de suas célebres assertivas: "Não é a consciência que determina a vida, é a vida que determina a consciência".

Quando plenamente constituído o capitalismo, a própria organização da economia se encarrega de produzir uma superpopulação que quebra toda a resistência do trabalhador. O salário é adequado às necessidades de valorização do capital e "a muda coação econômica sela o domínio do capitalista sobre o trabalhador" (Marx, 1984, p. 277). A partir daí, a violência dos métodos extraeconômicos só é empregada excepcionalmente. Para o curso usual do capitalismo, bastam as leis internas ao modo de produção, às quais se ajustam as leis constantemente formuladas pelo Estado, em consonância com as crises cíclicas do capital e seus movimentos de restauração. Tendo como referência a ordem burguesa, o Estado vai regular o salário, conforme os limites convenientes à extração de mais-valia, de modo a manter o necessário grau de dependência do trabalhador.

Ainda conforme nosso autor, a legislação sobre o trabalho assalariado foi iniciada na Inglaterra, pelo Estatuto dos Trabalhadores de Eduardo III, em 1349, e reproduzida em outros países, com conteúdos idênticos, como até hoje, buscando sempre o prolongamento da jornada de trabalho. À época, nem se cogitava discutir um salário mínimo. Estava em questão um salário máximo. Assim, foi estabelecida uma tarifa legal de salário para a cidade e para o campo, considerando o trabalho por peça e por dia. Contudo, os trabalhadores do campo deviam alugar-se por ano, enquanto os da cidade, "no mercado aberto" (Marx, 1984, p. 278; grifo do autor). Era proibido, sob pena de prisão, pagar salários mais altos, porém a punição era maior aos que os recebiam: 10 dias para quem pagasse o salário, 21 para quem o recebesse. Um Estatuto de 1360 agravou as penas e até autorizou o patrão a recorrer à coação física para extorquir trabalho pela tarifa legal de salário. Só em 1813, as leis sobre regulação de salários foram abolidas. Mas as coalizões de trabalhadores foram consideradas crimes graves desde o século XIV até 1825. Neste ano, ante a atitude ameaçadora do proletariado, as leis caíram em parte, permanecendo alguns resíduos até 1859 (Marx, 1984, p. 278-279). Como a história o demonstra, entre mais retrocessos e menos avanços, as leis sempre se colocaram a serviço da classe dominante.

O salário é, sem dúvida, uma das bases da configuração topológica da sociedade capitalista, portanto, intrinsecamente articulado ao fim capitalista. Assim, dados os mecanismos de que o sistema dispõe para a criação e a constante ampliação da superpopulação relativa, é imprescindível que se formulem normas estatais que regulamentem o trabalho e a atividade produtiva. Ou seja, em alguma medida, a articulação entre econômico e social requer um ordenamento jurídico. Não por acaso, a relação salarial se move ao ritmo do desenvolvimento capitalista, de modo que seus códigos escritos coincidem com o triunfo do projeto de industrialização. A partir daí, foram adotadas alterações, que variam de um país para outro, ou entre regiões, em conformidade com o momento histórico e com a correlação de forças dos dois polos da contraditória relação capital-trabalho. Mas, seja maior ou menor a intervenção do Estado, a articulação entre o econômico e o social não prescinde de um embasamento jurídico, o que não significa afirmar uma intervenção estatal inteiramente favorável aos trabalhadores. Ao contrário, a existência da lei respalda a função social do Estado, isentando-o de ser omisso, embora saibamos que nem sempre a lei é respeitada.

A isso se acrescenta o fato de que as leis não são estáticas, estando, portanto, em constante movimento, ao ritmo das mudanças requeridas pelo fim capitalista. Com isso, reiteramos uma das hipóteses inicialmente aventada, segundo a qual a única lei imutável nesta sociedade capitalista é a lei do valor, à qual todas as outras se subordinam.

## Estado capitalista e reprodução da força de trabalho

O estudo da gênese das políticas sociais pensadas como mecanismos de reprodução da força de trabalho, em que se incluem os programas de transferência de renda, conduz à análise das primeiras ações do Estado dirigidas à pobreza.[4] Tais ações estatais tinham como referência, conforme tratamos na seção anterior, a questão do *não trabalho*, ou melhor, estavam, de acordo com a perspectiva liberal clássica, destinadas a combater a preguiça e a vagabundagem. Como veremos mais adiante, com o advento do capitalismo monopolista, o Estado assumirá papel central na garantia das condições à acumulação capitalista, incluindo as ações dirigidas ao controle e disciplinamento da força de trabalho.

Do ponto de vista histórico, é preciso reconhecer que essas ações do Estado estiveram diretamente articuladas ao processo multissecular de construção da sociedade burguesa. As necessidades da nascente sociedade capitalista operaram profundas transformações no processo de produção de mercadorias, incluindo, como vimos, o processo de assalariamento da força de trabalho. Nesse sentido, foi preciso submeter enormes contingentes da população pobre aos novos métodos de trabalho, o que demandou a participação direta do Estado, mediante uma legislação que punia o *não trabalho*.

---

4. A elas atribui-se o estatuto de protoformas das políticas sociais, que, no capitalismo monopolista, vai assumir a forma de sistemas de seguridade social.

A análise da Lei dos Pobres (*Poor Law*), na Inglaterra, indica o encaminhamento do Estado em direção à garantia das condições históricas para o assalariamento, o que, do ponto de vista histórico, representa uma das condições necessárias para o florescimento da sociedade capitalista. A evolução dessa lei parece demarcar o fim de uma época: foi no final do século XVIII, na cidade de Speenhamland, que juízes ingleses, diante do fenômeno da fome, arbitraram um mínimo baseado no preço do pão. Por isso, "a *Speenhamland Law* ou Lei de Assistência aos Pobres, na Inglaterra (1795-1834), é também conhecida como um Sistema de Abonos" (Schons, 2003, p. 69; grifo do autor). O Estado inglês promoveu à época uma política de auxílio às famílias pobres, proporcional ao número de filhos. Assim se configurou, segundo Faleiros (1997), o primeiro mínimo social. De acordo com Coggiola (2009), a lei dos pobres complementava os salários pagos, baseada no preço do trigo e no número de filhos da família. O dinheiro para o pagamento do subsídio advinha de contribuições pagas pelos que tinham posses.

O intuito do Estado inglês, ao garantir o subsídio, era evitar a insurreição da população faminta. Para os proprietários de terras ingleses, o sistema de abonos era vantajoso, pois transferia a todos os contribuintes os gastos com os trabalhadores durante a entressafra, quando o salário era abolido e os trabalhadores eram mantidos com o subsídio da Lei dos Pobres. Assim, o abono pago às famílias pobres era muito mais um *subsídio da sociedade* aos proprietários, que diminuíam seus gastos com salários, do que uma transferência de renda do Estado aos trabalhadores do campo (Coggiola, 2009, p. 3).

*Mutatis mutandis,* não são semelhantes os motivos e as medidas adotadas via programas de renda mínima no Brasil do século XXI?

Porém, em 1834, no auge do liberalismo clássico, a prática de pagamento de subsídio aos necessitados foi condenada e suprimida. Os custos crescentes do sistema de abonos (*Speenhamland Law*) levaram o Estado à proibição de qualquer tipo de complementação salarial aos pobres e, em seguida, foi instituída uma nova legislação (*Poor Law Amendment Act*), que estabelecia o internamento dos pobres nas *workhouses* — as conhecidas casas de trabalho — para onde os desempregados eram levados e obrigados a trabalhar até 14 horas diárias (Coggiola, 2009). Poder-se-ia dizer que os programas de transferência de renda estão imunes a idênticas alterações?

A história nos ensina que *tudo que é sólido desmancha no ar*. Movido pelo seu fim último, o capitalismo ora avança, ora recua, muitas vezes afirmando o que antes negara com veemência ou vice-versa. A depender das particularidades históricas e do espaço econômico que determinados segmentos ocupam na organização da produção, podem surgir divergências entre os próprios capitalistas. Nessa direção, são exemplares as diferentes avaliações feitas ao Programa Bolsa Família: enquanto para o Banco Mundial (2007) o programa promove uma *revolução silenciosa*, sendo, portanto, aplaudido e incentivado, para os latifundiários do Nordeste do Brasil e, igualmente, para pequenos produtores rurais e urbanos da mesma região, o mesmo programa é interpretado como um incentivo à preguiça e à acomodação. Embora saibamos que tais programas não constituem uma particularidade de países pobres, ao analisá-los no território brasileiro, somos obrigados a pensar nas suas regiões mais pobres, onde esse benefício é mais demandado e onde as relações tendem a ser mais atrasadas. Preservada a desigualdade, tais programas atuam como um fator limitante à exacerbação da exploração da mais-valia, porquanto a garantia dessa renda pode, às vezes, reduzir o poder do capital sobre o trabalho, ao menos nas relações baseadas na superexploração, que

> se definem mais pela maior exploração da força física do trabalhador, em contraposição à exploração resultante do aumento da produtividade, e tendem normalmente a expressar-se no fato de que a força de trabalho se remunere por baixo do seu valor real (Marini, 2000, p. 160)

Sabe-se que algumas atividades, nas regiões mais pobres do Brasil — mas não exclusivamente — combinam exploração do trabalho e degradação humana, guardando semelhanças com as chamadas casas de trabalho, do início do capitalismo. Estas, para alguns pesquisadores, eram verdadeiras casas de tortura (Faleiros, 1997).

Segundo Coggiola (2009, p. 4),

> [...] as casas de tortura eram odiadas pelos trabalhadores e a luta contra sua implementação levou a várias revoltas, e mereceram até o seguinte comentário de Karl Marx: É notório que na Inglaterra, onde o mínimo da burguesia é o mais extenso, até a beneficência pública assumiu as formas mais nobres e ternas: as *work houses* britânicas — hospícios nos quais o excedente da população trabalhadora vegeta às custas da sociedade civil — unem do modo mais refinado a filantropia com a vingança que a burguesia exerce sobre os desgraçados que se veem na necessidade de recorrer a seu magnânimo bolso. Não só se nutrem os pobres diabos com os alimentos mais miseráveis, escassos e insuficientes até para a reprodução física, mas também sua atividade fica limitada a uma aparência de trabalho, um trabalho improdutivo que obstrui a mente e encolhe o corpo.

O exame inicial a propósito das ações do Estado, durante esse período, revela que havia um nítido encaminhamento à formação da força de trabalho para o processo de industrialização. Era preciso estimular a ética do trabalho, ou melhor, que o trabalho assalariado constituísse a única forma de atendimento às necessidades, assim como era necessário garantir a subsistência da força de trabalho excedente. Nesse sentido, ainda conforme Coggiola (2009), a função que a Lei dos Pobres cumpria para os fazendeiros no Sul era similar às que as *workhouses* deveriam cumprir para a burguesia industrial no Norte. Ou seja, era preciso garantir a manutenção do *exército industrial de reserva* nas épocas de retração e desemprego, de forma que sempre houvesse trabalhadores (pobres laboriosos) aptos ao trabalho quando a atividade econômica voltasse a um ciclo de expansão.

Portanto, as leis elizabetanas fazem parte dos mecanismos econômicos e políticos que incidiram, inicialmente, no processo de constituição da força de trabalho, garantindo a expansão do assalariamento, e, posteriormente, na manutenção da força de trabalho excedente. Essa experiência permite supor que a Lei dos Pobres acabou por indicar possíveis caminhos a serem adotados pelas modernas políticas sociais, em especial, no que tange às situações de desemprego.

Evidentemente, não se pretende aqui realizar um balanço do surgimento das políticas sociais, dado que isso não é central para os objetivos deste ensaio. A esse respeito há uma ampla literatura. Realçamos o caráter provisório das políticas sociais capitalistas, no sentido de problematizar o devir dos trabalhadores, sobretudo os da periferia, como os brasileiros, em face do tratamento que receberam no *Welfare State* e, agora, diante do que se lhes oferece como mecanismo de reprodução da sua força de trabalho.

A tentativa de atenuar contradições na passagem do capitalismo concorrencial à idade dos monopólios não impediu que os operários brasileiros fossem excluídos dos benefícios do compromisso fordista. Esse novo ciclo da acumulação foi embalado por iniciativas político-econômicas que redimensionaram e refuncionalizaram, entre outras coisas, os mecanismos *extraeconômicos*, mais especificamente, aqueles pertinentes ao Estado.

> Até então, o Estado, na certeira caracterização marxiana, o representante do capitalista coletivo, atuara como o cioso guardião das *condições externas da produção capitalista*. Ultrapassava a fronteira de garantidor da propriedade privada dos meios de produção burgueses somente em situações precisas — donde um intervencionismo emergencial, episódico, pontual. Na idade do monopólio, ademais da preservação das condições externas da produção capitalista, a intervenção estatal incide na organização e na dinâmica econômica *desde dentro*, e de forma contínua e sistemática. Mais exatamente, no capitalismo monopolista, as funções *políticas* do Estado imbricam-se organicamente com as suas funções *econômicas* (Netto, 2001, p. 25; grifos do autor).

O Estado monopolista assumiu importantes funções econômicas. Recordemos a intervenção direta em setores básicos, considerados não rentáveis pelos capitalistas, como, por exemplo, a produção de energia. O socorro a empresas falidas e/ou em dificuldades também fazia parte das novas ações estatais, ficando franqueada ao Estado a utilização, sob várias formas, do fundo público para garantir as condições necessárias à acumulação capitalista. Investimentos públicos em infraestrutura (portos, aeroportos, rodovias, ferrovias) são exemplos da nova face intervencionista do Estado, assim como os investimentos orientados à formação da força de trabalho.

Esse novo padrão de intervenção do Estado deve ser compreendido no tempo e no espaço, o que significa situar essas mudanças no aparelho estatal como operações empreendidas pelas classes dominantes, tendo em vista enfrentar as sucessivas crises do início do século XX e recompor as taxas de lucratividade. O Estado é acionado para oferecer garantias, diretas e indiretas, de produção e reprodução do capital.

No sentido de garantir as condições de reprodução do capital, o Estado assumiu a tarefa de reprodução material e espiritual da força de trabalho. Segundo Netto (2001), esse é um elemento novo; pois, no capitalismo concorrencial, a intervenção estatal se limitava ao exercício legal da violência para fazer frente às lutas das massas exploradas. No estágio monopolista, a preservação e o controle contínuos da força de trabalho, ocupada e excedente, são função estatal de primeira ordem. Um importante mecanismo nesse processo é a ampliação da legislação social, que ganhou significativo impulso no período monopolista, segundo Mandel (1982, p. 338). Nas suas palavras:

> Em certo sentido tratou-se [a ampliação da legislação social] de uma concessão à crescente luta de classe do proletariado, destinando-se a salvaguardar a dominação do capital de ataques mais radicais por parte dos trabalhadores. Mas ao mesmo tempo correspondeu também aos interesses gerais da reprodução ampliada no modo de produção capitalista, ao assegurar a reconstituição física da força de trabalho onde ela estava ameaçada pela superexploração.

O Estado, como instância da política econômica do monopólio, é obrigado a assegurar continuamente a reprodução e a manutenção da força de trabalho, ocupada e excedente. No primeiro caso, os trabalhadores ocupados entram no circuito dos sistemas de seguro social que, de acordo com as particularidades dos países, assumiram múltiplas formas, congregando, principalmente, políticas de previdência e saúde, direcionadas aos riscos do trabalho. Para Faleiros (1985), os seguros sociais, a formação continuada e a medicina de empresa são acionados quando há uma queda na capacidade de trabalho do trabalhador. Essas ações são colocadas em movimento para que, o mais rapidamente possível, o trabalhador retome às suas atividades. No segundo caso, a reprodução da força de trabalho excedente se realiza, sobretudo, pela assistência social.

"A participação do Estado na criação de mecanismos de reprodução da força de trabalho, de que é exemplo a implementação de medidas de proteção social, consubstanciará uma estratégia mediadora das relações entre produção e reprodução" (Mota, 2000, p. 127). Em consonância com essa interpretação, Netto (2001) afirma que a função essencial da política social do Estado burguês, no estágio monopolista, se revela nos processos referentes à preservação e ao controle da força de trabalho. Porém, adverte para o fato de que essa não é sua única função, asseverando que os sistemas de previdência social são importantes instrumentos para contra-arrestar a tendência ao subconsumo. Isso significa que as políticas sociais, ao garantirem parte da reprodução material da força de trabalho, liberam, por seu turno, parte da renda dos trabalhadores para o consumo de mercadorias. Nesses termos, as políticas sociais assumem um lugar estratégico na reprodução ampliada do capital e se constituem como parte dos mecanismos anticrise.

Ademais, como assinalamos anteriormente, embora as ações do Estado destinadas à reprodução da força de trabalho possuam um invólucro de benefício, de conquista do trabalhador, são reveladoras de um importante mecanismo de controle/disciplina da classe trabalhadora, ocupada e excedente. Ou seja, cabe também ao Estado a função de construir consensos. Nesse sentido, afirmam Netto e Braz (2006, p. 205):

> De fato, o que ocorre é que a intervenção estatal desonera o capital de boa parte dos ônus da preservação da força de trabalho, financiados agora pelos tributos recolhidos da massa da população — financiamento que assegura a prestação de uma série de serviços públicos (educação, transporte, saúde, habitação etc.). Todas essas funções estatais estão a serviço dos monopólios; porém, elas conferem ao Estado comandado pelo monopólio um alto grau de legitimação. E isso porque, num marco

democrático, para servir ao monopólio, o Estado deve incorporar outros interesses sociais; ele não pode ser, simplesmente, um instrumento de coerção — deve desenvolver mecanismos de coesão social.

Importa ressaltar que a despeito de as políticas sociais se constituírem em *antecipações estratégicas* das classes dominantes, elas são impensáveis sem a organização da classe trabalhadora.

> A complexidade das relações sociais, presentes na constituição e intervenção do Estado, indica que o encaminhamento da ação estatal tanto depende das lutas dos trabalhadores, quanto dos modos de absorção de suas reivindicações pelo capital. É no interior desse movimento, dialético e contraditório, que se dá a estruturação dos sistemas de seguridade social nas sociedades capitalistas ocidentais. (Mota, 2000, p. 122)

Não resta dúvida de que essa organização levou o Estado a reconhecer direitos sociais e a adotar políticas sociais mais amplas. Contudo, o reconhecimento de que a luta de classes é uma importante mediação para o desenvolvimento das políticas sociais, não pode servir de justificativa para operar uma mistificação com que se busca apagar o conteúdo de classe do Estado. Nessa perspectiva, os elementos aqui sumariados ressaltam as funções das políticas sociais, entre elas, as de seguridade social, sejam do ponto de vista econômico, sejam do político ou ideológico.

O desenvolvimento ulterior das tendências de intervenção dos Estados nacionais na reprodução da força de trabalho vai conduzi-los à construção de sistemas de proteção social que irão adquirir as características próprias do desenvolvimento capitalista, correspondentes às particularidades das formações sociais em diferentes latitudes. Isso implica um desenvolvimento heterogêneo nos sistemas de proteção social, os quais assumem grande relevância na reprodução da força de trabalho, ocupada e excedente, de diversos países. Contudo, há que se reconhecer a existência de ao menos dois grandes padrões de proteção social nas sociedades ocidentais: bismarckiano e beveridgiano, cuja distinção deixamos a cargo da literatura especializada.

Neste ensaio, interessa enfatizar que, na fase cíclica de expansão capitalista, os países centrais estabeleceram sistemas de proteção social que se traduziram em importantes conquistas para os trabalhadores, o que não invalida o conteúdo de disciplinamento e controle da força de trabalho. Tais conquistas estiveram circunscritas à proteção aos riscos sociais do trabalho assalariado, constituindo um modelo de cidadania burguesa alicerçada no que a literatura denomina de pacto fordista-keynesiano, que, como já foi demarcado, não atingiu igualmente a todos os trabalhadores. Aliás, segundo Bihr (1999), mesmo nos países centrais, os operários desqualificados, cuja competência foi reduzida a gestos elementares, se beneficiaram muito pouco das vantagens do compromisso fordista, sem ter das organizações sindicais a mesma defesa e integração que tiveram os herdeiros dos operários de ofício.

Nesse período, desenvolveram-se políticas sociais que, junto com o sistema de assalariamento, deram corpo a um modelo de gestão e controle da força de trabalho. O trabalho socialmente protegido agregava direitos trabalhistas, direitos previdenciários, direito à saúde e à assistência, dentre outros. Resguardadas as restrições já explicitadas, o Estado pactuou políticas sociais, que de um lado beneficiavam os trabalhadores e de outro o capital.

Os primeiros sinais de rupturas desse pacto foram sentidos quando o capital ingressou num ciclo de estagnação, expresso na queda tendencial da taxa de lucro. Desde finais dos anos 1960, a economia mundial passou a conviver novamente com crises de superprodução e superacumulação. A fórmula dominante, apresentada como tentativa de superação dessa crise, combinou um retorno às ideias liberais clássicas, dessa feita sob o invólucro do neoliberalismo. Os resultados econômicos, sociais e políticos da aplicação das medidas neoliberais já são por demais conhecidos. Resta-nos, portanto, aqui e agora, recuperar suas implicações no campo dos mecanismos de reprodução da força de trabalho operados pelo Estado capitalista. Esse movimento nos obriga a destacar as transformações recentes na seguridade social, explicitando a prevalência dos programas de transferência de renda e sua relação com o trabalho precário.

Em se tratando de uma crise de superacumulação, os mecanismos colocados em movimento para enfrentar esse fenômeno fazem parte de um conjunto de práticas econômicas, sociais, políticas e ideológicas que, de forma condensada, expressa a mundialização da economia. Resultante de um processo de reestruturação produtiva do capital, a mundialização da economia se pauta no neoliberalismo, política econômica que carrega os princípios do liberalismo, em circunstâncias históricas que permitem intensificar ainda mais a contradição capital-trabalho.

A partir dos fundamentos que materializaram a reestruturação produtiva, cujo propósito é a superação da crise, o capital engendrou transformações societárias que podem ser observadas mediante a análise das mudanças ocorridas nas formas de produção de mercadorias e no padrão de intervenção social do Estado. Contudo, esses mecanismos não foram suficientes para bloquear as suas manifestações, que acabam por aprofundar as desigualdades e a pobreza. A adoção das prescrições neoliberais em larga medida tem sido responsável por ampliar velhas manifestações da questão social e por suscitar novas. Até o Banco Mundial — um dos principais divulgadores dos ajustes neoliberais — na entrada do século XX, esboçava uma autocrítica, como pode ser observado nas teses de Stiglitz (2003) a propósito dos *malefícios da globalização.* A agenda neoliberal, ao redefinir o padrão de intervenção social dos Estados — numa nítida operação de desmonte — acabou por submeter parcelas crescentes da população a um padrão de proteção social organizado pelos princípios da focalização e da seletividade, quando não a serviços sociais públicos precários.

Outro importante elemento desse processo foram as mudanças no padrão de intervenção social do Estado, que acabaram por aprofundar o movimento de mercantilização das políticas sociais, ante as reformas da previdência social e a expansão da saúde privada. O desenvolvimento dessa tendência responde às necessidades do próprio capital em crise, a saber: dar vazão ao excesso de capital que não encontra espaço para se valorizar e desonerar o Estado das ações no âmbito social.

Esse movimento determinou, no âmbito do acesso aos serviços sociais, o surgimento daquilo que Mota (2000) qualificou como a emergência de um *cidadão consumidor* e de um *cidadão pobre*. O primeiro, pelo acesso aos serviços sociais privados de que necessita; o segundo, pelo atendimento parcial oferecido pelo Estado, mediante a perspectiva de mínimos sociais. Nesse contexto, desenvolveram-se as tendências contemporâneas da seguridade social, em que se inclui a expansão da assistência social, sob a prevalência dos programas de transferência de renda, a exemplo do programa brasileiro Bolsa Família.

No âmbito da organização social da produção, importa destacar que as mudanças operadas em favor da superação da crise do capital resultaram na reestruturação do circuito da produção em sua totalidade. O regime de *acumulação flexível*, para além da desverticalização das unidades produtivas, reintroduziu formas pretéritas de exploração do trabalho, como, por exemplo, a adoção do salário por peça, entre outras modalidades de exploração realizadas dentro, mas também fora das empresas, por meio de processos de externalização e terceirização do trabalho.

Do ponto de vista do trabalho, a reestruturação produtiva ampliou as formas de exploração, além de ter expulsado milhares de trabalhadores do processo produtivo, determinando os crescentes índices de desemprego. O desemprego de longa duração não está mais restrito à periferia do sistema capitalista, mas se encontra disseminado por todo o mundo. "O desemprego global atingiu agora seu nível mais alto desde a grande depressão da década de 1930. Mais de 800 milhões de seres humanos no mundo estão desempregados ou subempregados" (Rifkin, 1995, p. xvii).

Ademais, a reestruturação produtiva fez brotar uma nova forma de subsunção do trabalho ao capital — *o trabalho atípico* (Vasapollo, 2005). Há várias modalidades de trabalho atípico, mas um fio os unifica: a precariedade, que recoloca a informalidade do trabalho mediante diferentes formas de exploração, propiciadas pelos processos de terceirização no âmbito das relações de produção. Essa nova morfologia do trabalho faz parte do conjunto de estratégias do capital para alcançar o seu fim, qual seja produzir mercadorias, eliminando ao máximo os constrangimentos do trabalho assalariado, afirmação que não implica nenhuma concordância com o fim do assalariamento nesta sociedade. Ao contrário, a realidade demonstra que o assalariamento tem se ampliado. Até certas atividades que, convencionalmente, abrigavam os chamados profissionais liberais, passaram a engrossar a massa dos assalariados, via cooperativas e outras formas que mascaram a relação salarial. Seja por tempo, seja por peça, o assalariamento continua sendo a base do modo de produção capitalista, malgrado o desemprego estrutural e o trabalho precarizado.

No que se refere às transformações operadas no padrão de intervenção do Estado junto à força de trabalho, a questão fulcral é que a emergência dos modernos programas de renda mínima, do nosso ponto de vista, articula-se à necessidade de atenuar os reflexos da crise capitalista, evidenciando os nexos existentes entre Estado e capital. A incapacidade da economia para gerar novos empregos socialmente protegidos e dos sistemas de seguridade social para enfrentar o desemprego de longa duração e a precarização do trabalho demandaram a criação de novos instrumentos de intervenção social — os programas assistenciais de transferência de renda. A Organização Internacional do Trabalho (OIT) (2010), em recente estudo, intitulado *Notas sobre la crisis*, defende a implementação de trabalho decente como resposta à crise contemporânea. Neste mesmo estudo indica, entre as experiências dos países latino-americanos, o programa Bolsa Família como exemplo de política anticíclica.

Como já assinalado, a predominância desse tipo de programa na agenda da seguridade social resulta das transformações operadas pelas reformas neoliberais, com a emergência de um novo padrão de proteção social. Essa modalidade de proteção coincide com a expansão do trabalho precarizado, cujos trabalhadores ficam fora do sistema previdenciário, dentre outros benefícios também eliminados. Considerando que só o trabalho formal é amparado pela legislação trabalhista, e também o grande volume de trabalhadores que têm ingressado no mercado de trabalho pela via da informalidade, não há dúvida de que uma fatia significativa da força de trabalho está excluída da proteção social. Além dos trabalhadores desprotegidos, a crise capitalista produziu uma expressiva parcela de desempregados; esses dois contingentes, juntos, formam o público atendido pelos programas de transferência de renda, como ilustra o programa brasileiro Bolsa Família.

Enfim, a crise do capital amplia a superpopulação relativa ao jogar milhares de trabalhadores no desemprego e na precarização; mas, como sabemos, o capital é ao mesmo tempo produção e reprodução social. Assim, no mesmo contexto do desenvolvimento capitalista em que se revela a tendência ao desemprego e a precarização do trabalho, também são criados mecanismos para a reprodução dessa população precarizada — como exemplo, o programa Bolsa Família. Não por acaso, a campanha eleitoral para o próximo pleito demonstra que o Programa Bolsa Família figura como a mais valiosa moeda para a conquista de votos entre a população mais pobre. Todos os Estados são incentivados a desenvolver programas dessa natureza, dado que estes constituem parte das estratégias do capital ao enfrentamento da crise, na exata medida em que cumprem o papel de atenuar as contradições sociais.

## Considerações finais

Vimos que, sob o signo da produção flexível, o ordenamento jurídico atribui legalidade a modalidades de exploração que reduzem os custos da produção, mediante a intensidade do trabalho e a redução de custo variável da produção, e em muitos casos graças à supressão de todos os direitos do trabalho. Essa mudança na composição orgânica do capital, que não pode ser tratada como exceção, tende a agravar as condições de trabalho, sobretudo nos países periféricos, onde o desemprego estrutural acentua a velha prática do subemprego, tornando visível a superexploração de que trata a teoria da dependência de Marini (2000). A insuficiência dos salários e o aumento do desemprego criam o terreno propício para que os programas de transferência de renda se apresentem como a solução. Malgrado a pequenez do ganho que isso significa para o trabalhador, não raro questiona-se o fato de tal benefício derivar de um programa de governo, podendo, portanto, ser extinto ao findar a gestão que o concede. A fome não espera a revolução, nós o sabemos; mas, embora reconheçamos a urgência das necessidades materiais e o que essa ínfima renda representa para os seus beneficiários, ousamos lembrar que,

> consumada a *separação* entre o trabalhador e os instrumentos de trabalho, esse estado de coisas se manterá e se reproduzirá em escala sempre crescente, até que uma nova e radical revolução do sistema de produção a deite por terra e restaure a primitiva unidade sob uma forma histórica nova. (Marx, 1982, p. 160)

Nessa perspectiva, a reprodução da força de trabalho através de um programa de transferência de renda em substituição ao salário não é, nem poderia ser, a nossa questão central. Embora não queiramos descaracterizar a importância do direito, no âmbito da luta de classes, não podemos fechar os olhos ao que aponta a realidade. Marx nunca esteve tão vivo: "O desenvolvimento da mercadoria não suprime essas contradições, mas gera a forma dentro da qual elas podem mover-se" (Marx, 1983, p. 93). Por diferentes atalhos, o capital, ao mesmo tempo que alarga a sua base, mediante a transformação de quase todos os trabalhadores em assalariados, também encontra formas para obscurecer a condição de assalariamento, chegando ao absurdo de sugerir um modo de produção sem o momento da produção. Assim mascara-se a exploração da mais-valia e se nos oferece uma sociedade sem contradições, embora todas as relações sociais revelem o contrário.

A assistência ao trabalhador, sob as formas historicamente assumidas de proteção ao trabalho, cujos códigos trabalhistas lhe atribuem o estatuto de direito, revela-se, na prática, como mecanismo de reprodução da força de trabalho, que ora se concede, ora se nega, conforme as conveniências do capital. Não fosse assim, todos os trabalhadores mereciam igual proteção. Mas não é o que atesta a realidade. Vimos que nem no período fordista, quando o contrato formal de trabalho constituía a regra, todos os trabalhadores foram igualmente protegidos. Hoje, nem nos países centrais, os trabalhadores são poupados da desconstrução do *Welfare State*. "Nos EUA, os desempregados são obrigados a submeterem-se aos 'programas de trabalho para o governo (*work-fare*) para que recebam ainda benefícios sociais. Do mesmo modo, no Reino Unido está a ser tentada a mesma transferência do '*welfare*' para o '*work-fare*'" (Rosa, 2003; grifos do autor).

Infere-se que o desenvolvimento capitalista tende a agravar cada vez mais a vida do trabalhador. Mas a lógica destrutiva inerente ao capital não atua apenas sobre trabalhadores. Tão logo tudo se torna mercadoria — trabalhadores, meios de produção e meios de subsistência — os expropriadores tornam-se expropriados. "Essa expropriação se faz por meio do jogo das leis imanentes da própria produção capitalista, por meio da centralização dos capitais. Cada capitalista mata muitos outros" (Marx, 1984, p. 293). Ou seja, o monopólio do capital torna-se um entrave a si mesmo. A centralização dos meios de produção e a socialização do trabalho atingem um ponto em que se tornam incompatíveis. Nas palavras de Marx (1984, p. 294): "Soa a hora final da propriedade privada capitalista". De fato, se considerarmos as condições materiais criadas pelo desenvolvimento capitalista, bem como a desproporção entre capitalistas e trabalhadores, tendemos a afirmar que há bases objetivas para a transformação social. Contudo, não podemos ignorar aspectos da mesma realidade que interferem negativamente, de modo a impedir que as possibilidades se traduzam em ato. A fragmentação da classe trabalhadora, a atitude defensiva de suas representações, o recuo dos movimentos sociais e a imprecisão acerca do sujeito revolucionário não cancelam a utopia, mas tornam mais remotas as nossas expectativas emancipatórias.

## Referências bibliográficas

ANTUNES, R. *Os sentidos do trabalho*: ensaios sobre a afirmação e a negação do trabalho. 6. ed. São Paulo: Boitempo, 2002.

BANCO MUNDIAL. Uma revolução silenciosa muda a vida de milhões no Brasil e no mundo. *Press Release*. 2007. Disponível em: <http://web.worldbank.org>. Acesso em: 28 fev. 2010.

BIHR, A. *Da grande noite à alternativa.* São Paulo: Boitempo, 1999.

COGGIOLA, O. *Fome, capitalismo e programas sociais compensatórios*: histórico e análise comparada da experiência brasileira. [S.l.: s.n.], 2009. (Mimeo.)

FALEIROS, V. de P. *A política social do estado capitalista:* as funções da previdência e da assistência sociais. 4. ed. São Paulo: Cortez, 1985.

______. Renda mínima: uma avaliação. In: SPOSATI, A. de O. *Renda mínima e crise mundial*: saída ou agravamento? São Paulo: Cortez, 1997. p. 11-24.

IBGE. Pesquisa Nacional por Amostra de Domicílios 2006: Acesso à transferência de renda de programas sociais. Rio de Janeiro, 2008.

LEHER, R. TLC, política externa brasileira e a mercantilização da educação. *Outro Brasil*, Rio de Janeiro. 12 dez. 2005. Disponível em: <http://www.outrobrasil.net>. Acesso em: 9 set. 2010.

MANDEL, E. *O capitalismo tardio.* São Paulo: Abril Cultural, 1982.

MARINI, R. M. *Dialética da dependência.* Petrópolis/Buenos Aires: Vozes/CLACSO, 2000.

MARX, K. *O capital*: crítica da economia política. São Paulo: Abril Cultural, 1983. v. 1, t. 1.

______. São Paulo: Abril Cultural, 1984. v. 1, t. 2.

______. *Salário, preço e lucro.* São Paulo: Abril Cultural, 1982.

______; ENGELS, F. *A ideologia alemã.* São Paulo: Moraes, 1984.

______. *Manifesto do Partido Comunista.* São Paulo: Cortez, 1998.

MÉSZÁROS, I. *A crise estrutural do capital.* São Paulo: Boitempo, 2009.

MOTA, A. E. *Cultura da crise e seguridade social*: um estudo sobre as tendências da previdência e da assistência social brasileira nos anos 80 e 90. 2. ed. São Paulo: Cortez, 2000.

______. A cidadania do fordismo. *Revista História & Perspectivas*, Uberlândia/MG, n. 5, p. 71-83, jul./dez. 1991.

NETTO, J. P. *Capitalismo monopolista e serviço social.* 3. ed. ampl. São Paulo: Cortez, 2001.

______; BRAZ, M. *Economia política*: uma introdução crítica. São Paulo: Cortez, 2006. (Biblioteca Básica de Serviço Social, v. 1.)

ORGANIZACIÓN INTERNACIONAL DEL TRABAJO. Oficina Regional América Latina y el Caribe. *Notas de la OIT sobre la crisis*. 2010. Disponível em: <http://www.oit.org.pe/2/>. Acesso em: 25 mar. 2010.

RIFKIN, J. *O fim dos empregos*: o declínio inevitável dos níveis dos empregos e a redução da força global de trabalho. São Paulo: Makron Books, 1995.

ROSA, R. N. *Integração capitalista*: da trituração do trabalho à desumanização do ensino. 2003. Disponível em: <http://resistir.info/>. Acesso em: 1º out. 2010.

SCHONS, S. *Assistência social entre a ordem e a "des-ordem"*: mistificação dos direitos sociais e da cidadania. São Paulo: Cortez, 2003.

SITCOVSKY, M. *Bolsa Família e reprodução da força de trabalho no Brasil*: implicações socioeconômicas e políticas, 2010. Tese (Doutorado em Serviço Social) — Universidade Federal de Pernambuco, Recife, 2010.

SMITH, A. *Riqueza das nações*. Lisboa: Fundação Calouste Gulbenkian, 1993. v. I.

STIGLITZ, J. *A globalização e seus malefícios*: a promessa não cumprida de benefícios globais. 4. ed. Araxá/MG: Futura, 2003.

TAVARES, M. A. *Os fios (in)visíveis da produção capitalista*. São Paulo: Cortez, 2004.

VASAPOLLO, L. *O trabalho atípico e a precariedade*. São Paulo: Expressão Popular, 2005.

# RECONCILIAÇÃO ENTRE ASSISTÊNCIA SOCIAL E TRABALHO: o impacto do Bolsa Família*

*Marcelo Sitcovsky***

O exame do desenvolvimento histórico da assistência social indica uma relação de oposição entre trabalho e assistência. Isso não significa dizer que assistência e trabalho sejam ontologicamente contrários. Neste sentido, cabe recuperar os elementos que apontam na direção da contraposição, assim como sinalizar as mudanças ocorridas, a partir da emergência dos programas de transferência de renda, pois, do nosso ponto de vista, a prevalência dos programas de renda no interior da política de assistência social altera radicalmente esta relação.

O critério de inaptidão para o trabalho foi se constituindo historicamente como definidor para um indivíduo ter acesso a um benefício assistencial. Ao menos essa é a tendência dominante encontrada nas experiências europeias e, também, na brasileira. O sociólogo francês Castel (1998, p. 86), ao analisar a assistência social de seu país, indica

* As questões trabalhadas neste artigo resultam da pesquisa realizada no Programa de Pós-Graduação de Serviço Social (PPGSS) da Universidade Federal de Pernambuco (UFPE) que orientou nossa tese de doutorado intitulada: "Bolsa Família e reprodução da força de trabalho no Brasil: implicações socioeconômicas e políticas".

** Professor doutor do Departamento de Serviço Social da UFPB.

que "[...] A pobreza e até mesmo a completa indigência não fornecem, absolutamente, títulos suficientes para se obterem os benefícios da assistência. São atendidos principalmente aqueles que não podem, por si mesmos, suprir suas necessidades, porque são incapazes de trabalhar".

Para Boschetti (1997, p. 28), o exame histórico revela que "[...] A assistência social é, normalmente, pensada em oposição ao trabalho. Neste sentido, ela é destinada às pessoas consideradas como vulneráveis ou incapazes de desenvolver uma atividade produtiva ou de integrar o mercado de trabalho". Na base desta concepção, encontra-se a defesa do trabalho como mediação para o atendimento às necessidades, mas não qualquer tipo de trabalho. Essa visão se desenvolve a partir do movimento de generalização do assalariamento.

Para Polanyi (apud Boschetti, 2003, p. 46) "[...] O primado liberal do trabalho ou, mais precisamente, do trabalho assalariado, materializou na história o princípio segundo o qual o homem deve manter a si e a sua família com os ganhos de seu trabalho, ou com a venda da sua força de trabalho". Os liberais admitem políticas assistenciais mínimas direcionadas aos pobres incapazes para o trabalho, como é o caso das crianças e adolescentes, dos idosos e dos deficientes — tradicionalmente os eleitos da assistência social.

No caso brasileiro, a análise da trajetória das ações do campo assistencial sinaliza a existência de uma contraposição entre trabalho e assistência (Boschetti, 2003). Isso significa que, na tradição histórica da assistência social no Brasil, esta sempre foi disponibilizada àqueles que são e ou se encontram impossibilitados para o trabalho. Boschetti (2003, p. 46) observa que o texto da Constituição de 1988 no seu art. 203 é emblemático, pois:

> [...] a proteção, o amparo, a habilitação e a garantia de uma renda mínima destinam-se especificamente àqueles cuja situação não lhes permite trabalhar: maternidade, infância, adolescência, velhice, deficiência. Àqueles que não se inserem nestas condições, o objetivo é outro: não assistir, mas promover a integração ao mercado de trabalho.

Nestes termos, a afirmação da assistência prefigura a negação do trabalho. Para Boschetti (2003) o critério de aptidão e inaptidão ao trabalho constitui o fio condutor da estruturação dos benefícios, programas, projetos e serviços que concretizam os direitos inscritos na Lei Orgânica da Assistência Social (Loas) do país. Pensem, por exemplo, no Benefício de Prestação Continuada (BPC). Boschetti (2003, p. 47) conclui que:

> trabalho e assistência assim, mesmo quando reconhecidos como direitos sociais, vivem uma contraditória relação de tensão e atração. Tensão porque aqueles que têm o dever de trabalhar, mesmo quando não conseguem trabalho, precisam da assistência, mas não têm direito à ela. O trabalho, assim, obsta a assistência social. E atração porque a ausência de um deles impele o indivíduo para o outro, mesmo que não possa, não deva, ou não tenha direito.

A assistência social, portanto, existe historicamente na razão contrária ao trabalho — essa, ao menos, foi, durante um longo período, a relação predominante. Isso não elide a constatação de que ambos formam uma unidade de contrários. Numa perspectiva de totalidade, assistência social e trabalho são mediações do movimento de reprodução social determinadas pelas necessidades do capital.

As formas de organização social do trabalho, historicamente, determinaram a arquitetura das políticas sociais. Isso significa dizer que o desenvolvimento histórico do trabalho exerce influência direta na definição do tipo, do conteúdo, dos objetivos e do alcance das políticas sociais. Portanto, as políticas sociais podem sofrer inflexões de acordo com o estágio de desenvolvimento da sociedade capitalista, pois a história do capitalismo é atravessada por formas diferenciadas de subsunção do trabalho ao capital.

Neste sentido, na impossibilidade de garantir direito ao trabalho — quer pelas condições que assume o trabalho no capitalismo, quer pelo nível de desemprego estrutural e de precarização do trabalho no qual nos encontramos, ou, ainda, pela orientação da política econômica posta em prática no país — o Estado amplia seu campo de atuação na medida em que também assume os aptos ao trabalho. Ou seja, em tempos de crise, "os pobres" sobre os quais incide a assistência social são: os miseráveis, desempregados, desqualificados para o trabalho, os trabalhadores precários, além dos tradicionalmente considerados inaptos para as tarefas laborais (Sitcovsky, 2008).

Os primeiros sinais de que os programas de renda mínima estavam alterando a relação de atração e rejeição entre assistência e trabalho foram tangenciados por Robert Castel (1998) — em sua crônica do salário — quando de suas observações acerca da Renda Mínima de Inserção, na França. Na apreciação ainda de Castel (1998), o Rendimento Mínimo de Inserção (RMI) representa um esforço de resposta às novas formas de inseguridade e de precariedade, às quais antigas políticas sociais de integração não são mais capazes de responder.

"[...] Pela primeira vez na história da proteção social, considerando-a num longo período, o corte entre populações aptas para o trabalho e as que não podem trabalhar é recusado [...]" (Castel, 1998, p. 552). Boschetti (1997) corrobora com a ponderação de Castel ao afirmar que o programa francês estendeu o direito à assistência a pobres aptos ao trabalho, mas que estão excluídos do acesso a um trabalho estável — essa nova dinâmica implicou numa ruptura na antiga dicotomia entre aptos e inaptos ao trabalho.

Na análise de Castel (1998), uma brecha se abriu na interseção entre a assistência e os seguros sociais, e a renda mínima de inserção seria a fórmula articulada para preencher este espaço, ou seja, trata-se de uma nova modalidade de programas para os sistemas de proteção social condizentes com as novas configurações do mercado de trabalho. Bem mais do que uma ampliação do papel do Estado, o que ocorreu foi uma profunda transformação das modalidades de suas intervenções — "[...] a passagem de políticas desenvolvidas em nome da integração para políticas conduzidas em nome da inserção" (Castel, 1998, p. 536). São exemplos de políticas de integração, trabalho, saúde, previdência e educação — políticas estas que estiveram na base dos padrões de intervenção social dos Estados, durante os anos da *onda longa expansionista* (1945-1975), especialmente na Europa e nos Estados Unidos. Neste novo padrão, em que se incluem as políticas de renda mínima, os trabalhadores — agora *desfiliados* — necessitam de inserção. A partir daí abre-se um debate acerca da existência de uma nova questão social e uma nova exclusão.[1]

Contudo, outros estudiosos também trataram indiretamente da relação entre assistência e trabalho, mas o fizeram com outro objetivo e noutra direção. Referimo-nos aos debates acerca da renda mínima universal (incondicional), como veremos a seguir.

## 1. Trabalho e transferência de renda incondicional

A questão das condicionalidades de acesso aos programas de renda mínima adquiriu uma centralidade nos debates internacionais, pois há uma importante corrente de defensores de uma renda básica incondicional. O economista belga Philippe Van Parijs tem se notabilizado como importante intelectual, reconhecido mundialmente, pela defesa de uma Renda Básica de Cidadania. Outro importante interlocutor deste debate foi o francês André Gorz, com a ideia de uma renda de existência.

Ao analisar as transformações do capitalismo no final do século XX, Gorz (2004, p. 90) observou que o trabalho estava se metamorfoseando e que o resultado era que "[...] o assalariamento deve desaparecer e, com ele, o capitalismo". Contudo, o autor parece desprezar que uma das *novas* formas de assalariamento é o antigo trabalho por peça. O trabalhador deixa de receber o salário pelo tempo que permanece na fábrica, mas continua recebendo pelo *quantum* de trabalho que desprendeu durante a produção das peças que serão pagas. Neste sentido, Gorz (2004), no seu combate à *necessidade imperiosa de trabalhar,*

1. Uma crítica consistente pode ser encontrada no livro *O mito da assistência social*, em especial os textos de Mota (2008) e Maranhão (2008).

estabeleceu a defesa da renda de existência, baseada na *necessidade implacável de um rendimento suficiente e estável.*

Em sua crítica ao RMI francês, Gorz (2004, p. 95) chama atenção para o fato de que este tipo de programa, o qual exige a inserção no trabalho, "[...] permite acelerar formidavelmente a desregulação, a precarização, a 'flexibilização' da relação salarial" — revelando assim suas armadilhas. Na avaliação do autor, a garantia de uma renda básica inferior ao mínimo vital impõe aos desempregados os empregos desprezados, penosos e desvalorizados; mas também, pode provocar um movimento contrário.

Van Parijs e Vanderborght (2006, p. 118), numa outra perspectiva, destacam que:

> a renda de cidadania permite, é verdade, a possibilidade de oferecer e aceitar empregos mal remunerados, mas estes não encontrarão candidatos se não forem suficientemente agradáveis, enriquecedores, formadores ou suscetíveis de abrir, por outras vias, possibilidades de carreira, se forem repulsivos, degradantes, sem perspectivas.

De acordo com o economista belga, a renda de cidadania favorece o emprego, mas não de qualquer tipo ou circunstância. Trata-se de um "[...] ingrediente básico de um 'novo contrato social', levando, por sua vez, a um aumento da segurança e da flexibilidade, com o qual todas as partes sairiam ganhando" (Van Parijs e Vanderborght, 2006, p. 120). Observando a flexibilização do trabalho, Gorz (2004, p. 108) vai propor que ela, associada a uma renda de existência, assuma outro papel:

> a flexibilidade pode, portanto, assumir outras formas que não signifiquem a precarização do emprego, o recurso a interinos e a temporários que a empresa engaja e rejeita a seu bel-prazer, segundo as flutuações de seus pedidos. A flexibilidade pode consistir — como no sistema dinamarquês — no aumento ou na redução da descontinuidade do trabalho, no mesmo momento, preservando-se, porém, seu estatuto e sua segurança de emprego.

Portanto, para Gorz (2005), a renda social incondicional suficiente, que não esteja baseada no mínimo, pode proteger os trabalhadores da precarização e imprimir uma mudança de rota para a humanidade — a possibilidade da sociedade do tempo livre. Na concepção ainda de Gorz (2004), só a incondicionalidade de uma renda universal poderá preservar a incondicionalidade das atividades laborativas.

A sociedade que remete à *alocação universal incondicional suficiente* formulada por Gorz (2005, p. 107) é, nos termos do próprio autor,

> [...] uma sociedade onde a necessidade do trabalho não se faz mais sentir como tal porque cada um, desde a infância, é solicitado por uma massa abundante de atividades artísticas, esportivas, tecnocientíficas [...] onde meios de produção e de autoprodução são acessíveis a todos a toda hora.

A proposta de Gorz de uma renda de existência, e a de Van Parijs e Vanderborght de renda de cidadania, acabam por deslocar a questão do atendimento às necessidades do espaço da produção material da riqueza para a distribuição (ou circulação), o que mistifica a realidade social. Nestes termos, a pobreza fica reduzida à renda e seu enfrentamento passa por ações e programas de transferência de renda.[2] Van Parijs e Vanderborght (2006, p. 128), chegam a afirmar que "[...] uma transição gradual para o comunismo pode, assim, ser compreendida como um aumento progressivo do nível relativo da renda de cidadania *vis-à-vis* à renda média".

Nestes termos, não faz nenhum sentido opor-se à propriedade privada dos meios de produção. Basta o Estado impor limites à concentração de renda, promovendo instrumentos de transferência de renda — garantindo, assim, a preservação da apropriação privada da riqueza social e a manutenção da sociedade de classes. Nos termos de Van Parijs e Vanderborght (2006, p. 143):

---

2. Argumentos semelhantes surgem no debate brasileiro quando os agentes governamentais afirmam que o Brasil vem eliminando a pobreza, o que, segundo o governo federal, pode ser observado através da melhoria das estatísticas referentes à renda familiar.

> Ao dar a cada trabalhador a garantia de se beneficiar o tempo todo de uma renda garantida, a renda de cidadania torna claramente menos arriscada a saída do mercado de trabalho. O poder de negociação de cada trabalhador se vê ampliado, assim como o estímulo aos empregadores para melhorar preventivamente as condições de trabalho e tornar o emprego o mais atraente possível sob todos os ângulos. [...] a divisão da jornada de trabalho fica facilitada: quer seja feita através do meio expediente voluntário, da interrupção da carreira ou da redução da jornada máxima de trabalho [...].

Trata-se de uma construção mistificada, na medida em que compreende um mercado de trabalho sem contradições, harmônico. Entretanto, a realidade é mais complexa e acaba por revelar que, aquilo que está sendo apregoado como proteção para o trabalho, na verdade responde às necessidades do capital em crise, o qual reinventa formas de exploração do trabalho — trabalho por peça; *part time*; informalidade etc. — e reconcilia-se com as modernas formas de proteção social — os programas assistenciais de transferência de renda.

## 2. Bolsa Família e assistência social

A política de assistência social brasileira vem sendo atravessada, nos últimos anos, por inúmeras investidas no sentido de redirecionar sua abrangência e significado. Um dos vetores da redefinição da assistência social, no país, resulta da *prevalência dos programas de transferência de renda,* observada na política social no albor do século XX (Silva, Yazbek e Giovanni, 2004).

De acordo com Silva (2008), os programas de transferência de renda são destinados ao público-alvo da Política Nacional de Assistência Social (PNAS) e representam a garantia de uma renda mínima de subsistência, independente do trabalho. Neste sentido, "[...] não resta dúvida de que esses programas redimensionaram o conteúdo e o formato do Sistema de Proteção Social Brasileiro" (Silva, 2008, p. 25). Dois elementos oferecem pistas do significado destes programas no conjunto de ações de proteção social do país. São eles: o quantitativo do público-alvo atendido e o volume de recursos a eles destinados.

Os dados disponibilizados pelos gestores do programa sinalizam que o Bolsa Família atingiu, em 2009, 12.370.915 famílias brasileiras,[3] o que, praticamente, cobriria 95% da estimativa de famílias pobres — segundo o perfil do Bolsa Família de 2006 (renda *per capita* até R$ 140,00). Entretanto, o total de famílias cadastradas para o programa, em 2009, era de 15.671.613, o que indica uma cobertura de 83% da demanda. O déficit se amplia quando consideramos os números do CadÚnico de 2009 (renda *per capita* até meio salário mínimo, R$ 232,50) o percentual de contemplados diminui para 71%. É verdade que este último perfil extrapola os critérios de elegibilidade do Bolsa Família, porém, as famílias com rendimento neste perfil são, inquestionavelmente, pobres — condição que justificaria o recebimento do auxílio.

As estatísticas do programa são de fato impactantes, pois a quantidade de famílias atendidas, em 2009 — mais de 12 milhões de famílias — quando comparada ao total de famílias brasileiras, mais de 60 milhões (IBGE, 2009), sinaliza que a abrangência do Bolsa Família corresponde a 17% das famílias brasileiras. A composição familiar dos usuários do programa é em média 4,8 membros, considerando-se os dados do levantamento do IBGE — *Acesso à transferência de renda de programas sociais: 2006* (IBGE, 2008). Isso indica que o auxílio envolve, aproximadamente, 59 milhões de brasileiros (direta e indiretamente) partilhando os recursos do Bolsa Família. Recordemos que a população do país em 2009 estava estimada em 189 milhões,

---

3. Em abril de 2012 o MDS informa que o número de famílias atendidas pelo programa é de 13.394.983 famílias brasileiras, o que, praticamente, cobriria 75% do total de famílias cadastradas com renda *per capita* mensal de até R$ 140,00. Entretanto, o total de famílias cadastradas para o programa, até março do mesmo ano, foi de 22.907.554, o que indica uma cobertura de 58,47% da demanda.

isso significa dizer que o programa atingiu naquele ano cerca de 24% dos brasileiros.

Neste sentido, é cabível afirmar que o Bolsa Família ocupa uma importante função na proteção social do país, obviamente, na cobertura dos setores mais pobres da população. As ações de transferência de renda, no campo da assistência social, tornam-se ainda mais significativas quando acrescentamos os números de usuários do BPC. Este último, junto com o Bolsa Família, reúne cerca de 17,2 milhões de famílias brasileiras,[4] o que corresponde a aproximadamente 79 milhões de pessoas beneficiadas direta e indiretamente pelos programas assistenciais de transferência de renda, pois consideramos para efeito de cálculo a composição média das famílias beneficiadas pelo BPC, que é de 4 pessoas, e a do Programa Bolsa Família que é de 4,8. (IBGE, 2008).

O segundo elemento indicativo do peso das ações de transferência de renda na política de assistência social do país refere-se ao volume de recursos destinados ao programa Bolsa Família. Lavinas (2007), ao analisar os gastos do governo federal na área social, aponta a tendência de crescimento dos gastos com programas de renda mínima em detrimento dos investimentos em outras áreas da política social.

A previsão orçamentária para o programa no ano de 2012 é de pouco mais de R$ 19 bilhões de reais, o que indica a manutenção da tendência de crescimento observada desde a criação do Bolsa Família em 2004, quando o orçamento foi pouco mais de R$ 5 bilhões de reais. Entre 2011 (R$ 17 bilhões de reais) e a previsão para 2012 houve um acréscimo de, mais ou menos, 12%; se considerarmos o ano de 2004, essa variação atinge a marca de aproximadamente, 280%. Isso não necessariamente confirma a tese da prevalência dos programas de transferência de renda, porém, se comparado com os gastos do governo com outras políticas sociais, fica atestada a predominância do Bolsa Família.

---

4. Dados referentes a abril de 2012. Disponíveis em: www.mds.gov.br. Acesso em: 22 maio 2012.

As despesas do orçamento público brasileiro se dividem em dois tipos: obrigatórias e discricionárias. No primeiro caso, encontramos os recursos destinados a pessoal e encargos sociais, benefícios previdenciários e assistenciais e outras despesas obrigatórias. Porém, o Ministério do Planejamento agrupa neste mesmo campo as despesas com transferência a estados e municípios; amortização da dívida; reserva de contingência primária; juros e encargos da dívida e demais despesas financeiras. No segundo caso, as discricionárias, são as demais despesas que englobam todos os poderes, ou seja, executivo, judiciário e legislativo. Interessa-nos os recursos do executivo, que estão divididos em quatro áreas (infraestrutura; social; poderes do Estado e administração; produção), envolvendo todos os Ministérios do governo. A Tabela 1 apresenta uma evolução recente dos gastos na área social do governo e sinaliza o volume a ser utilizado no ano de 2012.

**Tabela 1**
Despesas Discricionárias (Social)
(R$ milhões)

| **Órgão** | **Empenhado*** | | | **Disponível 2011** | **PLOA 2012** |
|---|---|---|---|---|---|
| | **2008** | **2009** | **2010** | | |
| Cultura | 650,1 | 797,4 | 1.054,6 | 1.045,1 | 1.208,7 |
| Des. Social e Combate à Fome** | 13.174,9 | 14.590,4 | 16.675,0 | 17.741,3 | 24.452,4 |
| Educação | 12.237,0 | 15.854,4 | 20.293,1 | 24.975,1 | 33.312,6 |
| Esportes | 948,9 | 965,9 | 994,6 | 853,3 | 1.523,8 |
| Previdência Social*** | 1.508,9 | 2.026,3 | 1.972,3 | 1.804,9 | 2.216,0 |
| Saúde | 44.510,0 | 48.991,2 | 52.791,4 | 62.432,7 | 71.683,9 |
| Trabalho | 999,7 | 1.045,1 | 998,8 | 984,5 | 1.113,4 |
| Total | 74.029,6 | 84.270,6 | 94.779,8 | 109.837,0 | 135.510,7 |

* Exclui execução de Emendas e recursos de convênios.
** Exclui o Benefício de Prestação Continuada (BPC).
*** Estas despesas da Previdência Social se referem a outros gastos e não os com benefícios.

*Fonte*: Brasil (2012b).

Podemos perceber que os recursos do Bolsa Família (despesas discricionárias) são infinitamente superiores aos gastos governamentais com as políticas de trabalho. Essa é uma comparação muito reveladora, pois aponta o tratamento dispensado à garantia do acesso ao trabalho no país.[5] De acordo com os dados apresentados, o orçamento previsto para 2012, no que se refere ao trabalho, representa menos de 10% dos recursos alocados no programa Bolsa Família. O governo federal, em vez de direcionar os investimentos em mecanismos que possibilitem a ampliação de postos de trabalho — no sentido de garantir o direito ao trabalho — investe muito mais no Programa Bolsa Família.

Os investimentos na área de assistência social do governo federal também apresentaram uma tendência de expansão. Basta observar o período que vai da criação do Sistema Único de Assistência Social (Suas) em 2004 até 2012. Na verdade, neste intervalo de 8 anos, o Fundo Nacional de Assistência Social (FNAS) saltou de R$ 8 bilhões para R$ 32,7 bilhões. A previsão orçamentária de 2012 para o Ministério do Desenvolvimento Social e Combate à Fome (MDS) é de pouco mais de R$ 56,5 bilhões, sendo distribuídos entre as ações das secretarias que compõem o Ministério, entre elas: Secretaria Nacional de Renda de Cidadania e a Secretaria Nacional de Assistência Social.

Os dados da Lei Orçamentária de 2012 dão indícios de que haverá a continuidade da ampliação do investimento nas ações de transferência de renda. Contudo, parece-nos oportuno destacar que estão previstos investimentos na ordem de R$ 32 bilhões para fortalecimento do Sistema Único de Assistência Social. Considerando que ainda este tipo de investimento não se constitui uma tendência consolidada, importa destacar que a análise da alocação dos recursos do MDS de 2011, no que diz respeito ao FNAS, demonstrou que o BPC sozinho absorveu 93,1% reservado ao Fundo, ficando as demais ações do Suas com apenas 6,9%; já o Bolsa Família consumiu 93,3% do restante dos recursos do MDS. Quando agrupados, o BPC e o Bolsa Família, verifica-se que

5. Nos dados sobre o orçamento direcionado ao trabalho não constam os recursos do Fundo de Amparo ao Trabalhador (FAT).

os dois programas absorveram, naquele ano, 93,2% da dotação orçamentária do Ministério.

**Tabela 2**
Orçamento na Função Assistência Social (Loas 2011)

| Unidade orçamentária | R$ 1,00 |
|---|---|
| Ministério do Desenvolvimento Social e Combate à Fome | |
| Programa Bolsa Família | 17.161.237.325 |
| Demais Despesas | 1.227.225.554 |
| Subtotal | 18.388.462.879 |
| Fundo Nacional de Assistência Social | |
| Benefício de Prestação Continuada e Renda Mensal Vitalícia | 24.948.345.103 |
| Demais despesas | 1.840.217.670 |
| Subtotal | 26.788.562.773 |
| Total | 45.177.025.652 |

*Fonte*: Brasil (2012a).

Portanto, fica candente que a afirmação da assistência social no Brasil, no campo dos direitos sociais e a sua recente expansão, vem sendo operada via programas de transferência de renda. O esteio dessa tendência foi a criação do programa Bolsa Família — sua progressiva expansão ao longo dos últimos anos consolidou a transferência de renda não contributiva como um efetivo pilar da proteção social brasileira.

Do ponto de vista da estrutura de funcionamento do MDS, o Bolsa Família não faz parte da Assistência Social; contudo, do nosso ponto de vista, o programa pode ser considerado integrante dessa política. Trata-se de um benefício não contributivo, localizado no âmbito da segurança de renda, que constitui uma das seguranças a serem afiançadas pela Política Nacional de Assistência Social (Brasil, 2004).

Como parte da assistência social brasileira, o programa Bolsa Família impactou de diversas formas, nessa política, garantindo a sua afirmação e expansão recente. Tentamos demonstrar, através da análise dos dados referentes ao financiamento e à cobertura do programa, a relação entre o programa e a política de assistência. O que se pretende, feita esta discussão, é estabelecer os nexos causais da reconciliação entre assistência social e trabalho, partindo da análise concreta do Programa Bolsa Família e sua relação com o trabalho precário.

## 3. Assistência social e trabalho precário

Para analisarmos a relação entre assistência social e trabalho precário, fizemos o recurso aos dados acerca do perfil das famílias beneficiadas pelo programa Bolsa Família no que tange à questão do acesso ao mercado de trabalho destas famílias. As informações a este respeito sinalizam uma interseção entre o programa e as diversas formas de trabalho precário.

Os dados sobre o perfil das famílias do Programa Bolsa Família (PBF) apresentados pelo MDS (Brasil, 2007) revelam, primeiramente, que do total de famílias do Bolsa Família, 51% (5.594.010) dos responsáveis legais[6] estão desempregados; 4% (378.640) são aposentados e pensionistas; 15% (1.684.290) são trabalhadores rurais; e 3% (315.407) trabalhadores assalariados com carteira de trabalho assinada. Cabe recordar que o critério central na concessão do auxílio é a comprovação de uma renda *per capita* de até R$ 140,00. Neste caso, os trabalhadores assalariados que recebem o benefício fazem parte da força de trabalho superexplorada do país.

Entre aqueles que figuram nas estatísticas como trabalhadores ocupados (4.117.487) encontramos: autônomos contribuintes e não contribuintes; assalariados formais e informais; outros; e os trabalhadores rurais. Este último contingente, que ultrapassa os 1,6 milhão de famílias usuárias, historicamente foi submetido a várias formas de exploração e

6. Os dados se referem ao Responsável Legal de cada família, que, segundo o MDS, refere-se à pessoa de referência na família que recebe a transferência de renda do Programa, donde 92,1% são mulheres e em sua ampla maioria (84,7%) estão entre 25 e 54 anos de idade, o que apenas confirma os levantamentos sobre o mercado de trabalho brasileiro de uma forma geral.

precarização do trabalho — como se sabe, os trabalhadores do campo, no Brasil, registram taxas de informalidade persistentes.

Na região Nordeste, a realidade se complexifica ainda mais, pois a proporção de trabalhadores rurais beneficiárias é ainda maior, chega a 70% dos ocupados; e as demais formas de inserção se reduzem: o número de assalariados com carteira cai para 5%; assalariados sem carteira, 10%; autônomo sem Previdência, 15%; e autônomo contribuinte não representa nem mesmo 1% dos ocupados na região que recebem o auxílio (Brasil, 2005a).

No caso dos trabalhadores sem carteira de trabalho e dos autônomos, a identificação com as formas de precarização do trabalho se dá através da informalidade, o que indica a existência de 1.499.411 trabalhadores nestas condições. Nesse sentido, como o auxílio do Bolsa Família não se constitui um direito, a situação desse contingente de trabalhadores ocupados é ainda pior, pois se o benefício, por qualquer razão, inclusive orçamentária, for suspenso o trabalhador fica sem nenhuma outra forma de proteção social.

O Bolsa Família recebe inúmeras críticas por supostamente fomentar um "efeito preguiça" entre seus beneficiários; contudo, segundo os gestores do programa, o Bolsa Família aumenta o poder de barganha dos segmentos mais vulneráveis no mercado de trabalho. A Secretária Nacional de Renda e Cidadania do MDS, Modesto (2009, p. 2), afirma que "[...] ao ter acesso à renda, eles se sentem estimulados a buscar meios para continuar melhorando de vida. O que o Programa faz é reduzir a dependência das famílias mais vulneráveis, de relações de trabalho precárias". É preciso analisar cuidadosamente essa afirmação, pois as estatísticas do próprio governo federal sinalizam justamente o contrário.

Ao que parece, a ideia de um maior poder de barganha só pode ser atribuída àquelas situações de trabalho mais arcaicas. Como se sabe, o desenvolvimento do capitalismo no Brasil combinou diferentes formas de exploração da força de trabalho, incluindo formas não assalariadas (Oliveira, 1981; Tavares, 2004). Nesse terreno, desenvolveram-se inúmeras estratégias de exploração do trabalho, como, por exemplo: trabalho em troca de favor, de comida e, até mesmo, em troca de uma baixíssima remuneração — prática presente nos segmentos mais atrasados do capitalismo periférico. Nestas situações, os beneficiados têm, em potencial, a possibilidade de recusar estas modalidades de exploração. Neste sentido, esclarece Bernardo (2010, p. 3):

> [...] parte das críticas de direita dirigidas ao Programa Bolsa Família revela as inquietações dos setores capitalistas mais retrógrados e menos competitivos. Tudo o que contribua para diluir as modalidades arcaicas de obtenção de trabalho, substituindo-as pela contratação salarial, estimula a formação de um mercado de trabalho unificado no âmbito nacional, pondo em causa o trabalho remunerado ocasionalmente ou até gratuito que caracteriza as relações de clientela.

Considerando as indicações de Bernardo (2010), podemos inferir que o Bolsa Família possui uma positividade no sentido de se opor às formas mais arcaicas de exploração da força de trabalho e, desta forma, contribui para o processo de generalização do assalariamento da força

**Gráfico 1**

Beneficiários do Bolsa Família, por situação no mercado de trabalho (2007)

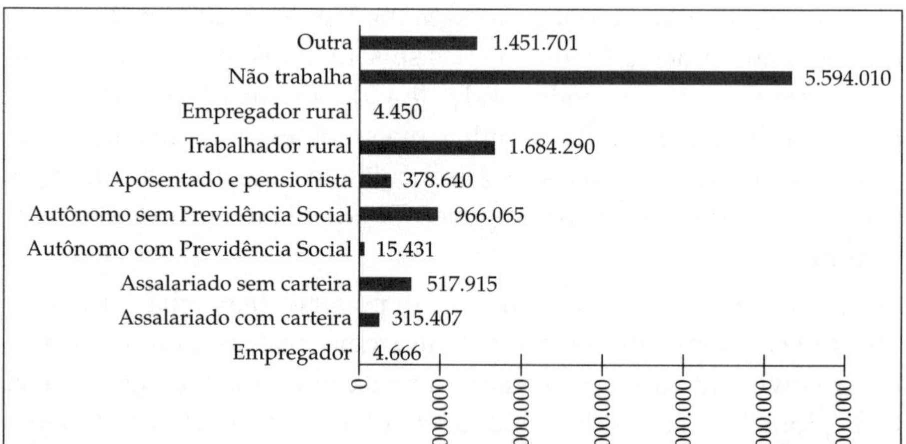


*Fonte*: Brasil (2007).

de trabalho no Brasil. Não obstante, a pressão exercida no sentido do assalariamento não significa a inserção dos usuários do Programa no mercado de trabalho pela via do trabalho socialmente protegido. Ocorre justamente o contrário, pois a análise dos dados sinaliza a prevalência da precarização do trabalho, o que, obviamente, não contraria às necessidades contemporâneas do capitalismo. Isso explica porque,

> [...] uma figura da alta burguesia brasileira, como a herdeira do grupo Camargo Correa, defende o Programa Bolsa Família ou por que o defende um tecnocrata ligado aos altos meios empresariais, como Dagoberto Lima Godoy, consultor sênior da Confederação Nacional da Indústria. (Bernardo, 2010, p. 3)

Essa questão é da máxima importância, pois diz respeito à relação que está se estabelecendo entre trabalho precário e Bolsa Família. Ao debatermos essa problemática, faz-se necessário recordar que, no interior das discussões sobre a renda mínima, registram-se posições que defendem o estabelecimento dessa modalidade de programa social como forma de proteger o trabalhador da precarização. Do nosso ponto de vista, seja qual for a posição do trabalhador beneficiado pelo Bolsa Família, ele continua precarizado. Na condição em que se encontra, tem apenas dois caminhos: 1) recusar-se a vender sua força de trabalho por salário abaixo do mínimo e, portanto, sobreviver precariamente do Bolsa Família; 2) submeter-se a qualquer atividade informal, cujo estatuto se, por um lado, implica uma exacerbada submissão, por outro, lhe permite acrescer qualquer que seja a remuneração do trabalho à sua renda. Neste sentido, as modalidades/expressões de subsunção do trabalho ao capital — sob novas formas de precarização e exploração — demandam novos mecanismos de proteção social compatíveis com os novos métodos de exploração do trabalho, neste caso, os programas de transferência de renda (com ou sem condicionalidades).

A presença de trabalhadores precarizados entre os beneficiários do Bolsa Família é uma expressão concreta das tendências atuais da seguridade social brasileira. Na medida em que não contribuem para a previdência, pela condição de informalidade, tais trabalhadores acabam transladados para a esfera dos serviços socioassistenciais, mais especificamente, aqueles responsáveis em afiançar a *segurança de rendimentos*. De acordo com a PNAS (Brasil, 2004) e a Norma Operacional Básica/Sistema Único de Assistência Social (NOB/Suas) (Brasil, 2005b), a garantia da segurança de rendimentos é realizada pelas ações de programas e projetos de emprego e renda, assim como, pelo acesso ao Programa Nacional de Renda Condicionada — o Bolsa Família.[7]

A penetração da informalidade do trabalho no campo assistencial não se constitui necessariamente uma novidade; pois, desde a década de 1980, o Banco Mundial investia em práticas que estimulavam a informalidade como estratégia no interior dos serviços, programas e projetos da assistência social. Trata-se de nítido movimento de deslocamento do âmbito da economia para o social, ou, mesmo, para o âmbito da política, numa tentativa de encobrir as determinações econômicas que permeiam o trabalho informal.

Nos anos 2000, esta relação aparece atravessada por novas mediações, na medida em que é a própria assistência social que vai ao encontro das formas de trabalho precário. Isso ocorre sob múltiplas formas, mas é principalmente através das ações, programas e projetos de emprego e renda, vinculada à *segurança de rendimentos*, PNAS/Suas, que se materializa a articulação entre assistência e trabalho precário. Multiplicam-se pelo país as experiências de organização, via política de assistência social, de cooperativas de trabalho, projetos para desenvolver a capacidade empreendedora das famílias, cursos profissionalizantes de (doceira, manicure, cabeleireira, jardineiro) — atividades inseridas na área de serviços, que possuem como marcas indeléveis a informalidade e a precariedade. Daí, conclui-se que a intenção é estimular a criação de pequenos negócios, (esse estímulo parte do pressuposto de que é preciso desenvolver o capital humano dos pobres para que eles possam superar a condição de pobreza). Com esta fórmula, Amartya

7. Já aludimos a esta questão quando defendemos, contrariando os discursos dos gestores federais da assistência social, a tese de que a expansão recente da assistência no Brasil teve como elemento irradiador a criação do Bolsa Família. Não há como tangenciar o impacto deste programa no funcionamento do Suas, pois, no cotidiano dos Centros de Referências de Assistência Social (Cras), a busca pelo acesso ao Bolsa Família é uma constante.

Sen[8] recebeu o Prêmio Nobel de Economia. Trata-se de permitir aos pobres a construção de suas próprias estratégias de sobrevivência e, neste caso, a informalidade é pensada como uma das soluções para o desemprego e o enfrentamento da pobreza.

No tocante à inserção dos pobres no mercado de trabalho, dir-se-ia, com base nos dados apresentados, que a experiência do Bolsa Família permite afirmar, por um lado, a interferência do programa na reprodução da *superpopulação relativa* de tipos *flutuante e latente* — os trabalhadores urbanos e rurais, precarizados e informais; e por outro, a intervenção mantenedora da parte da *superpopulação relativa estagnada*; os miseráveis lazarentos incapazes de desempenhar atividades laborativas.

Para compreender melhor este fenômeno, recorremos às lições de Marx em sua crítica à economia política, pois ele, em *O capital*, afirma que a *superpopulação relativa* assume três formas: *flutuante*;[9] *latente*; *estagnada* (1988, p. 197) sustenta que "todo trabalhador faz parte dela durante o tempo em que está desocupado parcial ou inteiramente". A forma flutuante corresponde à força de trabalho industrial que ora é repelida, ora é atraída de acordo com as alterações da composição orgânica do capital. A latente abriga os trabalhadores rurais rebaixados ao mínimo da sobrevivência que estão com "um pé no pântano do pauperismo" (1988, p. 199). A superpopulação estagnada é composta por trabalhadores ativos, contudo, ocupados de forma irregular — nos termos atuais, os trabalhadores precários — trata-se de "[...] um reservatório inesgotável de força de trabalho disponível" (1988, p. 199).

Acrescenta Marx, no capítulo XXIII de *O capital*, que existe uma parte da superpopulação relativa que habita a esfera do pauperismo — o *lumpemproletariado* — essa "[...] massa se expande a cada crise e decresce a toda retomada dos negócios" (1988, p. 199). O *lumpemproletariado* é composto pelos aptos para o trabalho; pelos órfãos e crianças indigentes; e os incapacitados para o trabalho.

8. Conferir as análises sobre as elaborações teóricas de Amartya Sen no artigo de Cezar Henrique Maranhão na presente coletânea.

9. Em algumas traduções, a superpopulação flutuante é também chamada de líquida.

> [...] O pauperismo constitui o asilo para inválidos do exército ativo de trabalhadores e o peso morto do exército industrial de reserva. Sua produção está incluída na produção da superpopulação relativa, sua necessidade na necessidade dela, e ambos constituem uma condição de existência da produção capitalista e do desenvolvimento da riqueza. Ele pertence ao *faux frais*[10] da produção capitalista que, no entanto, o capital sabe transferir em grande parte de si mesmo para os ombros da classe trabalhadora e da pequena classe média. (Marx, 1988, p. 200; grifo do autor)

Com isso, nossa investigação permite perceber que o programa Bolsa Família assume a tarefa de manter as famílias atendidas longe da esfera do "lumpemproletariado" na medida em que permite situá-los no campo da superpopulação relativa "flutuante", "latente" e "estagnada". No estudo, ficou patente que as funções sociais do Bolsa Família se revelam, pois em situações de crise deve garantir a reprodução da superpopulação em condições de, se convocados, assumirem os postos de trabalho, já que nas situações de *retomada dos negócios* é sempre maior a necessidade de força de trabalho. A análise do perfil dos usuários do programa Bolsa Família permite-nos inferir que de fato o programa cumpre a referida função, pois uma importante parcela dos usuários é composta por trabalhadores rurais (superpopulação latente) que, em tempos de entressafra, tem que ser mantida em condições de trabalhar no momento seguinte e, desta forma, não transita para o campo do *lumpemproletariado*.

## Considerações finais

A relação de autoimplicação entre o Bolsa Família e a assistência social fica cada vez mais evidenciada na medida em que aprofundam-se as análises acerca do funcionamento do Suas, com seus Cras e Centros de Referência Especializados de Assistência Social (Creas), revelando a função social do Programa junto aos trabalhadores precários e desem-

10. Falsos custos.

pregados que batem à porta das unidades públicas da assistência social. A realidade social de milhares de famílias brasileiras tem demonstrado o significado do programa de transferência de renda Bolsa Família — trata-se de um importante instrumento econômico e político do Estado que interfere na reprodução da força de trabalho ocupada e excedente.

No artigo "Particularidades da expansão da assistência social no Brasil", do livro *O mito da assistência social* (Sitcovsky, 2008), dizíamos que as transformações recentes no campo da seguridade social brasileira sinalizavam uma centralidade da assistência social; e este fenômeno acrescido das *novas* configurações do trabalho fornecia as bases para o desenvolvimento de uma *nova* tendência da assistência social, ou seja, *a absorção da função integradora à ordem social, antes pertencente ao trabalho assalariado*. Naquela ocasião, nossas pesquisas davam conta de profundas transformações na política de assistência social, mas nossos estudos ulteriores permitiram perceber que aquela *nova* tendência carecia de mediações, que somente uma maior aproximação com a realidade nos forneceria os elementos necessários para revelar as múltiplas determinações daquele fenômeno.

A análise do perfil dos usuários do programa Bolsa Família, especialmente sua inserção no mercado de trabalho, nos permitiu perceber que há uma unidade contraditória entre as formas de trabalho precário e o referido programa de renda mínima. As transformações societárias, decorrentes das necessidades do capital em superar sua crise estrutural, impuseram à produção capitalista a mediação do trabalho precário. Acompanhando a nova morfologia do trabalho foram se desenvolvendo, como mecanismos de proteção social, os modernos programas assistenciais de renda mínima. A princípio, o que parecia a *absorção da função integradora* por parte da assistência social, revelou-se como parte da dinâmica entre produção e reprodução social do capital.

A relação entre trabalho precário, assistência social e renda mínima se coloca como uma questão central na nossa análise, cujo propósito, no presente artigo, limitou-se a problematizar a oposição entre trabalho e assistência, desvelando a interpenetração contemporânea entre ambos. As transformações no padrão de proteção social brasileiro, no interior do qual os programas de transferência de renda, mais especificamente o Bolsa Família, assumem centralidade, possibilita analisar a relação entre trabalho e assistência social. Por fim, recordemos que os defensores de uma renda básica universal afirmam que esse tipo de política social objetiva oferecer ao trabalhador uma proteção contra a precarização. Contudo, a análise dos dados do programa brasileiro — o Bolsa Família — indica que, em vez de proteger o trabalho, este preserva o capital, na medida em que o legitima. Ou seja, os programas de renda mínima, a exemplo de outras políticas sociais, muito embora tenham um caráter de positividade do ponto de vista do atendimento às necessidades básicas de indivíduos em condições precárias, em última instância cumprem principalmente funções econômicas, políticas e ideológicas.

## Referências bibliográficas

BERNARDO, J. Programa Bolsa Família: as críticas e os críticos. *Passa Palavra*, 10 abr. 2010. Disponível em: <http://www.passapalavra.info>. Acesso em: 12 abr. 2010.

BOSCHETTI, I. *Assistência social no Brasil*: um direito entre a originalidade e o conservadorismo. Brasília: Grupo de Estudos e Pesquisas em Seguridade Social e Trabalho, Universidade de Brasília, 2003.

______. Saídas para a "crise": o debate teórico em torno do programa de renda mínima francês. In: SPOSATI, A. de O. *Renda mínima e crise mundial*: saída ou agravamento? São Paulo: Cortez, 1997. p. 25-46.

BRASIL. Congresso. Senado. *Siga Brasil*. Disponível em: <http://www9.senado.gov.br/portal/page/portal/orcamento_senado>. Acesso em: 1º mar. 2012a.

______. Ministério do Desenvolvimento Social e Combate à Fome. *O perfil das famílias do Bolsa Família*. Brasília, 2005a.

______. Ministério do Desenvolvimento Social e Combate à Fome. *O perfil das famílias do Bolsa Família*. Brasília, 2007.

BRASIL. Ministério do Desenvolvimento Social e Combate à Fome. Secretaria Nacional de Assistência Social. Norma operacional básica [do] Sistema Único de Assistência Social (NOB/SUAS): construindo as bases para a implantação do Sistema Único de Assistência Social. Brasília, 2005b. Disponível em: <www.mds.gov.br/cnas/politica-e-nobs/nob-suas.pdf/download>. Acesso em: 1° mar. 2010.

______. Ministério do Desenvolvimento Social e Combate à Fome. Secretaria Nacional de Assistência Social. Política Nacional de Assistência Social. Resolução n. 154, de 15 outubro de 2004. Brasília, 2004.

______. Ministério do Planejamento, Orçamento e Gestão. [2012]. Disponível em: <http://www.planejamento.gov.br>. Acesso em: 22 maio 2012b.

CASTEL, R. *As metamorfoses da questão social*: uma crônica do salário. Petrópolis: Vozes, 1998.

GORZ, A. *O imaterial*: conhecimento, valor e capital. São Paulo: Annablume, 2005.

______. *Misérias do presente, riqueza do possível*. São Paulo: Annablume, 2004.

IBGE. Acesso à transferência de renda de programas sociais da Pesquisa Nacional por Amostra de Domicílios — PNAD 2006. Rio de Janeiro, 2008.

______. Pesquisa Nacional de Amostra Domiciliar — PNAD 2008. Síntese dos indicadores. Rio de Janeiro, 2009.

LAVINAS, L. *Transferência de renda*: o "quase tudo" do sistema de proteção social brasileiro. In: SICSÚ, J. (Org.). Arrecadação (de onde vem?) e gastos públicos (para onde vão?). São Paulo: Boitempo, 2007. p. 51-68.

MARX, K. *O capital*: crítica da economia política. Rio de Janeiro: Abril Cultural, 1988. v. 2, t. 1.

MODESTO, L. *Bolsa Família:* quem paga, quem recebe e para quê. Brasília: MDS, 2009. Disponível em: <http://www.fomezero.gov.br>. Acesso em: 9 abr. 2010.

OLIVEIRA, F. de. *A economia brasileira*: crítica à razão dualista. 4. ed. Petrópolis: Vozes, 1981.

SILVA, M. O. da S. e (Coord.). *O Bolsa Família no enfrentamento à pobreza no Maranhão e Piauí*. São Paulo/Teresina: Cortez/UFPI, 2008.

SILVA, M. O. da Silva e; YAZBEK, M. C.; GIOVANNI, G. di. *A política social brasileira no século XXI*: a prevalência dos programas de transferência de renda. São Paulo: Cortez, 2004.

SITCOVSKY, M. *Bolsa Família e reprodução da força de trabalho no Brasil*: implicações socioeconômicas e políticas. 2010. Tese (Doutorado em Serviço Social) — Universidade Federal de Pernambuco, Recife, 2010.

______. As particularidades da expansão da assistência social brasileira. In: MOTA, A. E. (Org.). *O mito da assistência social*: ensaios sobre Estado, política e sociedade. 2. ed. rev. ampl. São Paulo: Cortez, 2008. p. 147-179.

TAVARES, M. A. *Os fios (in)visíveis da produção*: informalidade e precarização do trabalho no capitalismo contemporâneo. São Paulo: Cortez, 2004.

VANDERBORGHT, Y.; VAN PARIJS, P. *Renda básica de cidadania*: fundamentos éticos e econômicos. Rio de Janeiro: Civilização Brasileira, 2006.